Model United Nations

造就未来领袖
"模拟联合国"外交策略与技巧

（第二版）

陈 光 主编
曹疏野 执行主编

北京大学出版社
PEKING UNIVERSITY PRESS

图书在版编目(CIP)数据

造就未来领袖:"模拟联合国"外交策略与技巧/陈光主编. — 2 版. — 北京:北京大学出版社,2022.7

ISBN 978-7-301-33135-4

Ⅰ.①造⋯ Ⅱ.①陈⋯ Ⅲ.①联合国–基本知识 ②外交事务–基本知识 Ⅳ.①D813.2 ②D802.5

中国版本图书馆 CIP 数据核字(2022)第 118235 号

书　　　名	造就未来领袖:"模拟联合国"外交策略与技巧(第二版) ZAOJIU WEILAI LINGXIU: "MONI LIANHEGUO" WAIJIAO CELÜE YU JIQIAO (DI-ER BAN)
著作责任者	陈　光　主编
责 任 编 辑	刘　军
标 准 书 号	ISBN 978-7-301-33135-4
出 版 发 行	北京大学出版社
地　　　址	北京市海淀区成府路 205 号　100871
网　　　址	http://www.pup.cn　新浪微博:@ 北京大学出版社
微信公众号	通识书苑(微信号:sartspku)　科学元典(微信号:kexueyuandian)
电 子 邮 箱	编辑部 jyzx@ pup.cn　总编室 zpup@ pup.cn
电　　　话	邮购部 010-62752015　发行部 010-62750672　编辑部 010-62753056
印 刷 者	北京鑫海金澳胶印有限公司
经 销 者	新华书店
	787 毫米×1092 毫米　16 开本　19 印张　400 千字
	2009 年 5 月第 1 版
	2022 年 7 月第 2 版　2023 年 12 月第 2 次印刷
定　　　价	90.00 元

未经许可,不得以任何方式复制或抄袭本书之部分或全部内容。
版权所有,侵权必究
举报电话:(010)62752024　电子邮箱:fd@pup.cn
图书如有印装质量问题,请与出版部联系,电话:010-62756370

本书编委会

主　　　任：陈　光

执行主任：曹疏野

成　　　员：陈　可　赵　璧　李　丹　徐　晴　谢天驰
　　　　　　闫　犁　余　歌　张惢煜　尚　宁　纪　兵
　　　　　　陈　琛　郑　园　孙　权　朱　虹　王　楠
　　　　　　张慧姝　杨　玥　蒋玟峰　殷宇曦　张　垚
　　　　　　常梦恬　闫辰毓　段泓杉　Jennifer Chen
　　　　　　Eric Ching

序

王逸舟（北京大学国际关系学院教授）

《造就未来领袖："模拟联合国"外交策略与技巧》一书系统介绍"模拟联合国"的活动策略与技巧，希望它能够对于更多青少年加入这一行列产生有益的启示。

这些年随着中国与外部世界关系的不断加强，中国年轻一代对于联合国这个最大国际机构的兴趣渐浓。"模拟联合国"活动在大学校园的兴起与普及，是这种兴趣的突出证明。考虑到中国大学数量和联合国的性质，中国也许是当今世界"模联"活动最活跃、参与人数最多的国家。不难发现，中国还是近年来联合国会费分摊比重增长最快的大国，是联合国维持和平行动机制下提供兵员最多、维和经费涨幅最大的常任理事国，是联合国总部及各专门机构中越来越活跃的重要国家。中国与外部世界的关系，确实在发生深刻变化。

这里，联系"模联"主题说点意见。现有"模联"的多数活动，是模拟联合国大会及各专门机构的谈判。参加"模联"的同学，尝试扮演不同国家（或区域）的大使或代表，根据设定的题目，展开辩论、达成决议或发出倡议。准备工作更多是熟悉相关国家背景和议事规则，现场主要考验反应速度、口才与协调能力。这种模拟有好处，但也存在缺失。一个主要的不足是，尽管提升了辩才、增加了知识点，却不易触及联合国的关键特质。原理上，与任何主权国家不同，联合国是一个"全球公器"，秘书长和联大决议所代表的，是最大公约数而非少数诉求。各国代表间的辩论，特别是冲突双方的意见，不论听上去多么有理，都不大可能从国际社会的整体利益出发。在民族主义、民粹主义肆虐的今天，中国作为新兴大国被联合国和多数国家赋予了很大期望，中国学子应当维护联合国宗旨，而不是单纯仿效刀光剑影的压制性争吵。在此意义上，"模联"活动应更多探讨联合国的"公器"性质，让参与者学会谅解，找到符合多数国家的路径，而不是相反，让狭窄的利益和对抗性命题将思维引向"零和博弈"的通道。

据我对各地高校的观察，大多数"模联"活动的另一缺点，是让参与者不自觉地追求"高、大、上"的身份（大使、元首或政府主官），模仿主谈者的口气，想象指点江山的快意。社会政治生活中为人诟病的"官本位"风气，多少渗透到大学校园和社团。其实，联合国系统及其叙事所包含的，绝非只是西服革履人士正襟危坐的谈判场合，还有志愿者、记者、护士在危难一线的凡人小事，有国际人士和机构在联合国宗旨下展开的跨国性倡议和事业，有无数超越单向度的国家利益和大国争锋的鲜活故事。高水平的模拟联合国活动，尤其在设计筹划阶段，应当更多聚焦这类线索——充满热情激励的、拒绝"躺平""内卷"的小人物的线索。

自然，问题不能归咎给一般参与的同学，而更是策划组织者的责任。期待未来能有所改进！

是为序。

2022 年 5 月 25 日拟于燕园

第二版序言

2019年9月,在时隔十年后,我再次来到美国纽约。十年前,我的身份是带队教师,指导中国青少年参加在美国举办的"模拟联合国"大会。而这一次,我是作为中国社会组织的代表,参与中非民间商会代表团,出席在联合国总部举办的非洲第一夫人联合会的年会,讨论非洲妇女发展和性别平等的议题;拜访联合国儿童基金会总部,了解全球儿童救助与保护领域的最新趋势,探讨中国社会组织可以贡献的力量;参加联合国会议周相关论坛和沙龙,听取"2030可持续发展目标"的研究和讨论。

同行伙伴们的背景都很不凡,中非民间商会王晓勇秘书长和冯强副秘书长,于2017年主导发起了青少年公益创新国际挑战赛(PBIC),支持中国青少年为非洲实现联合国可持续发展目标提出创新公益方案并参与实施;北京蔚蓝国际教育咨询有限公司CEO曹疏野先生,担任本书编委会执行主任,北大读书期间参与"模拟联合国"活动,后创业从事青少年国际教育,2016年还作为中国青年代表参与联合国经社理事会举办的全球青年论坛,帮助中国青少年走上国际舞台;19岁的中国小伙子黄杰瑞,在成都读高二的时候,申请到世界联合学院(UWC)波黑莫斯塔尔分院完成国际高中学业,2018年暑假与外国同学从波黑结伴骑行到中国新疆,用八十余天穿越欧亚大陆,调研"一带一路"发展,后来收到八所世界顶尖名校的录取通知,选择就读哈佛大学,带着从事国际发展的梦想,主动争取参与此次活动。

十年变化之巨,可见一斑。中国青少年国际参与的广度和深度大幅提升。

2020年,一场新冠肺炎疫情席卷全球,让整个世界始料未及。由疫情引发的全球治理问题,迅速升温。一方面,阻击疫情需要各国携手,另一方面,"反全球化"和极端民族主义的思潮甚嚣尘上,国际多边合作遭到挑战。

与联合国大楼里热火朝天的会议活动形成鲜明相比的,是特朗普执政下的美国,退出诸多国际多边机制,中美关系持续紧张。中国国力在世界舞台的相对上升,以及美国国际地位的相对下降,不仅使中国在国际舞台上面临更多挑战,也影响到普通的中国民众。中国访美的专家学者、科技人员,甚至是留学生,都成为美国遏制中国所波及的对象。

全球危机距离我们每个个体如此之近,很多在"模拟联合国"活动中讨论的话题,成为我们正在经历的情境。虽然危机放大了矛盾加剧了冲突,但是也让人们停下脚步,认真思考个人、家庭和社会在新形势下的发展方向。

十年间,不论是国际形势,还是中外的教育发展,以及中国父母的教育理念,青少年对学习的态度,都发生了众多的变化。据教育部统计,2019年中国出国留学的学生人数达到70.35万,是2009年出国留学人数22.93万的三倍多,并且出现留学生更加低龄化的趋势;相应地,留学归国人员的总数从2009年的10.83万,骤增到2019年的58.03万。中国青少年海外留学、国际交流、跨国就业的大趋势不可逆转,人才的竞争不再局限于一时一地,也不再局限于一国之内,教育正面对全球化的挑战。

十年间，"模拟联合国"活动已经在全国遍地开花，越来越多的中国学生在知名的国际"模拟联合国"活动中斩获奖项，这体现着中国青少年的自信和实力都在增强，中国的基础教育水平显著提升。"模拟联合国"活动在中国不仅承袭了其发源地的优秀传统，还衍生出诸多中国特色：一是国内会议活动数量、规模和覆盖面大幅提升，主办方涵盖政府部门、学校、教育机构、学生社团等，参与学生年龄拓展到大中小学；二是国际会议本土化程度加强，国际知名"模拟联合国"会议品牌纷纷进入中国，并有以中国为基础扩展到亚洲其他地区的趋势；三是会议形式和内容不断创新，美国、欧洲、联合国、中国联合国协会等国家、地区和组织的主流会议规则均有使用，并衍生出"模拟人大""模拟政治协商会议"等中国特色的会议活动，互联网线上会议等新形式，降低了参与"门槛"，提升了活动频率。总之，"模拟联合国"这一教育形式，不仅在中国生根发芽，还成为培养学生综合素养重要的教育形式，受到国内高考学生的青睐，更成为广大筹备海外留学学生的"必修课"。

十年前活跃在校园里参与"模拟联合国"活动的莘莘学子，正在成为各行各业的骨干，有的已经走上联合国、世界银行等国际组织的职业舞台，成为全球治理的见证者和参与者，实践着青春年少时候的梦想。不仅如此，培养国际组织人才上升为国家重要的人才培养战略，全球治理背景下的国际组织人才对于维护国家战略利益、宣传本国理念和提升国际形象有着重要意义。这赋予了"模拟联合国"活动更高的价值和意义，最初由民间无意间发起的"模拟联合国"活动，成为指引青年学子走向国际组织工作舞台的一项重要启蒙活动。

本书是国内第一批关于"模拟联合国"活动的综合性指导教材之一，自出版以来一直受到广大教师、家长和学生的好评，被誉为"模拟联合国"活动的"蓝宝书"，这与所有致力于推广素质教育的同仁们的支持密不可分，也反映了教育界对相关知识的持续需求。作为编者，我们既感到欣慰，又觉得责任重大。2021年，在北京大学出版社的鼎力支持下，我们组织了从事"模拟联合国"活动教育的优秀教师，对本书进行了修订。第1章补充了最近十年"模拟联合国"活动的发展情况，第3章更新了联合国官方网站资源和信息搜集分析方法，第4章补充了以海牙国际"模拟联合国"大会（THIMUN）为代表的欧洲会议规则和联合国协会世界联合会创办的会议规则（UN4MUN），附录部分更新了会议规则流程的英文版。

希望这本教材能够使更多的教育工作者和学生感受到"模拟联合国"活动的魅力。同时，我们期待越来越多的中国青少年，可以通过"模拟联合国"活动这座桥梁，发现自我，走向世界，参与到新时代的全球治理中，成为推动构建人类命运共同体、实现联合国可持续发展目标的重要力量。

陈光

2022年6月于北京

第一版序言

2009年1月,我来到世界上规模最大、最有影响力的中学生"模拟联合国"大会——海牙国际"模拟联合国"大会的会场。此次不是作为一名代表,而是作为一名指导教师,带领23名学生参会,我的"模拟联合国"生涯因此又圆满了一层。在全体教师会议上,组委会特意提出对我们的欢迎,这是该大会44年历史中第一个真正的中国代表团。我们站起来向其他的老师致意,全场响起了热烈的掌声。

主会场的旁边就是禁止化学武器组织所在地。2005年2月,在波士顿举行的哈佛全美"模拟联合国"大会中,我恰恰就是代表斯里兰卡在禁止化学武器组织委员会参与讨论。那是我参加的第一个国际"模拟联合国"会议。

2003年9月,我还是一个懵懂的大学一年级新生,无意间的一瞥,注意到北京大学"模拟联合国"协会招新的消息。"模拟联合国"这个曾经在书中见到的词出现在了生活当中。从此,我和"模拟联合国"就结下了不解之缘。

2004年我成为新组建的北京大学全国中学生"模拟联合国"大会组委会的高中联系人,肩负着在中国的中学推广此项活动的重任。我们师生一行9人到美国纽约接受了美国联合国协会密集的培训。回国之后便是紧锣密鼓的筹备工作,直到2005年3月,200多名来自全国各地的中学生齐聚在北大,首届全国中学生"模拟联合国"大会成功召开。至今我还保留着一张遍布字迹的发黄的通讯录,上面的百余所中学校长,我都一一打过电话,一项活动从无到有所经历的艰辛可想而知。

我是幸运的,大学的每一年都镌刻在中国"模拟联合国"发展史的里程碑上:2006年3月,参与组织北大与哈佛合办的第十五届世界大学生"模拟联合国"大会(World MUN);2007年3月,创办首个由中国青年独立运作的国际大学生"模拟联合国"活动——北京大学国际"模拟联合国"大会(AIMUN)。与此同时,我开始参与蔚蓝国际的工作,带领中国的中学生步入国际"模拟联合国"活动的舞台。2008年,我参与创办国际中学生"模拟联合国"大会(WEMUNC)。

时光荏苒,在参与"模拟联合国"活动的过程中,我体会到的不仅是方方面面能力得到的锻炼,或者是与中外年轻人结下的友谊,还有一种强烈的使命感。

翻阅卷帙浩繁的资料,思考如何改善非洲的饮用水状况、打击跨国人口贩卖、限制小武器非法贸易、应对艾滋病的传播、保障国际市场环境下农民的利益……确实,就现在而言,我们为这个世界能做的非常有限,但是"模拟联合国"给了我们一个思考的空间。学习物理可以思考宇宙空间如何给人类带来新能源,学习医学可以思考如何应对高致病性传染病,学习城市规划可以思考城市如何更好地改善人类的生活,学习法律可以思考如何保障女童受教育的权利……这些才是抛开烦琐的规则和刻板的文件之后最重要的东西——对人类共同命运的关怀、对改善世界的思考,是我们厚积薄发的源泉,未来就是从这些点滴思考开始。我们活跃在各个领域当中,成为政治、经济、科技等各行业的领袖人物,有足够的实力来做一些事情的时候,就是我们开始实践这些思考的时候。

在"模拟联合国"活动中,如果说我们主要是通过书本知识关注人类共同面对的问题,那么对中国发展的思考却是切身体会。

在多次出国的过程中,我深刻体会到中国已经不可抗拒地与世界紧紧联系到了一起。中国的商品遍布全球,关于中国的报道出现在世界的各个角落,我的同学遍布四方,美国纽约、法国巴黎、英国伦敦、捷克布拉格、意大利佛罗伦萨、尼日利亚拉各斯、巴基斯坦卡拉奇、乌兹别克斯坦比什凯克、俄罗斯圣彼得堡、贝宁波多诺伏……我们这一代年轻人必定要肩负起在国际合作与竞争中建设中国的重任,而中国变迁之快、发展之迅速在时时提醒着我们为未来做好准备。

在这样的背景之下,"模拟联合国"这项活动应该被赋予更为深刻的意义。当前,"模拟联合国"活动主要的话语权依然掌握在西方人手中,这和现实世界非常类似,中国人在这项活动中长期缺位,使得中国的声音无法被重视。我们的学生在跨文化交流能力上、在创新和批判性思维上仍然有很多青涩的地方。但是,值得欣喜的是,越来越多的中国年轻人开始参与这项国际活动,在努力理解外国的同时,他们也在积极地表现自己,发出中国人的声音,而这恰恰是年轻人从力所能及的地方开始承担宣传中国、建设中国的责任。

2006年6月,在北京大学接待联合国前秘书长科菲·安南先生的时候,我代表中国学子送给他一本相册,里面是"模拟联合国"活动在北大发展的记录,某种程度上也代表了"模拟联合国"在中国发展的历程。我还向他转达了我们的心情:"我们愿意与联合国一道,为建设一个更美好的人类世界而努力。"

希望这本书能够为已经或者即将参与"模拟联合国"活动的老师和学生们提供一些帮助!

陈　光

2009年2月于北京大学畅春园

目 录

第1章 初识"模拟联合国" ………………………………………………… (1)
  1.1 "模拟联合国"起源 …………………………………………………… (1)
  1.2 "模拟联合国"活动在世界范围内的发展 …………………………… (2)
  1.3 "模拟联合国"在中国 ………………………………………………… (3)
  1.4 "模拟联合国"活动的意义 …………………………………………… (9)
  扩展阅读 ……………………………………………………………………… (11)

第2章 初踏征程 ………………………………………………………………… (13)
  2.1 "模拟联合国"基础知识 ……………………………………………… (13)
    2.1.1 "模拟联合国"活动的参与者 ………………………………… (14)
    2.1.2 会议的日程和时间安排 ……………………………………… (16)
    2.1.3 指导教师或首席代表的工作 ………………………………… (17)
  2.2 "模拟联合国"中的国家与委员会 …………………………………… (18)
    2.2.1 "模拟联合国"中的委员会 …………………………………… (19)
    2.2.2 "模拟联合国"中的国家 ……………………………………… (22)
    2.2.3 填报国家和委员会志愿 ……………………………………… (24)
  2.3 联合国主要机关 ……………………………………………………… (27)
    2.3.1 联合国大会 …………………………………………………… (28)
    2.3.2 经济及社会理事会 …………………………………………… (29)
    2.3.3 安全理事会 …………………………………………………… (30)
    2.3.4 国际法院 ……………………………………………………… (31)
    2.3.5 托管理事会 …………………………………………………… (31)
    2.3.6 秘书处 ………………………………………………………… (32)
  扩展阅读 ……………………………………………………………………… (33)

第3章 厉兵秣马——会议前的准备 ………………………………………… (35)
  3.1 准备会议的步骤 ……………………………………………………… (36)
    3.1.1 准备会议的流程 ……………………………………………… (36)
    3.1.2 基本的理论知识素养 ………………………………………… (37)
    3.1.3 对国际事务的持续关注 ……………………………………… (38)

  3.1.4 信息的管理 …………………………………………………………… (38)
  3.1.5 信息的搜集 …………………………………………………………… (39)
3.2 情报高手的工具——网络资源的使用 ……………………………………… (39)
  3.2.1 基础知识 ……………………………………………………………… (39)
  3.2.2 联合国官方文件系统 ………………………………………………… (42)
  3.2.3 委员会相关网站 ……………………………………………………… (45)
  3.2.4 其他相关网络资源 …………………………………………………… (49)
3.3 阅读背景材料 ………………………………………………………………… (54)
  3.3.1 什么是背景材料？ …………………………………………………… (54)
  3.3.2 阅读训练1 …………………………………………………………… (54)
  3.3.3 阅读训练2 …………………………………………………………… (63)
  3.3.4 最大限度挖掘有效信息 ……………………………………………… (70)
3.4 对委员会和国家的初步研究 ………………………………………………… (70)
  3.4.1 委员会 ………………………………………………………………… (70)
  3.4.2 国家 …………………………………………………………………… (74)
3.5 分析议题，形成立场 ………………………………………………………… (80)
  3.5.1 资料的分析 …………………………………………………………… (81)
  3.5.2 组织立场 ……………………………………………………………… (82)
3.6 知己知彼——判断国家集团及其立场 ……………………………………… (87)
  3.6.1 对国家集团的分析 …………………………………………………… (87)
  3.6.2 议题及国家立场分析案例 …………………………………………… (89)
3.7 深入分析议题，寻找解决之道 ……………………………………………… (96)
  3.7.1 案例一：关于"武装冲突中的儿童"议题 ………………………… (96)
  3.7.2 案例二：关于"自然灾害的预警和管理"的议题分析 …………… (102)
  3.7.3 小结 …………………………………………………………………… (104)
3.8 立场文件的写作与分析 ……………………………………………………… (104)
  3.8.1 什么是立场文件 ……………………………………………………… (104)
  3.8.2 立场文件案例分析 …………………………………………………… (106)
  3.8.3 立场文件总结 ………………………………………………………… (111)
  3.8.4 准备发言稿和提示卡 ………………………………………………… (112)
  扩展阅读 ………………………………………………………………………… (114)

第4章 登上舞台——会议上的发挥 ……………………………………………… (117)
 4.1 "模拟联合国"的议事规则和会议流程 …………………………………… (119)
  4.1.1 总述 …………………………………………………………………… (119)
  4.1.2 点名 …………………………………………………………………… (119)
  4.1.3 确定议程 ……………………………………………………………… (121)
  4.1.4 正式辩论 ……………………………………………………………… (124)
  4.1.5 非正式辩论 …………………………………………………………… (131)
  4.1.6 动议和问题 …………………………………………………………… (134)

  4.1.7 表决 ·· (136)
  4.1.8 文件提交和表决的流程 ··· (138)
  4.1.9 "模拟联合国"与联合国的差别 ··· (140)
  4.1.10 小结 ·· (142)
 4.2 模拟会议进程（中英文对照） ··· (143)
  4.2.1 主席团介绍 ·· (143)
  4.2.2 点名 ·· (143)
  4.2.3 确定议题 ·· (143)
  4.2.4 确定发言名单 ·· (144)
  4.2.5 发言以及让渡时间 ·· (144)
  4.2.6 工作文件和决议草案的提交 ··· (147)
  4.2.7 修正案 ·· (147)
  4.2.8 结束辩论以及表决 ·· (148)
 4.3 会议中的文件及其写作 ··· (149)
  4.3.1 概述 ·· (150)
  4.3.2 决议 ·· (151)
  4.3.3 工作文件 ·· (151)
  4.3.4 决议草案 ·· (153)
  4.3.5 修正案 ·· (155)
  4.3.6 文件书写常用的词汇 ·· (157)
  4.3.7 文件用语的例句 ·· (159)
 4.4 "模拟联合国"活动中的欧洲议事规则 ··· (171)
  4.4.1 欧洲议事规则的特点 ·· (171)
  4.4.2 欧洲议事规则的会议进程 ·· (172)
  4.4.3 会前准备文件 ·· (174)
 4.5 "模拟联合国"议事规则的新趋向——UN4MUN规则说明 ····································· (175)
  4.5.1 UN4MUN规则流程特点 ··· (176)
  4.5.2 共识原则 ·· (177)
  4.5.3 会议进程 ·· (177)
  4.5.4 辩论过程 ·· (178)
  4.5.5 参会技巧与注意事项 ·· (179)
 4.6 会议发言及游说 ··· (179)
  4.6.1 会议发言技巧 ·· (179)
  4.6.2 游说 ·· (183)
  4.6.3 会议发言词句 ·· (183)
 扩展阅读 ·· (191)

第5章 特殊委员会的介绍 ·· (193)
 5.1 国际刑事法院 ··· (193)
  5.1.1 何为国际刑事法院 ·· (193)

  5.1.2 "模拟联合国"中的国际刑事法院 ······ (194)
 5.2 世界银行(集团)委员会 ······ (196)
  5.2.1 相关背景知识 ······ (196)
  5.2.2 "模拟联合国"世界银行(集团)委员会的构成和主要任务 ······ (199)
  5.2.3 世界银行(集团)委员会议题 ······ (199)
  5.2.4 世界银行(集团)委员会特殊的规则流程(仅针对"世界银行贷款计划"议题) ··· (200)
  5.2.5 会议文件写作 ······ (201)
 5.3 联合国教科文组织世界遗产委员会 ······ (217)
  5.3.1 世界遗产委员会简介 ······ (217)
  5.3.2 "模拟联合国"中的世界遗产委员会 ······ (218)
  5.3.3 会前准备和会议进程 ······ (219)
  5.3.4 总结 ······ (225)
 5.4 危机委员会 ······ (226)
  5.4.1 什么是"危机" ······ (226)
  5.4.2 处理危机 ······ (226)
  5.4.3 危机委员会的文件 ······ (227)
  5.4.4 危机委员会的范例 ······ (228)
 5.5 历史危机委员会——1679年英国枢密院会议 ······ (235)
  5.5.1 委员会介绍 ······ (235)
  5.5.2 现场角色介绍 ······ (236)
  5.5.3 会前准备建议 ······ (236)
  5.5.4 过程 ······ (237)
  5.5.5 会议技巧建议 ······ (238)
  5.5.6 个人感受 ······ (238)
 5.6 媒体委员会(代表团) ······ (241)
  5.6.1 媒体与世界 ······ (241)
  5.6.2 媒体与联合国 ······ (241)
  5.6.3 "模拟联合国"中的媒体委员会(代表团) ······ (242)
  5.6.4 媒体委员会(代表团)的特殊性 ······ (242)
  5.6.5 媒体委员会(代表团)的构成与主要任务 ······ (243)
  5.6.6 规则流程介绍 ······ (247)
  扩展阅读 ······ (249)
附录1 国家列表 ······ (254)
附录2 大会规则流程(中文) ······ (256)
附录3 大会规则流程(英文) ······ (261)
附录4 参考网站汇总 ······ (275)
附录5 MUN字典 ······ (280)
后记 ······ (285)

第 1 章　初识"模拟联合国"

本章学习目的

1. 了解"模拟联合国"活动发展的历史及其教育意义
2. 初步了解"模拟联合国"活动的会前准备和会议过程
3. 初步了解"模拟联合国"的会议规则和流程
4. 通过他人的经历,体会"模拟联合国"活动中的收获

在这场"模拟联合国"会议上,各"国家代表团"成员激昂慷慨,对"防止大规模杀伤性武器扩散"议题展开积极讨论。每个代表站在自己国家的立场讨论利益,以英文发言,进行针锋相对的辩论,对每一个条款都据理力争,直到符合"自己国家的利益"为止。为使自己的提案能够顺利通过,在会前,代表们就开始四处拉"选票","软硬"兼施。"美国代表"的咄咄逼人、"欧盟国家"的进退一致、"发展中国家"的不甘示弱……整个会议流程都按照联合国大会裁军与国际安全委员会的议事规则进行,代表们的衣着要模仿联合国代表的衣着打扮,会议发言由"尊敬的主席先生"致词;会议最终还要"各国代表"写会议文件,从决议草案到最终的决议,俨然一个联合国大会现场。

——《文汇报》2004 年 12 月 13 日第 9 版

"模拟联合国"这个词是否对你来说还很陌生?《文汇报》的记者用生动的语言描写了一段会议的场景。正如他所言,"模拟联合国"的活动现场确实紧张激烈,学生们正襟危坐、慎言谨行,好像世界就掌握在他们手里。这项活动以其独特的魅力吸引着世界成千上万名学生的参与。本章将对"模拟联合国"活动在世界及中国的发展做一简要介绍。

1.1 "模拟联合国"起源

"模拟联合国"(Model United Nations,简称 MUN)是模仿联合国及相关国际机构,依据其运作方式和议事原则,围绕国际上的热点问题而召开的会议。青年学生们扮演不同国家的外交官,作为各国代表,参与到"联合国会议"当中。代表们遵循联合国大会规则,在会议主席团的主持下,通过演讲阐述"自己国家"的观点,为了"自己国家"的利益进行辩论、游说。他们与友好的

国家沟通协作,解决冲突;他们讨论决议草案,促进国际合作;他们在"联合国"多边外交的舞台上,充分发挥自己的才能。

"模拟联合国"活动的起源并没有确切的历史记载,一般认为这项活动起源于美国哈佛大学。在联合国成立之前,就有一批学生活跃在哈佛校园里,他们对国际组织、国际政治充满了浓厚的兴趣。活跃的哈佛学子开始模拟不同国家的外交官,参照国际联盟的议事程序讨论国际问题。联合国成立后,这种模拟会议的形式被保留下来,并逐步发展成熟,形成了"模拟联合国"活动。

经过 70 多年的发展,"模拟联合国"活动现在已经风靡全世界,形式多样,规模不一,有国际大会、全国大会,还有地区级和校际的大会,参与者有大学生、高中生,乃至初中生。同时,"模拟联合国"活动已经不仅仅是对联合国机构的模拟,它还包括对其他全球或地区性多边组织、政府内阁、国际论坛等组织或者会议的模拟。目前全世界每年有近 400 个国际"模拟联合国"大会在全球 50 多个国家召开。每年参与大会的师生来自 100 多个国家,总人数超过四百万人。

1.2 "模拟联合国"活动在世界范围内的发展

"模拟联合国"活动以其独特的教育意义受到联合国及相关组织的大力支持。国际组织、各国政府、非政府组织、企业和学校等机构都参与其中。从全世界来看,美国和欧洲的"模拟联合国"活动最为成熟,其会议的直接组织者一般分为两类,一类是大学的学生社团,一类是非政府组织或企业。

美国大学的校园文化充分鼓励学生参与社会活动,在美国大学中举办的"模拟联合国"活动全部由学生社团运作。以哈佛全美"模拟联合国"大会(Harvard National Model United Nations Conference,HNMUN)为例,这一会议每年吸引近 3000 名以美国为主的世界各地的大学生参加。美国最知名的大学,包括常青藤六校、美国西点军校等军事院校都积极参与。组织者的专业态度与敬业精神值得称赞,主席团书写的议题背景材料长达三四十页,其卓越的学术标准是其他大会不可比拟的。耶鲁大学、宾夕法尼亚大学、伯克利加州大学、芝加哥大学等都有国际关系类的学生社团,由社团成员组织面向大学生或中学生的"模拟联合国"会议。许多美国的初、高中生都是通过参与此类活动来了解主办大学的文化,便于为未来求学之路提供借鉴和帮助。

在美国推广"模拟联合国"的非政府组织中最具代表性的是美国联合国协会(United Nations Association of the USA,UNA-USA)。美国联合国协会前身是 1943 年成立的美国国际联盟协会,旨在推动美国公众对联合国的认识和支持。"模拟联合国"系列教育是其七大项目之一,美国联合国协会还专门发起了环球课堂(Global Classrooms)项目,通过募集企业的赞助资金,支持世界各地的"模拟联合国"活动机构,在美国和具有代表性的发展中国家,主要面向公立中小学,推广普及"模拟联合国"活动。北京大学全国中学生"模拟联合国"大会在创办初期,就受到该项目的资助。

欧洲最有影响力的"模拟联合国"活动当属海牙国际"模拟联合国"大会(The Hague International Model United Nations,THIMUN),该大会是面向中学生的规模最大的世界级"模拟联合国"大会,每年吸引近 4000 名参会者。海牙国际"模拟联合国"始于 1968 年,1981 年海牙国际"模拟联合国"基金会成立,2003 年该基金会成为联合国经社理事会具有咨商地位的非政府组织。如今，海牙国际"模拟联合国"大会已经有遍布五大洲的 31 个分会，每年参加人数达十几万。大会每年都会根据当年的国际焦点选定一个特定主题，如 2022 年为"同一个星球，同一个世界：辩论、决策、行动"(One Planet, One World: Debate, Decide, Act Now)，2007 年为"消除极端贫困与饥饿"(Eradicating Extreme Poverty and Hunger)。大会针对各个议题的决议会被结集成册，报送至联合国图书馆留存。

美国和欧洲的民间社会比较成熟，基金和非政府组织运作较为规范，因此成为支持"模拟联合国"活动的主力。美国和欧洲的"模拟联合国"活动在发展过程中也形成了各自的特色。美国会议更多地借鉴了国会两院的议事规则，具有很强的辩论性，一般采用罗伯特议事规则，我们简称为"美规"。这也与美国教育中鼓励演讲、辩论和鼓励批判性思维的理念相契合。欧洲会议则更强调妥协、协商，会议的和谐性更强，以海牙模联为代表的规则，我们简称为"欧规"。

近年来，随着联合国对"模拟联合国"活动的持续关注，一套更接近于联合国真实议事规则的"模拟联合国"规则流程也应运而生——United Nations for Model United Nations，简称 UN4MUN，联合国新闻与信息部(United Nations Department of Public Information)于 2013 年开始普及推广，目前主要应用于联合国协会世界联合会(World Federation United Nations Association，WFUNA)所举办的"模拟联合国"大会上，这些会议主要包括每年年初在美国纽约和每年下半年在瑞士日内瓦举办的全球会议。2017 年，蔚蓝国际"模拟联合国"教育平台通过与联合国协会世界联合会的合作，首次将 UN4MUN 规则引入中国，在上海中学国际部举办了 UN4MUN China Seminar；2018 年开始，还在全球青年模拟联合国大会(WEMUN EXPO)中专门设置了 UN4MUN 分会场，推动该规则在中国的发展。

1.3 "模拟联合国"在中国

中国最早的"模拟联合国"活动开拓者是北京顺义国际学校。这是一所专门服务于外籍在华家庭子女的学校。早在 1993 年，北京顺义国际学校就召开了第一届北京"模拟联合国"大会(Beijing Model United Nations，BEIMUN)，该会议是海牙国际"模拟联合国"大会的分会。主要的参与者是在中国的一些国际学校，独立于国内教育界，因此当时没有任何中国籍的学生参加过。

早期也有一些高校教师在国外听说过此类活动，但"模拟联合国"在 20 世纪 90 年代末以前，都没有正式地、系统化地进入过中国学校。

2004 年以前："模拟联合国"的起步期

2001 年是"模拟联合国"正式在中国发展的起点。是年 2 月，北京大学国际关系学院两名学生远赴美国波士顿，观摩哈佛全美"模拟联合国"大会，回来之后随即组建团队，筹办北大校内的"模拟联合国"活动。5 月，召开了北京大学首届"模拟联合国"会议暨《气候变化框架公约》缔约国大会，随后北京大学"模拟联合国"协会成立，成立全国高校中第一个专门开展"模拟联合国"活动的学生组织。同年，中国联合国协会推荐了 4 名外交学院的学生参与俄罗斯联合国协会在莫斯科举办的"模拟联合国"大会。12 月，西北工业大学的"模拟联合国"团队成立。这三所学校成为最早在中国开展"模拟联合国"活动的高校。

从2002年开始，三所高校陆续派出团队参加国际"模拟联合国"会议。当年5月，中国联合国协会和外交学院共同主办了"北京2002模拟联合国"，共有首都15所高校81名代表参加，这成为国内第一个校际"模拟联合国"会议。时任外交部副部长李肇星出席了大会，他鼓励学生积极参与这项有意义的活动。

从2001年到2004年，"模拟联合国"在中国处于起步摸索的阶段，并且基本只存在于大学校园内。参与者主要是参加会议，积累做代表的经验，尝试学习国际会议，在国内开展同类活动。仅有若干所学校建立"模拟联合国"的学生组织，大部分学校依然把此项活动作为学生会、研究生会等偶尔参与的活动。

"模拟联合国"活动在中国发展的早期阶段，中国联合国协会是重要的推动力量。它是中国人民支持和促进联合国和平与发展事业的全国性非政府组织，是"联合国协会世界联合会"的创始会员之一，在联合国经济社会理事会享有"全面咨商地位"。2002年和2003年，中国联合国协会与外交学院共同主办中国北京"模拟联合国"大会，这是最早有官方参与的高级别"模拟联合国"活动。从2004年起，中国联合国协会开始举办全国高校范围的"中国模拟联合国大会"，会议受到澳大利亚人权与机会均等委员会的支持，主要模拟人权委员会(后来成为人权理事会)的活动。此后该大会每年11月由全国不同的院校承办，先后在北京、西安、成都、哈尔滨、厦门、长沙等城市举办。中国联合国协会资助西部和偏远地区的高校，大大拓展了"模拟联合国"活动的参与面，同时以不同学校承办的方式加强了各地学校组织"模拟联合国"活动的能力。

2004年之所以是"模拟联合国"活动在中国发展的转折点，一个重要的原因是"模拟联合国"开始从高校向中学传播。2004年2月，北大学生赴美国参会，与美国联合国协会的官员进行了沟通，经过努力争取到对方支持，将环球课堂项目引进中国。这一尝试拉开了"模拟联合国"活动在中国中学传播的序幕。当年10月，北大师生一行十人到纽约接受了美国联合国协会系统化、专业化的培训。这次培训标志着中国的"模拟联合国"活动从自发的摸索尝试向专业、规范的运作模式发展。在当年底举办的北京大学"模拟联合国"会议上，首次邀请高中生作为大会"观察员"参与，这批高中生也成为参加2005年3月举办的北京大学全国中学生"模拟联合国"大会(Peking University National Model United Nations Conference for High School Students, PKUNMUN)的主力成员。

2005年至2014年："模拟联合国"的巩固和发展期

2005年3月，首届北京大学全国中学生"模拟联合国"大会在北京召开(见图1.1)，来自全国28所学校的235名学生参加了大会。由此开始，"模拟联合国"活动在全国中学中迅速流行起来。2010年3月，参与第六届北京大学全国中学生"模拟联合国"大会的学校就已经达到97所，参会正式代表达到675人，这是"北大模联"迄今为止正式代表数量最多的一年。

"模拟联合国"走入中学之后，在上海、南京、北京、广州等地的发展最为迅速，各个学校除了纷纷建立学生社团、设立选修课外，北京第四中学、北京师范大学附属实验中学、上海外国语大学附属外国语学校、南京外国语学校、深圳中学等推出了各自关于"模拟联合国"活动的校本教材。与此同时，各地区的"模拟联合国"会议也蓬勃发展。复旦大学主办的"模拟联合国"大会的参与者从上海、华东地区的学校逐步扩大到全国的学校，成为国内另外一个较有影响的大会。广州和

图1.1　2005年北京大学全国中学生"模拟联合国"大会主席团合影

深圳的学校交流沟通非常频繁,它们举办的会议吸引了珠三角地区多所学校的学生。同时,各地教育主管部门也开始组织带有一定官方背景的"模拟联合国"会议,北京四中在北京市教委的支持下,于2007年11月召开了全市中学生"模拟联合国"大会,这体现了"模拟联合国"的开展进一步受到了各方认可。

在大学生方面,2006年3月,北京大学"模拟联合国"协会与哈佛大学国际关系协会共同举办了第十五届世界大学生"模拟联合国"大会(Harvard World Model United Nations 2006)。会议共吸引了来自世界38个国家和地区的近1400名代表,创下该活动的历史之最。在这一阶段,越来越多的中国大学生走出国门,参与到国际性的"模拟联合国"活动中,国内高校的交流也日益频繁。

北京大学从2007年开始将已经举办五届的北京大学"模拟联合国"大会更名为亚洲国际"模拟联合国"大会(Asian International Model United Nations,简称AIMUN),成为国内首个全部由中国学生独立组织、运营的国际性大学生会议。2007年的首届会议就有400余名代表参加,其中海外代表达100人,孟加拉国、印度尼西亚、日本、泰国等亚洲国家学生的参与成为该活动的特色。

2008年11月,西北工业大学和全美模拟联合国协会(National Model United Nations)合办的全美"模拟联合国"大会西安分会召开。西北工业大学将这一国际性的盛会带到了中国西部。这些活动的开展标志着中国学生独立组织国际级"模拟联合国"活动的能力已经初步具备。

2007年以后,很多在中学时代参与过"模拟联合国"活动的学生升入大学后,成为组织推广该活动的骨干力量。全国有近50所高校陆续开展了模拟联合活动。有的高校将"模拟联合国"活动纳入某一学生社团或学生会的活动。北京大学、中国人民大学、北京师范大学、北京外国语大学、外交学院、西北工业大学、南京大学等高校则建立了专门的"模拟联合国"学生组织。"模拟联合国"的组织和社团像雨后春笋一样发展起来,越来越多的学校开始举办自己的会议。如今,中国"模拟联合国"大会、亚洲国际"模拟联合国"大会、外交学院"模拟联合国"大会是国内大学生会议的领头羊;西安的西北地区"模拟联合国"大会是地区级会议的代表;中国人民大学、浙江大学、四川大学、湖南大学、东南大学、延边大学等众多院校都在开展校内或校际的会议。

2005年，国内还出现了第一家以"模拟联合国"活动为核心业务的教育机构——蔚蓝国际。2008年8月由蔚蓝国际教育机构和中国联合国协会共同主办的国际中学生"模拟联合国"大会（后改名为全球青年"模拟联合国"大会，英文名称WEMUN EXPO）在杭州外国语学校召开（见图1.2），共有来自全国28个城市45所学校的450名代表参加，收到时任联合国秘书长潘基文的贺信。该大会的组织者不仅有北大、清华等院校的学生，还有来自哈佛、耶鲁、宾夕法尼亚大学、伯克利加州大学的欧美学子，这是第一次由中国人领导国际团队举办的"模拟联合国"大会。该会议一直持续到今天，已经发展成为国际化水平最高的由中国人自主创立的"模拟联合国"品牌会议（见图1.3）。

图1.2　2008年中国国际中学生"模拟联合国"大会开发计划署委员会代表合影

图1.3　2021年全球青年"模拟联合国"大会委员会合影

2011年至2014年间，哈佛大学、耶鲁大学、宾夕法尼亚大学等美国顶尖高校纷纷在中国创办"模拟联合国"中国会议，每年近千名中国中学生前往海外参与"模拟联合国"大会。

"模拟联合国"活动在中学的发展和相关教育机构的成立,使得国内众多优秀中学成立了自己的模联社团,中学模联的发展又为大学模联提供了良好的群众基础,形成良性循环;教育机构的助力也使更多中国青少年走出国门,参与国际性的模联活动,并且开始引入欧美顶尖高校模联活动进入中国。

2014 年至今:"模拟联合国"的成熟成长期

2014 年共青团中央在海南中学主办了首届全国中学生"模拟联合国"大会,这是国内第一个具有官方背景的模联会议,自此之后,多地地方团委、教育主管部门,先后举办了区域性的模联会议。模联社团在国内顶尖大学、中学成为品牌社团或最大规模的学生自治组织。与此同时,社会组织和学生自主发起的模联活动,也在全国各地蓬勃发展。2019 年开始,《中国日报》社也开始举办全国性的面向公办学校的"模拟联合国"大会——《中国日报》社·21 世纪"模拟联合国"大会。

这一时期,随着"模拟联合国"活动"走出去"与"引进来"的水平不断提升,还出现了海外知名高校与中国知名中学合作举办国际性、全国性"模拟联合国"大会的情景。2015 年,上海外国语大学附属外国语学校联手牛津大学,在蔚蓝国际的支持下,举办了"上海外国语大学附属外国语学校-牛津大学全国中学生模拟联合国大会"(见图 1.4),会议吸引了来自全国 50 多所学校的 400 多名学生代表参加,并受到了新华社、上海电视台等知名媒体的报道。随后几年中,上海外国语大学附属外国语学校又与芝加哥大学合作,引进了芝加哥大学的"模拟联合国"团队,成都外国语学校举办了康奈尔大学在中国的"模拟联合国"大会。这些成功的尝试,使全国各地区的"模拟联合国"水平不断提升,而参与"模拟联合国"活动的中学生数量的增加与质量的提升,也为大学生模联的发展奠定了坚实的基础。

图 1.4　2015 年上海外国语大学附属外国语学校、牛津大学全国中学生"模拟联合国"大会现场
(会场为上海外国语大学附属外国语学校"模拟联合国"教室)

这一时期,随着"模拟联合国"会议的不断发展,与"模拟联合国"相关的知识、能力训练项目也不断增多,并且形成了较为系统的"模拟联合国"课程。一些公办学校开设了"模拟联合国"选

修课,编写了"模拟联合国"校本教材;很多老牌或新兴的国际学校还将"模拟联合国"课程纳入必修课程或学分课程体系;中国宋庆龄青少年科技文化交流中心也在2022年3月与蔚蓝国际合作,开设了以"国际素养"为主题的针对北京市小学高年级学生和初中生的"模拟联合国"课程。很多教育机构、学校还举办了以"模拟联合国"或"联合国可持续发展目标"为主题的冬令营、夏令营,除讲授传统"模拟联合国"课程外,还在综合能力、国际视野等方面加强对学生的培养和训练(见图1.5)。

图1.5 全国青年领袖训练营(WeAcademy)课程材料与营服

自2020年新冠肺炎疫情以来,"模拟联合国"会议和培训一改传统的"线下"模式,很多国际、国内"模拟联合国"会议组织方将会议搬到"线上"(见图1.6),虽然其体验性有所下降,但在这一特殊条件下的尝试,也为未来"模拟联合国"的持续发展创造了更多可能性。

图1.6 2020年芝加哥大学"模拟联合国"大会中国会议首次通过线上方式进行

2021年7月,中共中央办公厅和国务院办公厅印发《关于进一步减轻义务教育阶段学生作业负担和校外培训负担的意见》(简称"双减")的通知,更多学校、教育机构、家长和学生将目光转向"模拟联合国"这一非学科性、非竞赛性的学生活动上,而"模拟联合国"体现的学术性、国际化,以及对参与学生综合素质的全面提升,将为其持久、健康的发展提供有力支持。

经过30年的发展,"模拟联合国"活动从一二线和沿海城市向三四线和内地城市发展,全国每年举办的不同规模和级别的模联会议超过百场。"模拟联合国"活动在中国土壤扎根,茁壮成长,成为培养学生综合素养重要的教育形式,不仅受到国内高考学生的青睐,而且成为广大筹备海外留学学生的"必修课",形成了一定的中国特色。

1.4 "模拟联合国"活动的意义

"模拟联合国"活动之所以能够风靡全世界,是因为它是一项极富教育意义的活动。

拓宽学生视野

"模拟联合国"活动关注的问题广泛,涉及和平与安全、恐怖主义、人权、环境、贫穷与发展、全球化、公共卫生等,大都是当今各国面临的热点问题。在当前的全球化时代,在我国改革开放继续深化、国际局势依然复杂多变的背景下,积极参与这项活动不仅有助于增长青少年对联合国的了解,更为他们打开了一扇窗,提供了一个舞台,让他们学会用国际眼光来思考问题,讨论问题。

激发学习能力

由于"模拟联合国"活动源自西方,大部分会议的工作语言是英文。阅读背景资料、书写会议文件、听取发言、阐述观点等都对学生的英语水平提出了很高的要求。"模拟联合国"活动是一种体验式的活动,代表们融入了外交情境,需要自觉自主地运用英语进行表达,这样的环境,大大激发了学生学习英语的热情。

虽然大会只有短短几天时间,但是在会议之前代表要做好充分的准备。代表必须密切关注"自己的国家",研究和学习一个国家的政治、经济、外交政策等方方面面,只有这样才能充分扮演好外交官的角色。准备的过程实际上是一个多种学科知识的整合过程,代表们需要将政治、经济、历史和地理知识与大会要讨论的问题紧密结合,思考各个要素之间的联系。这种学习打破了学科间的壁垒,有助于形成完备的知识体系(见图1.7)。

培养领袖气质与合作精神

"模拟联合国"活动是一种互动性极强的学习经历,参与的青年学子不仅得以学习和讨论国际事务,还能够通过实践来锻炼自己组织、策划、管理的能力,研究和写作的能力,演讲和辩论的能力,解决冲突、求同存异的能力,与他人沟通交往的能力等多方面的能力。这些能力是领袖所必备的,会让学生受益终身。

学生代表扮演不同国家的外交官,对世界前沿问题、热点问题进行辩论,商讨解决方案。会前代表们需要对自己所代表国家的国情、外交政策和议题进行深入分析,形成立场文件。在会议

图 1.7　2019 年全球青年"模拟联合国"大会活动现场

中代表通过结盟、游说、辩论或谈判等方式,与其他代表达成共识,产生决议草案。不论是会前准备还是会议中的讨论,学生们需要团队合作,发挥每个成员的专长,只有通过有效的合作才能在会场上迅速发挥,找到解决方案。

建立国际人际网络

在全球化的时代,全球范围内调配资源成为现实。学生可以通过"模拟联合国"这一活动平台结识来自世界各地的朋友,相互交流,取长补短,扩展自己的人际网络。国际化的人际网络和跨文化交流能力能够增强中国青少年的国际竞争力(见图 1.8)。

图 1.8　2019 年全球青年"模拟联合国"大会活动现场

联合国前秘书长科菲·安南在一封致"模拟联合国"大会的贺信中说:"联合国依靠世界上每个人的努力而存在,尤其是像你们这样的青年。这个世纪,不久就会是你们的。"当今的年轻人将是未来决策的制定者。"模拟联合国"就是这样一个活动,让青年人的领袖才能得到锻炼。中国在世界舞台上发挥着越来越大的作用,中国的年轻人也应该为迎接国际化的挑战做好充分的准备。相信在"模拟联合国"的舞台上,青年学子能够上演精彩的一幕。

扩展阅读

现在回想起来似乎还有点不真实的感觉。曾经自己是一个听着别人对国际政治侃侃而谈就崇拜得不行的人,现在也能够针对某一个问题深入地和别人进行一番讨论,而且能够把握各国对某一事件反应的大方向。这三个多月的准备确实让我收获颇多。

如果不是参加模联,我想我可能从来都不会去认真研究人口飞速增长的原因到底有哪些,不会去想它带来的后果会有多严重,不会知道土地稀少的国家对转基因食品的迫切需要,更不会体验到当联合国的代表会有那么大的责任和义务。每一个代表需要在合理的范围内为本国争取利益的最大化,要学会寻找并融入国家集团,学会怎样沟通以达到我们的目的……我们本身是高中生,却要学着去当重要的国际决策者,切身体会了一把光鲜表面背后的艰难。虽然我们是和平年代出生的孩子,我们过的是幸福无忧的生活,但这并不代表这个世界上就没有饥荒横行,没有疾病肆虐。我们应该睁开眼睛看看这个世界了——就在我们生活的这个世界上还有那么多吃不饱饭,天天都在死亡边缘挣扎的人,还有那么多永远在枪林弹雨中不断闪躲只求多活一天的人……而现在,"模拟联合国"赋予我们领导者、决策人的权力,让我们用自己的大脑,用自己的双手来拯救这些危难者。纠缠的历史关系,迥异的文化观念,还有派别立场鲜明的宗教信仰,交织成复杂多变的国际关系,要依靠我们来逐一分析,然后一一解决。

虽然这个游戏很复杂,有的时候还会很困难,但是,所有参与过模联的人都会认为这是一个好玩的游戏,是一个值得参与的游戏,因为它现实又不会太残酷,理想又不会太虚幻,赋予人做梦的权利,又锻炼了人实现理想的能力。

如果有机会,我还会想再参加一次,"模拟联合国"。

——北京师范大学附属实验中学2008届学生 红叶

MUN是一个游戏,玩得最开心的人,往往是那些敢于尝试的人;
MUN是一场战役,能够活下来的人,往往是那些冲在最前面的人;
MUN是一种经历,感慨很多的人,往往是那些全身心投入的人;
MUN是一部戏剧,夺目耀眼的人,往往是那些敢于表现自己的人;

"模拟联合国"对于我来说,不仅是一种经历,一种锻炼,它还给了我一个自己拼搏的空间,给了我驾驭自己的权利。让我明白只有凭着自己的努力、激情、勇气,敢爱、敢恨、敢想、敢说、敢做,才能创出一个精彩广阔的世界,才能活出自己的一片天。

我明白了高傲的美国人只会和强者打交道,如果你不尽力表现自己,永远也不会得到瞩目。在"模拟联合国"的会议上,只有两种人:发言者和缄默者。缄默者只能随波逐流,跟着一呼百应的领袖,"享受"别人的演讲,自己默默地坐在会场的一隅;而发言者会以自己的言行,来把握整个会议,决定着航行方向。这使我深深地体会到了"弱国无外交"这句话。风云变幻的国际舞台上,缄默，意味着孱弱。"模拟联合国"的会场上，谦虚不会迎来别人对你翩翩风度的认可，不会为你赢来发言机会，不会帮你赢得瞩目与尊重。成功唯有勇敢地去争取。

——北京第八十中学2009届学生　田静怡

"模拟联合国"让我们认识、思考了许多之前从没想过的事情。我们发现了医疗研究在第三世界国家严重的道德剥削，了解了人口拐卖给独联体少女们带去的伤害，城市化和移民给世界带来的压力……许许多多的问题，也许离我们安逸而优渥的生活很遥远，但我们要扮演一个胸怀天下的领导者，试图用自己的行动改变这个世界，拯救那些和我们拥有同一片蓝天，却又过着迥异生活的人们。我想到鲁迅先生的一句话：无穷的远方，无数的人们，都与我有关。所谓大爱，所谓同情，我们太需要这样一个课堂，去学习它们。

——北京师范大学附属中学2009届学生　朱晓丹

第 2 章　初 踏 征 程

本章学习目的

1. 了解"模拟联合国"活动的参与步骤
2. 了解"模拟联合国"活动选择国家和委员会的原则
3. 了解联合国的重要机构

12月12日晚,中国商务部代表团抵达香港出席WTO第六届部长级会议。代表团一到,就立即开始了紧张的多双边磋商工作。

中国代表团由商务部、农业部、发改委、财政部和常驻WTO代表团等部门的90名代表组成。与美国350人、日本240人的代表团相比,中国代表团不是最大的,但也引人注目。

大会只是部长会议的一小部分,各类高官会、专题部长会、协调组磋商、双边会谈穿插其间。中国代表团的各路人马不停地在各会场之间穿梭。

——《一场智力、毅力、体力的较量——中国代表团在WTO部长级会议前半期侧记》,人民网 2006 年 12 月 16 日

在准备参加"模拟联合国"会议之前,首先,领队教师(Faculty Advisor,也称指导教师)和首席代表(Head Delegate)需要做好自我定位,即根据自身的"模拟联合国"经验(包括是否有正式的"模拟联合国"社团、社团参与会议情况、社团成员对"模拟联合国"会议的熟悉程度、社团在学校范围中的影响力等),估计可以挖掘的潜力和提高的空间,以此确定团队的大致人数,做到对团员素质、会议结果有基本预期,因而可以在浩繁的国家和委员会列表中有的放矢地列出备选名单。本章我们将对如何参会、如何选择委员会和国家提出一些建议。

2.1 "模拟联合国"基础知识

在上面的新闻中我们可以看到,一次世界卫生组织的部长级会议,中国派出了90名代表,参与到各类高官会、专题部长会、协调组磋商等活动当中。这一情况和现实当中联合国会议的运作是相符合的,联合国有大大小小不同的委员会,涉及不同的议题、不同的国家。本章的后半部分将会对部分联合国机构和委员会进行介绍。

2.1.1 "模拟联合国"活动的参与者

第一次观摩"模拟联合国"会议的人可能会对会场的"壮观"景象感到惊奇。参会者虽然是学生,脸上还挂着稚气,却西装革履,称彼此为"中国""俄罗斯",或是"布隆迪""巴拿马"。主席台上若干主持人正襟危坐。还有一些人手持对讲机穿梭于各个会场。

在"模拟联合国"活动中,若干代表组成一个国家的代表团,参与不同委员会对不同议题的讨论,以国家代表的身份进行演讲、辩论和游说等,争取国家利益的最大化,提出针对特定议题的解决方案。

一般来说,每个委员会中,一个国家仅由一名同学代表,有的委员会也允许双代表。两位代表可以分工协作,能提高工作效率,如一名代表在进行辩论或演讲时,另一名代表可以同时进行游说和草拟会议文件的工作等。

"模拟联合国"大会是一种大型活动,参与者少则上百人,多则千余人。各国代表是参与会议的核心,大会组委会和主席团则是使会议顺利进行的关键力量。组织人员大致可以分为三种:组委会(或者称秘书处)、主席团及会场服务人员。在"模拟联合国"活动中,会遇见许多日常生活中不常用的名词,以下将对一些重要的名词进行解释。

【Delegate/代表】
"模拟联合国"会议的参与者叫做"代表"。"代表"既可能是国家,也可能是国际组织、非政府组织,或是一些特定的角色,如某国总统、总理。

【Delegation/代表团】
同一个国家的所有代表叫做一个"代表团"。原则上,组委会在分配国家的时候会让同一个国家由同一所学校来代表(见图 2.1)。但是因为会议中有一般和特殊委员会之分,特殊委员会倾向于将席位分配给经验比较丰富的学校或学生,所以也可能出现不同学校代表同一个国家的情况。如果一个学校参与某次大会的学生数量非常多,则可能代表多个国家。如,有 20 名代表的学校可能会代表 4—5 个国家。

【Faculty Advisors and Head Delegate/指导教师和首席代表】
教师可以在会议休息阶段在会场外为学生提供建议,但是不能在会场中直接指导学生。首席代表是学校的学生负责人。指导教师和首席代表可以到各个会场观摩会议,并且需要参加评估会,将代表们的问题集中反映给组委会。

【Organizing Committee Secretariat/组委会或秘书处】
组委会或秘书处负责整个"模拟联合国"大会的设计、策划、运行、总结等工作,是组织协调一次大会的最重要的领导团队。

图 2.1　北师大附属实验中学参加海牙国际"模拟联合国"大会（代表民主刚果）

【Committee Dais/委员会主席团】

每个委员会都会有若干名主席团成员，他们的职责是按照会议规则流程监督并推动会议进程。主席团中通常会有三种角色：会议指导（Director）负责审阅批准代表提交的会议文件，并对会议进程和代表表现提出建议和评价；主席（Chair/Chairperson/Moderator）负责组织代表发言，按照会议规则推动会议进程；主席助理（Rapporteur）负责点名、统计代表数、录入发言人名单、回复代表意向条等工作。在有的会议当中，则只有会议指导（Director）和主席助理（Assistant Director）两个角色。他们将主持会议、推动会议进程并审议代表们提交的文件。欧洲系统的会议中将委员会的主席称作 Student Officer。

在人力资源充足的大会中，会场当中还有若干志愿者，帮助代表们传递意向条。

【Committee and Topics/委员会】

每一个"模拟联合国"会有若干个委员会，就像一次论坛中的分论坛。每一个国家可能在不同的委员会当中都有席位，代表们就会被分配到不同的委员会当中。开幕式结束之后，代表们就要进入分组会议。从这一刻开始，同一代表团的成员就要分散到不同的委员会去。所有的会场同时进行会议，讨论各自的话题。在真实的联合国当中，一个国家的代表团成员是紧密合作的。但是由于"模拟联合国"会期短、人数少，代表们要靠自己的力量充分参与所在委员会的讨论。

每一个委员会都有对应的英文及英文简称，在现实的国际社会和"模拟联合国"活动当中，外交官交谈时直呼简称来代表那某一委员会已经司空见惯，如联合国大会第一委员会——裁军与国际安全委员会的英文是 The General Assembly 1st Committee – Disarmament and International Security Committee,简称就是 DISEC。与之类似的还有 ECOSOC,SPECPOL,SOCH-UM,UNEP 等。代表们要注意积累这样的简称。

通常来说,一个委员会有 1—2 个议题,欧洲的"模拟联合国"大会可能一个委员会有 5—6 个议题。只有当其中的一个议题被充分讨论完毕,会议才会开始讨论其他的议题。有的大会鼓励代表在会期之内将所有的议题讨论完毕,有的大会则希望代表们就一个议题展开细致的讨论。

2.1.2 会议的日程和时间安排

"模拟联合国"既可以是 2—3 个小时的短会,也可以是 3—5 天的长会,无论会期长短,代表们的目的都是一致的——通过广泛协商与合作,以争取其所代表国家的国家利益能在特定议题(Topic Area)的决议(Resolution)中得到充分体现。

让我们来具体看看一段会期的时间安排是什么样的(见表 2.1)。

表 2.1 模拟联合国大会日程表

2021 年 8 月 3 日	
08:00—16:30	Conference Registration 代表注册
17:00—18:00	Opening Ceremony 开幕式
18:00—19:00	Dinner Service 晚餐
19:00—22:00	Committee Session 1 分组会议 1
23:00	Curfew 宵禁

2021 年 8 月 4 日	
09:00—12:00	Panel Discussion 会间主题活动
12:00—13:00	Lunch Break 午餐
14:00—18:00	Committee Session 2 分组会议 2
18:00—19:00	Dinner Break 晚餐
19:00—22:00	Committee Session 3 分组会议 3
23:00	Curfew 宵禁

2021 年 8 月 5 日	
09:00—12:00	Committee Session 4 分组会议 4
12:00—13:00	Lunch Break 午餐
14:00—18:00	Committee Session 5 分组会议 5
20:00—22:30	Delegate Gala 代表舞会
23:30	Curfew 宵禁

2021 年 8 月 6 日	
08:30—10:30	Committee Session 6 分组会议 6
11:30—12:30	Closing Ceremonies 闭幕式
12:30—13:30	Lunch Break 午餐
13:30—	Delegate See-off 代表返程

在日程表中可以看到，代表们的参会时间被明显分为两部分，一部分是正式的分组会议，英文称作 Session，一部分是会后的社交活动。在"模拟联合国"当中，代表们是对外交官生活的全面模拟，会上会下都是工作的机会，社交活动也是与他国拉近关系、达成共识的重要环节。通常社交活动由地球村①、舞会、酒会和出游等活动组成。

尽管"模拟联合国"会议会期只有几天，但是活动的组织工作要提前 6 个月甚至是 10 个月来准备。代表们也需要投入几个月的时间对自己所代表的国家、讨论的议题进行研究。任何一个"模拟联合国"大会，都在网站或者发给指导教师的通知中对活动进程有清晰的说明。在会前，指导教师和各国代表需要与组委会进行密切的联系，保障会议材料及时到位。

2.1.3 指导教师或首席代表的工作

读到这里，想必你已经跃跃欲试要参加"模拟联合国"了。很多指导教师或者首席代表在一开始接触"模拟联合国"的时候都不知道该做些什么。本书将在第六章对指导教师的学术指导工作提出建议。这里，我们重点介绍后勤工作的相关内容。

让我们先简单了解一个代表需要进行哪些学术准备（见图 2.2）。

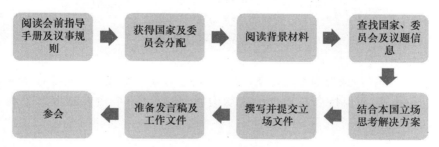

图 2.2 准备会议流程图

在这一进程当中，有两部分是需要指导教师或首席代表与组委会沟通的：一是将代表分配到不同的委员会，二是督促学生提交立场文件。当然其他几个环节指导教师和首席代表肯定也要对学生们给予帮助，但是对于以上这两项，组委会明确提出了交付的截止日期。

我们再来观察一个会议前期重要时间节点（见表 2.2）。

---

① 地球村活动系 2006 年第二届北京大学全国中学生"模拟联合国"大会首创，该活动为各个"国家"提供展位，宣传各国的文化特色。它同时也是学生们身着各国民族服装的盛装舞会。

表 2.2　2021 年全球青年"模拟联合国"大会重要时间节点

2021 年 4 月 1 日	会议报名通道开启 在线测试通道开启
2021 年 4 月 15 日	主席助理申请开始受理 志愿者申请开始受理
2021 年 4 月 25 日	委员会及议题公布
2021 年 5 月 25 日	委员会背景材料陆续下发
2021 年 5 月 30 日	主席助理申请截止 志愿者申请截止
2021 年 7 月 15 日	会议报名通道关闭
2021 年 7 月 20 日	后勤信息提交截止
2021 年 8 月 3 日	会议开幕

这张时间表明确了每一个重要文件的发放和提交日期，各校可以根据时间表来制定培训和学术准备计划。

我们可以将主要的后勤工作简化成以下这张流程图（见图 2.3）。

图 2.3　后勤工作流程图

由于"模拟联合国"活动规则比较复杂，因此筹备工作确实会给各校的组织者带来一定的工作量和压力。不过，只要保持和组委会的密切沟通，相信每一个代表都可以顺利地完成准备工作。

2.2　"模拟联合国"中的国家与委员会

联大选出巴拿马任安理会非常任理事国

2006 年 11 月 7 日　联大今天上午就安理会非常任理事国剩下的一个拉美和加勒比地区席位举行了选举，巴拿马获 164 票当选，从而突破了前 47 轮投票的僵局。此外，联大今天还选出白俄罗斯进入经社理事会，从而完成了对该理事会 18 个轮换理事国的选举。

联大 10 月 16 日开始选举安理会五个需要轮换的非常任理事国，当天就选出了四个，但在拉美和加勒比地区一个席位的选举中，危地马拉和委内瑞拉的竞选出现了胶着状态，联大经过直至

10月31日的第47轮投票,都未能突破僵局。上个星期,危地马拉和委内瑞拉两国外长在纽约举行会晤后,决定双双退出竞选,并一致向拉美和加勒比地区集团推举巴拿马参选。

安理会共有10个非常任理事国席位,根据区域分配原则每年更换一半。除了今天的巴拿马,本次当选的国家还有印度尼西亚、南非、比利时和意大利。它们将取代任期到今年年底结束的阿根廷、日本、坦桑尼亚、丹麦和希腊。换言之,本次当选的国家将从2007年1月1日开始担任安理会非常任理事国,任期两年。

另外,联大今天上午还进行了经济及社会理事会(Economic and Social Council,简称ECOSOC)改选所剩一个东欧集团席位的投票,白俄罗斯当选。至此,本届轮换的18个成员国全部选出。

——节选自联合国网站新闻中心

这篇报道中有很多联合国特有的概念,如安理会、联大、经济及社会理事会,同时还提到了形形色色的国家。这些机构和联合国是何种关系?"模拟联合国"活动中的国家委员会又是怎么回事?下文将对此作出说明。

2.2.1 "模拟联合国"中的委员会

联合国除了六大机构之外,还有数量众多的分支机构和委员会。确定模拟的委员会和话题是摆在组织者面前的一个重要问题。随着"模拟联合国"活动的不断发展,其模拟对象已经不仅仅局限于联合国机构,还包括其他国际组织、国际会议,例如欧洲联盟(European Union)、非洲联盟(African Union)、亚太经合组织(APEC),有些大会还会模拟某些国家的内阁会议、议会,如俄罗斯内阁会议、美国国会;有些会议甚至跨越时空的界限,模拟历史上的某次会议,或者预测未来的某次会议,如1919年的巴黎和会、2010年的欧洲联盟会议。不同的委员会有不同的特点,适合的人群也不同(见表2.3)。

表2.3 第七届波士顿"模拟联合国"大会委员会列表

BosMUN VII Committee Matrix

Those listed under Group A consist of members representing different countries. These countries vary in size and range between 3—10 delegates each. They are:

General Assembly:

1) Disarmament and International Security Committee	8) Commission for Asia and the Pacific
2) Social, Cultural and Humanitarian Committee	9) Human Rights Council
3) World Health Organization	
4) Peacebuilding Commission	**Crisis Committees:**
5) Commission on International Trade Law	10) United Nations Security Council

Economic and Social Council:
6) Commission on the Status of Women
7) Commission on Sustainable Development

Specialized Agencies:
11) Organization of Petroleum Exporting Countries
12) Ad Hoc Committee of the Secretaries General

Committees listed under Group B are comprised of members representing individuals.

Economic and Social Council:
13) Permanent Forum on Indigenous Issues

Modern Crisis Committee
19) Cabinet Office Briefing Room A (COBRA)

Crisis Committees:
Joint Historical Crisis Committee:
14) Ethiopia
15) Eritrea

Specialized Agencies:
20) NGO Forum
21) Press Corps
22) Russkaya Mafia
23) International Court of Justice
24) Lok Sabha-Indian Parliament Lower House

Joint Modern Crisis Committee
16) Sri Lankan Cabinet
17) Liberation Tigers of Tamil Elam (LTTE)

Historical Crisis Committee
18) Spartan Council

这是第七届波士顿"模拟联合国"大会的委员会列表,我们可以看到,委员会的数量多达24个,不仅有常规的联合国大会,还有非常创新的历史危机联动委员会——埃塞俄比亚和厄立特里亚、印度议会人民院、非政府论坛等。这些委员会都是如何分类,又有什么样的特点呢?

按照委员会规模分类

以人数为标准,委员会类型可以分为小型委员会、中型委员会和大型委员会(见表2.4)。小型委员会通常人数在40人以下。联合国安全理事会是最典型的小型会议,有15个成员国。小型会议人数少,相对而言代表发言的机会较多,会议节奏比较快,这就对参会代表提出了较高的要求。代表必须要跟上会议进展,在短时间内形成本国对新问题的看法并积极与其他代表沟通。大型委员会通常就是联合国大会(见图2.4)、世界贸易组织等,和现实世界中一样,也是大国角逐的舞台。这样的大型委员会对没有太多经验的代表来说,作为小国代表,是比较合适的,一方面可以感受到会议的进程和规则流程,另一方面也可以积极进行发言,加入一些大国领导的利益集团中维护本国利益。而大国的代表除了要有小型委员会中需要的沟通能力、应变能力和抗压能力,还要有很强的领导力和亲和力,适合于很有经验的代表。

图 2.4　哈佛全美"模拟联合国"活动中的"联合国大会"会场

表 2.4　委员会分类表

委员会类型	人数	举例
小型委员会	40 人以下	联合国安全理事会(15 国) 欧洲联盟(27 国)
中型委员会	50 至 60 人左右	联合国经社理事会(54 国) 联合国环境规划署(53 国)
大型委员会	100 人以上	联合国大会

按委员会属性分类

按照委员会属性分类，可以分为一般委员会、特殊委员会、危机委员会等（见表 2.5）。

表 2.5　委员会分类与描述

委员会类型	描述	举例
一般委员会	遵循"模拟联合国"会议的基本规则	联合国环境规划署 联合国大会
特殊委员会	有本委员会的特殊规则	世界银行 世界遗产委员会 欧洲联盟 英国内阁会议
危机委员会	在会议进程当中会出现突发事件	历史安理会 斯巴达元老院会议

一般委员会遵循"模拟联合国"会议的基本规则，比如联合国大会、环境规划署、经社理事会等。

特殊委员会(见图2.5)包括世界银行、联合国教科文组织的世界遗产委员会等，这些委员会由于议题和设计领域的特殊性，有着自己特定的规则，适合于一些有经验的代表，尤其是有相关专业背景的代表参加，否则可能根本无法融入会议之中。

图2.5　2021年全球青年"模拟联合国"大会中的"国际军事法庭"会场

危机委员会的会议进程中会有突发事件出现，需要代表们快速做出反应，采取正确的措施解决危机。有些"模拟联合国"活动中还设置了历史委员会，即代表们模拟历史时刻的会议，历史委员会当中通常都会穿插危机事件，主席团根据历史场景，设置一定的危机。此外还有危机联动委员会，即同时召开若干事件相关方的会议，比如第七届波士顿"模拟联合国"设置了一个历史联动危机委员会，讨论埃塞俄比亚和厄立特里亚20世纪80年代的争端，当时厄立特里亚正在争取独立。除此之外还有当代危机联动委员会，模拟的是斯里兰卡和泰米尔猛虎组织之间的博弈。这些委员会需要代表对特定历史时期有大量的知识储备和深刻了解，也需要一些专业知识，因此极具挑战性。

各个委员会的具体情况和介绍，在联合国的网站中都有详细的说明。关于联合国网站的更多应用以及对委员会的深入研究，我们还会在后面的章节中详细介绍。

2.2.2 "模拟联合国"中的国家

联合国有193个成员国，"模拟联合国"活动基本是按照联合国的真实席位来设定不同委员会当中的国家(见表2.6)。但是由于会议规模所限，或者为了增强会议的互动性，有时会删减部分委员会当中的成员国。此外，并非所有联合国机构都有193个成员国，有些大国并不一定会出现在特定的委员会当中。比如联合国人权理事会有47个席位，美国目前尚不是该委员会成员。想要了解每个联合国机构的成员国、数量和任期，可以浏览联合国各个机构的官方网站，这些网站都对该机构的组织框架和成员产生办法进行了说明。

和委员会类似，选择不同的国家也就是选择了不同的难度和挑战性，指导教师和首席代表可以根据代表团的组成和经验进行商讨选择。

表 2.6 联合国分地区国家席位比例

联合国根据世界上国家的总数,规定了各大区国家在联合国各委员会中所占的比例。以下是各地区的国家在联合国机构中所拥有席位数量的比重:	
非洲	28%
亚洲	23%
拉丁美洲和加勒比地区	21%
东欧	9%
西欧和其他地区	19%

选择大国

在上文中我们已经提到,小委员会中每个国家都很重要,都需要代表有很强的能力。大委员会中,没有太多经验的代表可以选择代表小国,经验丰富的代表可以挑战如中国、美国这样的大国。由于这些大国的表现直接决定了会议的质量,因此在选择时一定要慎重。组委会在分配国家的时候也会考虑代表的经验、申请学校在过去会议中的表现等因素。

大国的信息相对丰富,代表容易把握国家的方针立场,在会议上能够比较容易地主导会议进展。但是,会议对大国代表的综合能力要求比较高,大国代表不仅在学识上要对讨论的话题有深厚的积累,同时要有出色的领导能力和应变能力,只有这样,才能够在会议上团结其他国家,为问题的解决作出贡献。

安理会五大常任理事国、八国集团成员国都是典型的大国。

选择中小国家

代表中小国家有利有弊。中小国家在会议现场面临的压力比较小,适合第一次参会的代表。但是,如安提瓜和巴布达这样的小国,不论图书馆里还是互联网上的资料都是少之又少,这就给会议的学术准备带来了很大的困难。

另外如南美国家的官方语言并非英语,因此如果代表这些国家,而这些国家的英文网站、报章信息又不够充分的时候,会给会议准备带来一定困难。

当然并不是所有小国的材料都不好查找。中国的一些邻国,或者和中国接触频繁、关系密切的国家,材料就会相对容易取得一些,有时候甚至可以请到该国驻中国的外交人员进行交流座谈,获得一些宝贵的第一手材料。另外,一些小国虽然可能自身在国际舞台上并不重要,但由于它们和一些大国的密切关系,在会议中会有明确的利益集团的划分,可能成为大国的"左膀右臂",同样也有利于准备会议或者在会议中有所作为。

特殊的国家

还有一些比较特殊的国家,如朝鲜、伊拉克、古巴等,这些国家对国际社会或者是国际社会的特定问题,有特定的看法。会议中针对这些国家也可能会有意想不到的事件发生,因此选择代表时也需要慎重考虑,代表最好能有很好的抗压能力和应变能力,甚至最好能有很好的幽默感。

还有一类特殊的国家要和委员会及议题联系起来。比如应对全球变暖这个议题,对很多太平洋岛国就利益攸关。或者是关于旅游业的发展,那些主要以旅游业为经济支柱的小国也有很大的发言权。

2.2.3 填报国家和委员会志愿

有些"模拟联合国"会议会直接将个国家分配给参会的学校,不过,大部分的"模拟联合国"会议需要先通过学校申请再来确定,填报国家和委员会志愿通常与会议注册一并在网站完成。

在填报国家和委员会志愿之前,指导教师或首席代表需要首先阅读组委会发布的委员会列表和国家列表两个文件,下面我们就给出一个范例(见表2.7)。

表2.7　2008年中国国际中学生"模拟联合国"大会委员会及议题设置

A类委员会:常规委员会

General Assembly First Committee (Disarmament and International Security)	联合国大会第一委员会(裁军与国际安全)
Combating the Illicit Small Arms Trade	打击小型武器非法贸易
Nuclear Non-Proliferation	核不扩散问题
Economic and Social Council	联合国经济及社会理事会
Refugee Situation	难民局势
International Response to Natural Disasters	针对自然灾害的国际应对
United Nations Development Programme	联合国开发计划署
Renewable Energy in the Developing World	发展中世界的可再生能源
Microcredit	微额信贷
United Nations Environment Programme	联合国环境规划署
Climate Change	气候变化
Electronic Waste	电子废物
United Nations Economic and Social Commission for Asia and the Pacific	联合国亚洲及太平洋经济社会委员会
Poverty and Development	贫困与发展
Trade and Investment	贸易与投资

World Trade Organization	世界贸易组织
Agricultural Trade Reform	农产品贸易改革
Electronic Commerce	电子商务
Asia-Pacific Economic Cooperation	亚太经济合作组织
Cooperative Logistics Strategies	合作物流战略
Fisheries and Marine Resources Management	水产业与海洋资源管理

B 类委员会：特殊委员会

Security Council*	联合国安全理事会*
The Situation Concerning Iraq	有关伊拉克的局势
Historical Security Council*	联合国历史安全理事会*
The Situation between Iran and Iraq: 1982	伊朗和伊拉克间局势：1982
Security Council-Chinese*	联合国安全理事会—中文*
The Situation Concerning West Sahara	有关西撒哈拉的局势
International High-Level Consultations on Energy*	国际能源问题高级别磋商会*
Energy Security	能源安全
International Cooperation on Sustainable Energy Development	可持续能源开发的国际合作
Press Delegation	媒体代表团
Role-playing the Journalists at UN	扮演各国大型媒体记者
Cover Committee Discussion and Crises	报道会议，关注危机进展
Interview with Delegates and Publish Declarations	采访代表，发布权威信息
Writer/Photographer/Editor/Art Design	文字/摄影/编辑/美工等职务
Daily Bulletin in English and Chinese	每日发布中英双语报纸

带 * 的委员会在讨论过程中会出现危机事件。

　　这次会议一共有 12 个委员会，那么每个委员会都有哪些国家呢？此时还要结合国家列表来查找（见表 2.8）。

表 2.8　国家列表示意图

MEMBER	TOTAL	DISEC	WTO	ECOSOC	UNDP	UNEP	APEC	ESCAP
Afghanistan	1	1						
Algeria	4	1		1	1	1		
Angola	4	1		1	1	1		
Antigua and Barbuda	2			1	1			
Argentina	3	1	1			1		
Australia	7	1	1		1	1	2	1
Austria	3	1		1		1		
Azerbaijan	1			1				
Bahamas	1				1			
Bangladesh	5	1	1		1	1		1
Barbados	1			1				
Belarus	2			1		1		
Belgium	2		1				1	
Benin	3			1	1	1		

以上表格截取了部分国家列表，只罗列了首字母是 A 和 B 的部分国家。绝大多数的"模拟联合国"活动都会在各校填报国家志愿之前将该表格公布出来。这张表格是填报国家意愿时的重要依据。

表格左边一项是本次会议当中的国家，第二栏往后是各个委员会的缩写，每一个国家在委员会各栏的数字表明该国家在这个委员会的席位数，如果是双代表国家就会写"2"。有的表格会用"*"代替数字，同时额外附加文字说明各委员会是单代表还是双代表。总数（TOTAL）一项表明这个国家代表团的总人数。如表 2.9 所示，阿富汗代表团总人数是 1 人，只在联合国大会的裁军与国际安全委员会（DISEC）有席位，而阿尔及利亚代表团是 4 人，分别在裁军与国际安全委员会（DISEC）、经社理事会（ECOSOC）、联合国开发计划署（UNDP）、联合国环境规划署（UNEP）中各有 1 个席位。

表 2.9　国家列表说明

MEMBER	TOTAL	DISEC	WTO	ECOSOC	UNDP	UNEP	APEC	ESCAP
Afghanistan	1	1						
Algeria	4	1		1	1	1		

此次大会设置的国家

该国全部委员会中的席位总数

该国在不同委员会中的席位个数

通常在大型的"模拟联合国"活动中,一些委员会同时允许单代表和双代表的存在,因此在代表团总数这一项会有"最小人数"和"最大人数"两项,以便代表团灵活分配。

一个学校填报国家意向一般有若干志愿,在填报时,应当把握几个原则:一是选择国家代表团的总人数不要多于本校参会的人数,比如本校一共有3名代表参会,就要填选代表团人数小于或等于3人的国家,上表中可以选阿富汗、安提瓜与巴布达、阿根廷等国,不能选阿尔及利亚、澳大利亚;二是选择的国家不要都是八国集团成员,毕竟大国只有少数的几个,很难完全满足只选大国的意愿;三是不同地区的国家最好都选择一些。遵循以上这些原则,可以让组委会有更充足的余地来分配国家。

需要强调的是,并非本校选择的国家就一定能够分配给申请者。组委会在分配国家的时候要依据往届学校参加活动的情况和往届国家分配的情况来进行决定,一方面照顾到"模拟联合国"活动经验比较丰富的学校,保障会议质量,另一方面照顾到"先到先得"的原则。

2.3 联合国主要机关

我联合国人民同兹决心

欲免后世再遭今代人类两度身历惨不堪言之战祸,

重申基本人权,人格尊严与价值,以及男女与大小各国平等权利之信念,

创造适当环境,俾克维持正义,尊重由条约与国际法其他渊源而起之义务,久而弗懈,

促成大自由中之社会进步及较善之民生,

并为达此目的

力行容恕,彼此以善邻之道,和睦相处,

集中力量,以维持国际和平及安全,

接受原则,确立方法,以保证非为公共利益,不得使用武力,

运用国际机构,以促成全球人民经济及社会之进展,

用是发愤立志,务当同心协力,以竟厥功。

爱由我各本国政府,经齐集金山市之代表各将所奉全权证书,互相校阅,均属妥善,议定本联合国宪章,并设立国际组织,定名联合国。

——《联合国宪章》序言

根据《联合国宪章》的叙述,联合国是为避免人类再遭战乱之祸、保护人权、促进国际法的施行并提高全人类的生活条件而于1945年成立的。为实现上述目标,70多年来,联合国一直在自我完善,组建并优化着各分支机构。

联合国是一个由众多分支机构组成的系统,其内部各机构各司其职。了解联合国系统的总体结构和各分支机构的区别,才能更好地了解为了改善全世界人民的生存条件,联合国每天都在做着什么。本章将重点介绍联合国的六大主要机构。

了解这些委员会不仅对要参加"模拟联合国"活动的老师和学生有所帮助,也有利于准备筹办"模拟联合国"会议的组织者。

2.3.1 联合国大会

根据《联合国宪章》，联合国的首要机构是联合国大会（General Assembly），简称大会、联大。作为国际讨论和合作的基础平台，大会由联合国全体193个会员国组成，每个会员国均平等地拥有一个投票权。

联合国大会已成为众多国家参与国际事务的外交平台。经济、军事和社会背景各不相同的会员国可以在大会上阐明各自立场、发表各自意见，直接参与全球政策的制定。但联合国大会的协商是件困难的工程，因为大会必须将所有国家的意见都统一起来，同时又必须尊重各会员国的主权——也就是各国不受他国干涉而自主决定内部事务的权力。《联合国宪章》的制定者们考虑到了这一点，因此认为有必要限制联合国的权力以避免产生一个"国际政府"或"超级政权"。其结果是，联合国大会所讨论的范围虽非常广泛，但真正付诸行动的非常有限，其决议亦无强制性。

联合国大会讨论除有关和平与安全之具体问题（该部分事务由安全理事会负责）以外的所有事务。大会可讨论国际事务，对会员国及联合国各机构的工作做出评价，同时亦会在充分讨论后制定新的国际法规。但另一方面，大会无权要求会员国采取具体行动，亦无权对会员国进行制裁或采取军事行动。但大会的决议对国际社会依然有着舆论和道德层面的重要意义。

大会的大部分决议需要得到简单多数方可通过。但对于重要议题，例如维持和平与安全、选举经济及社会理事会成员、选举安全理事会非常任理事国、接纳或开除会员国、中止会员国资格、预算事务，需要三分之二多数票。

近年来，为使大会更有效率，各国形成了非正式的地区集团以促进交流和合作。这些地区集团包括：非洲地区、亚洲地区、东欧地区、拉丁美洲和加勒比海地区，以及西欧和其他地区（其他地区包括澳大利亚、加拿大、以色列、新西兰、土耳其[①]和美国）。大会主席由各地区集团轮流担任，任期一年。

每年，在联大常规会议的初始阶段（9月初至12月中旬），各国代表和部分国家元首都会在联大进行总体陈述，表达各自的关切和主张。之后，联大进行实质性辩论。考虑到联大要讨论的事务过于繁多（例如第58届联大有166项事务），联大下设六大主要的专门委员会：

第一委员会——处理裁军与国际安全问题（Disarmament and International Security）

第二委员会——审议经济及财政问题（Economic and Financial）

第三委员会——审议社会、人道主义和文化问题（Social，Humanitarian and Cultural）

第四委员会——处理特别政治和非殖民化问题（Special Politics and Decolonization）

第五委员会——负责行政和预算问题（Administration and Budgetary）

第六委员会——审议法律问题（Legal）

各成员国就该委员会的专门问题进行讨论并撰写决议草案，以为各国的具体行动提供方向和建议。这些专门委员会的决议草案需要简单多数方可通过。每年，在联大的最后阶段，在各专门委员会中已获通过的决议草案将被提交至联大的全体会议上。此时，各国代表们将有三种选择：鼓掌通过决议草案使之直接成为决议，进行普通投票，或进行唱名投票以决定决议草案的命运。

---

① 土耳其在选举时作为西欧和其他地区的成员，此外亦属亚洲地区。

联大在每年秋天决定其后一年的工作程序。在每年的常规会议之外,联合国大会亦会在需要时召开特别会议或紧急会议。历史上,联大召开过27个特别会议,讨论诸如种族隔离、毒品、环境、妇女和艾滋病问题。

1950年,联大通过第377号决议《联合一致、共策和平》,决议赋予联大在安全理事会的讨论陷于僵局时讨论紧急事务的权力。在联合国成立的最初几年,由于冷战的影响,有益于国际和平的决议常被安理会的常任理事国否决。为保证安理会成员国不滥用职权,联大决定开设紧急委员会。紧急委员会将在符合下述任一条件时召开:安理会本身要求召开(至少九个理事国同意);联合国半数以上会员国要求召开;或由一个已得到联合国半数以上会员国支持的会员国提出要求。目前(本书截稿时),联大共召开了十届紧急会议。

2.3.2 经济及社会理事会

经济及社会理事会(Economic and Social Council,简称经社理事会)讨论有关经济和社会事务的广泛话题。该理事会是各成员国讨论上述话题和相关事务的中心平台,它同时协调其下分支机构所负责的事务,包括各专门委员会、地区委员会、常务委员会和专家组,同时还包括各项目、基金和特别机构所经手的事务。

联合国所处理的经济和社会事务十分繁杂,相应地,联合国处理这些事务的体系亦较复杂。经社理事会根据《联合国宪章》第六章而成立,处理这些繁杂的事务。事实上,经社理事会的业务量大约占据了联合国70%的人力和财政资源。

与拥有193个会员国的联大不同,经社理事会仅有54个会员国。这些国家是经联大选举产生的,任期三年。此外,经社理事会的成员采取轮换制,每年会改选18个国家(故有成员国可以连选连任)。该理事会的席位分配遵循依照区域国家数量而制定的地域平衡原则,其中,非洲14席,亚洲11席,东欧6席,拉丁美洲和加勒比海地区10席,西欧和其他13席。

为有效工作,经社理事会通常在每年召开数个短期会议。但每年7月,54个理事国会召开一次为期四周的实质性会议,以总结、评价各分支机构的工作,并讨论重要的国际事务。这些会议还包括外长级或其他高级官员参加的高级会议。每个高级会议都重点讨论具有国际重要意义的专门话题。

随着时代的发展,非政府组织在联合国事务中扮演着越来越重要的作用,尤其是在与社会和经济有关的领域。经社理事会一直与学术和商业领域中的杰出专家合作,研究重要课题。迄今为止,联合国已与2100多个非政府组织建立了合作关系。

为更好地处理联合国繁杂的社会和经济事务,经社理事会下设了八个职司委员会(Functional Commissions):

预防犯罪和刑事司法委员会(Commission on Crime Prevention and Criminal Justice,CCPCJ)

麻醉药品委员会(Commission on Narcotic Drugs,CND)

人口与发展委员会(Commission on Population and Development,CPD)

科学和技术促进发展委员会(Commission on Science and Technology for Development,

CSTD)
社会发展委员会(Commission for Social Development)
妇女地位委员会(Commission on Status of Women，CSW)
可持续发展委员会(Commission on Sustainable Development)
统计委员会(Statistical Commission)

为在不同区域内更好地处理和协调经济和社会政策，经社理事会创建了五个地区委员会(Regional Commissions)，它们分别是非洲经济委员会、欧洲经济委员会、拉丁美洲和加勒比经济委员会、亚洲及太平洋经济社会委员会、西亚经济社会委员会，受篇幅所限不在此一一介绍。

2.3.3 安全理事会

根据《联合国宪章》，联合国各会员国"将维持国际和平及安全之主要责任"授予安全理事会(Security Council，简称安理会)。安理会在联合国中的作用是独一无二的——它是唯一一个全年都在开会并且对会员国有强制权的机构。安理会同时有权断定任何争端或情势之存在"是否足以危及国际和平与安全之维持"。在过去数十年间，安理会的工作量一直在增加，如今，人们期盼着安理会能够处理更加困难的国际争端问题。

安全理事会有15个理事国，其中中国、法国、俄罗斯、英国和美国是常任理事国。剩下的10个席位由安理会选举产生，任期两年。

5个常任理事国(通称"五常")在安理会中的地位举足轻重。对于实质性问题，例如决议的通过，安理会需要至少9票赞成，并且5个常任理事国无一反对。这就是通常所说的"大国一致原则"，五常在安理会对实质性问题投票时所拥有的这种特殊权力，称为"否决权"。尽管常任理事国可以对决议投弃权票，甚至不参与投票，但一旦它投了反对票，那么决议便自动被否决掉了。5个常任理事国都使用过否决权。

安理会有多项职责。它负责提名联合国秘书长候选人(候选人须经联大表决)、推荐新成员国加入联合国、与联大一同选择国际法庭的法官。

然而，安理会最基本的工作是维持世界和平与安全。任何联合国成员国——甚至是非联合国成员国，只要其愿意遵守安理会的决定——都可以将纠纷提交至安理会进行国际范围的讨论。安理会首先会建议冲突各方以和平方式解决纠纷。安理会也会进行斡旋或提出和平解决纠纷之方案的努力。但一旦这些努力都失败了，那么安理会将考虑采取更有效的强力措施。

为回应对和平的威胁，安理会可根据《联合国宪章》第41条之规定："安全理事会得决定所应采武力以外之办法，以实施其决议……这些办法得包括经济关系、铁路、海运、航空、邮、电、无线电及其他交通工具之局部或全部停止，以及外交关系之断绝。"即采用制裁的手段。一旦这些措施亦不奏效，安理会将可考虑派出军事观察员或维和部队以缓解紧张局势，并为产生和平决议创造条件。

在20世纪90年代初期，安理会设立了两个国际刑事法庭——1993年设立的前南斯拉夫国际刑事法庭和1994年设立的卢旺达国际刑事法庭。

1993年以来,一个特别工作小组在研究如何改革安理会,首先是在成员国数目及组成方面。1945年以后,安理会的成员国数量已从11国增加至15国,但另一方面,联合国的新会员国却增加了100多个。许多国家都要求安理会扩容,同时增加具有否决权或不具有否决权的常任理事国席位。

2.3.4 国际法院

位于荷兰海牙的国际法院(International Court of Justice)是联合国的主要司法审判机构。它主要负责审理并裁定国家间争端,并为联合国及各专门机构提供法律方面的咨询及帮助。

国际法院的前身是国际常设法院,由15名法官组成。这些法官是由联大和安理会选举产生的,任期九年。这些法官必须已处于本国司法体系的最高职位,或已在国际法方面做出公认而卓越的成就。同时,法官的组成还必须涵盖各种文明体系和主要司法体系。国际法院的15名法官必须来自15个国家,并且在审判时,法官是独立工作的,不对任何特定的国家或政权负责。

目前,联合国所有成员国都被纳入了国际法院的体系当中,当然这并不意味着各国必须接受或承认该法院的审判和管辖。当国际纠纷产生时,会员国必须依国际法院之章程向其提交一份特别声明。到目前为止,已有64个国家提交过特别声明。

世界上有数百项国际条约都规定,如果对条约中某些条款的含义或执行存有争议,条约的缔约国可将争议提至国际法院,缔约国亦须尊重国际法院的判决。

此外,一旦某国已和他国签署了有关将争议提至国际法院以求解决的正式协议,那么该国就被置于国际法院的管辖之下。

国际法院实行两步的法律程序。存有争议的国家须提交书面陈述,并在法庭上进行辩论。然而,一旦双方达成和解,或争议双方或一方决定撤诉,则无论任何时候,案件均告终结。

国际法院以国际法为基础,《国际法院章程》第38条对这些国际法做出了判断,它们包括国际条约、国际惯例和一般法律原则。国际法院的判决均为最终判决,不得上诉。如若一方不履行判决书,则另一方有权将争议提至联合国安理会。

国际法院的咨询体制与其审理争议案件的过程稍有不同。会员国本身不可以向国际法院提出咨询。只有联合国大会、经社理事会、安理会、托管理事会和联大的临时会议,以及包括世界卫生组织、国际货币基金组织在内的16个专门机构,可以向国际法院提出咨询要求。

当国际法院收到这些机构或组织的咨询要求时,它会首先挑选出合适的国家或组织,请它们以书面或口头的方式为这些提出要求的机构提供有用的信息或证据。

仅以2004年为例,国际法院针对所提交的国际争端,做出了78份判决书,这些争端包括陆海边界、领土主权和外交关系。国际法院还提出了24份咨询性意见。

2.3.5 托管理事会

托管理事会(Trusteeship Council)是根据《联合国宪章》而设立的联合国主要机构,它负责管理11块"托管地"及在7个联合国会员国管理之下的非自治领地。

这些托管地是指二战结束时尚未独立的前国际联盟的委任统治地和战后割离自战败国的土地。根据《联合国宪章》第 11 章的规定，管理这些地区的国家有责任增进该地区政治、经济、社会和教育的发展，并有责任保护该地区居民的权利、提升他们的福利。此外，管理这些地区的国家应为该地区的自治提供帮助，同时承担发展建设的责任。

1994 年，帕劳——太平洋托管岛屿中的一部分——脱离了美国的管辖，成为最后一个取得独立的托管地。至此，托管理事会中止了日常事务。

在这 50 年间，托管理事会每年召开一次会议。1994 年 5 月，托管理事会完成了它的使命，该理事会修改了其工作流程，同意此后仅在需要时重开会议——由其本身决定，或由其自己的大会的半数会员国提出要求，或由安理会的半数会员国提出要求。

今天的托管理事会由安理会的五个常任理事国组成。一些国际观察员认为，托管理事会现在应该管理全世界范围内的殖民地和正处于政治过渡期的国家或地区，比如战后的伊拉克等。

2.3.6 秘书处

秘书处（Secretariat）是联合国进行日常工作的机构。它负责贯彻、执行联合国各机构制定的计划和政策，并为它们提供管理支持。秘书长是秘书处的最高官员。

秘书处的工作贯穿整个联合国系统。秘书处的工作人员负责协调维和工作，调解国际冲突，监督地方选举，调查经社走向，研究全球课题，向媒体推介联合国的工作，组织国际会议，解释文件并将其转译成联合国的六种官方语言——阿拉伯文、中文、英文、法文、俄文和西班牙文。

秘书处 8900 多名工作人员直接受雇于联合国，不代表其母国，也不对其母国负责。秘书处的工作人员来自全球 170 多个国家。他们是国际公民，是国际公务员，并宣誓不接受本组织外任何政权和组织的训示。

联合国总部位于美国纽约，同时，联合国在埃塞俄比亚亚的斯亚贝巴、泰国曼谷、黎巴嫩贝鲁特、瑞士日内瓦、肯尼亚内罗毕、智利圣地亚哥和奥地利维也纳都设有重要分部，联合国在许多国家都设有小型办事处。

秘书长

根据《联合国宪章》，秘书长是联合国的最高行政管理官员。但该职位已远远超出行政管理的范畴。如今，秘书长必须是一位联合国及其工作的衷心拥护和倡导者、一位国际社会的代表（而非某一或某些国家的代表）和整个联合国系统的执行人。同时，秘书长还应调解冲突，以合适的外交手段解决国际纠纷，成为联合国及其理念的象征和榜样。

秘书长的职责是广泛而具有挑战性的。正如《联合国宪章》所陈述的那样，秘书长应向安理会报告他认为会对国际和平与安全构成威胁的任何事件。同时，秘书长应随时留意各成员国的关切，并以联合国的要求、理念、工作和道德标准衡量联合国会议上讨论的冲突案件。此外，与各国领导人会晤、亲赴各国与普通民众交流，也是秘书长的重要职责。

联合国除了这六大主要机构之外，还有众多的专门机构、附属机构、方案和基金等。了解这些委员会不仅能为填报国家意愿提供参考，而且能够帮助代表们明确委员会解决问题的具体方向。比如艾滋病问题可能会在妇女地位委员会，世界卫生组织，社会、人道及文化委员会，联合国开发计划署等委员会讨论，但是每个委员会涉及的问题侧重点都不同。参与特定委员会的讨论，就要将重点放在那个委员会的目标和宗旨上。除此之外，还要了解该委员会的成员国，以便判断本国应该寻找的朋友、协商的对象等。

扩展阅读

参加 HNMUN 的感想

在此次哈佛全美"模拟联合国"大会中，我参加的委员会是美洲国家联盟组织，代表的国家是安提瓜与巴布达。美洲国家组织的参加人员主要是代表北美洲、南美洲的国家以及加勒比海地区的岛国，出席的代表有 20 多个，是最小的委员会之一。讨论的问题分别是打击毒品和高级人才流失。

左二为本文作者，后边身着制服的为西点军校代表

这样一个小委员会的进程十分紧凑，发言有很强的即时性和现场性，在会场上根本就没有时间再临场阅读资料，总结摘记，然后进行发言，所以会前的准备非常必要。

安提瓜与巴布达是加勒比海地区一个非常小的国家，20 世纪 80 年代才获得独立。关于它的资料非常缺乏。搜索网络资源一定要有足够的耐心，联合国网站以及美洲国家组织本身的网站上有相应的资源，同时，通过 Google 用不同的关键词组合搜索，能够找到欧洲和美国的一些研究机构的专题报告等。此外，由于加勒比海小国在很多方面具有很大的相似性，对于一些很难找到的细节，可以在其他国家情况的基础上进行类推。在搜集安提瓜与巴布达关于禁毒和人才流失的资料时，我同时找到了很多其他加勒比海国家相应的信息。

由于准备时间有限，我只研究了代表国家的情况，而没有去更多地关注其他国家。其实，了解其他的国家非常必要,因为这些国家的代表都将和你坐在一个会议室里展开激烈的辩论和协商。所谓"知己知彼,百战不殆",事先了解他们面临的是怎样的国内形势,并且推测他们将分别采取怎样的立场,找出和自己情况相似的国家,及早与他们会下沟通,能够形成联盟,增强话语权,在会议讨论中不至于被边缘化。

除了寻找参考书或者网上的间接资料以外,还有一种非常有效的方法可以获取一手信息,就是和来自该国的人交流。在大会注册当天的国际学生见面会上,我遇到了一个真正来自安提瓜与巴布达的代表。他热心地向我介绍他们国家的情况,回答我的问题,帮助我更清楚地了解了该国的现状,这些问题给他们带来的各种影响,以及政府的立场和所采取的政策措施,等等。这样,在会场上发言阐明自己国家国情和立场的时候,感觉更有底气。

——北京大学经济学院2005届本科生　胡玉婷[1]

---

[1] 胡玉婷于2005年2月赴波士顿参加哈佛全美"模拟联合国"大会,代表安提瓜与巴布达,参与美洲国家联盟组织委员会的讨论。

第 3 章　厉兵秣马——会议前的准备

> **本章学习目的**
>
> 1. 了解参加"模拟联合国"活动需要准备的资料和知识
> 2. 了解查找资料和信息的方法
> 3. 掌握分析背景材料的思路
> 4. 掌握分析国家和国家集团立场的方法及思路
> 5. 掌握立场文件的写作

　　我们这次抽到了两个国家,所以需要分别准备两个国家的立场。第一步的工作便是选国家和选委员会。我对社会文化方面的内容比较感兴趣,又对南亚了解比较多,就选择了社会、人道主义和文化问题委员会,代表的国家是斯里兰卡。

　　准备的过程中就遇到了很多困难。首先,斯里兰卡是个小国,材料相对比较难收集。唯一能参考的就是斯里兰卡政府的官方网站和在中国的大使馆的网站,还有就是一些中国的选择性报道和一份斯里兰卡大报的电子版,资料非常有限而且空泛,找不出任何特别的立场。又由于我所在委员会的关系,难度似乎更大了。因为这次委员会的两个主题,一个是反恐中的人权问题,另一个是国内战争中的妇女权利问题。而我查到的资料表明,斯里兰卡政府对这两个问题都非常不重视。作为一个经济相对不发达的南亚国家,其传统文化和经济发展水平都使得妇女居于相对弱势地位,所以当时我觉得选这个题目没什么发挥余地。再看看其他委员会,关于核扩散的问题或贸易的问题,斯里兰卡的立场就鲜明很多了。但我也不甘心就此放弃,一定要找到相关的资料。最后我终于发现斯里兰卡在第一个问题上还是有发挥余地的。因为斯里兰卡长期以来受到"泰米尔猛虎"恐怖组织的威胁,该组织对其国家安全和稳定造成了很大的问题,可以说是个反恐核心国了,而在反对恐怖组织的过程中怎样保护自己国民的利益,我想就可以归入保护人权的问题。

　　——北京大学2006届本科生罗冰清,于2005年2月赴波士顿参加哈佛全美"模拟联合国"大会。

　　"模拟联合国"之所以让人刻骨铭心,不仅仅因为开会那短暂的辉煌,还因为每个代表都在会前付出了辛勤的汗水。在这一章里,你将会学习如何使用现代社会最便捷的搜索工具——网络来获取需要的信息,如何最大限度地挖掘组委会分发的背景材料,如何分析浩如烟海的信息,如何形成并书写出本国观点。

3.1 准备会议的步骤

3.1.1 准备会议的流程

"模拟联合国"会议并不是从踏入会场的那一刻开始的。进入会议前,你要经过几个月的研究、准备和思考,对相关国家、议题的研究一刻也不能停止。不要被那厚厚的背景资料吓倒。只要你充分利用时间,找到充足的资源,完全可以对国家、议题和委员会形成完整、准确、清晰的认识。在进行会前的学术准备时,你首先需要对几方面内容分别做准备,随着学术准备的深入,你自然会发现这几个方面是如何相互关联的。

通过图 3.1 可以清楚地看到整个会前学术准备的过程。

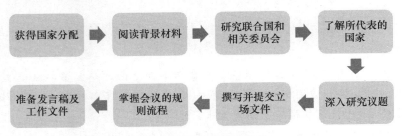

图 3.1　学术准备流程图

1. 仔细阅读背景材料。背景材料是各个委员会的主席团书写的研究材料,主要针对要讨论的议题进行介绍,包括委员会简介、议题的历史、现状等,同时,背景材料也可以看做是主席发表的声明,对本次会议应讨论的具体方向提出了建议。

2. 对联合国和相关委员会进行研究。这一点对于"模拟联合国"活动的新手来说尤其重要。代表不仅要了解联合国的目标、成员、结构和它所涉及的领域,还要了解联合国在这些议题上过去采取过何种措施。代表同样也要了解所在的委员会的历史、权力和责任,这样才能够在会议中收放自如,知道什么问题是可以提出来讨论的,什么问题是超出委员会管辖范围的。只有这样才能更好地利用自己国家的影响力,更好地行使自己的权利。

3. 了解你所代表的国家。对委员会有了初步了解以后,就要对你所代表的国家进行研究,包括其基本国情及其对议题相关问题的态度、历史和反应。你所代表的国家很可能在国际舞台上并没有什么发言权,能找到的资料也少之又少,这时你需要寻找与其政治、经济状况相近的国家的资料,或者它所在的国家集团的整体立场。要知道,它在国际舞台上不能实现的国家影响力,很有可能在你的努力下、在"模拟联合国"的会场中得以实现。

4. 研究议题。对议题的分析和对国家立场的把握要相辅相成。在掌握了大量信息之后,就应该思考如何运用这些分析。此时又该回到背景材料上,要时刻记住背景材料代表了本次会议集中的讨论点,在放手研究议题之前,一定要回过头再重新审视背景材料,把握方向。背景材料的注释和索引提供了大量关于议题的资料,可以说你的第一步研究已经有委员会主席帮你做好了。当然这只是一个开头,你还需要自己去做很多。在研究过程中时刻将一些重要史实记录在卡片上是一个好的习惯。类似的还有将重要条例、协议、联合国决议列出清单等方法。

5. 形成自己的立场。现在是你进行独立思考的时候了。你已经了解了很多内容,现在你需要依照已经掌握的知识,按照"模拟联合国"文件的规范,写出自己的立场文件并准备好自己的发言。

6. 掌握议事规则,加强语言训练。在准备知识性内容的同时,不要忽略对规则的把握。"模拟联合国"活动有一些核心规则和概念,在所有的会议当中都是通用的。但是每个会议在具体的规则流程上会有一定的差异。不要小看了规则,掌握规则是参与会议的必要条件,同时还可以灵活地利用规则,推动会议进程,帮助实现本国的利益。"模拟联合国"活动对你的锻炼是全方位的,语言能力也非常重要。不论是中文还是英文委员会,你都要加强在听、说、读、写方面的训练,保证自己能够清晰地传达国家立场。

以上就是整个会前学术研究的基本过程,这些步骤的先后顺序并非一成不变,实际上每一部分都需要综合其他部分的知识或技能。当你真正进入这些准备过程当中,你就会在研究能力、问题分析能力、语言能力、时间管理能力等方面有全方位的提高。几乎所有的代表都认为,准备"模拟联合国"是他们收获最丰富的过程。

3.1.2 基本的理论知识素养

> 请从地缘政治的角度分析中日关系。
> 购买力平价和汇率计算的 GDP 有什么区别?
> 估计一下印度的国土面积大概是多少。
> GDP 和 GNP 的区别是什么?
> 为什么英国和美国长期以来保持着密切的外交关系?
> 欧洲协调、孤立主义、均势政策、集体安全、地缘政治、势力范围分别指什么?
> 回答以上这些问题对你来说是易如反掌还是异常困难?花一些时间来了解一些基本的国际关系常识会对准备"模拟联合国"活动有所帮助。

参与"模拟联合国"活动之前,不管你对国际政治、经济中的理论有怎样的了解,现在是接触这些知识的时候了。了解理论和其他抽象知识的意义在于你不会"就事论事",而是可以从更高的角度俯视这个问题,做到由此及彼、以不变应万变。

这对于信息的使用效率和归纳分析会起到决定性的作用。现实主义思想,如均势政策,可以在安理会等委员会中国家立场鲜明、利益冲突重大的情况下有效地分析国家立场;关于国家相互依存、经济全球化之类的观点在一些专门机构中会有重要意义;非传统安全观则对世界卫生组织的行动来说意义重大……有了这些理论概念的支撑,你才能对搜集到的浩如烟海的资料进行有效的管理和分析,让各种资料为你所用,而不是你被各种资源所拖累。

3.1.3 对国际事务的持续关注

以下是一组自测题,你不妨看一下自己是否保持对国际事务的持续关注。

1. 你是否能够列举五个当下最热门的国际问题?
2. 你是否能够列举安理会常任理事国的现任国家元首和政府首脑?
3. 你是否看时事类的电视新闻节目?一周大约几次?
4. 你是否阅读比如《世界知识》之类的时事杂志?
5. 你上网时是否会阅读国际新闻,还是会跳过不看?
6. 除了中文网站/报纸/杂志,你是否还会浏览英文媒体的报道?

如果说,针对议题和国家而进行的信息搜集是有心为之,那么对国际事务的关注更像是"无心插柳"。有时你辛辛苦苦查找许久而不得的信息,可能就在电视新闻的一个片段中,或者躺在书中的某一页上。

不同的代表应该有不同的方法来获取相应的知识:讲座、书籍、杂志、报纸、网络、电视节目。信息搜集并不困难,理解国际事务的关键在于如何利用这些信息。

3.1.4 信息的管理

如果不能有效地管理和分析找到的资料,那这些繁杂的信息将无异于巨大的包袱。

将文件总结、编号分类是管理信息的有效手段。以下是北大全国中学生"模拟联合国"大会主席团管理文件时使用的编号办法。后边的很多范例都采取了这种编号方法。

SE/文件编号/060520

文件编号

为了便于大会文件的汇总整理,组委会及主席团应按统一格式为正式文件编号。

……

文件编号的格式为:

委员会缩写/文件类型(汉语简短描述)/六位数字日期—文件序号

……

文件类型(汉语简短描述),比如:总结,计划,建议等

例如,安理会2005年3月12号提交的第4份总结活动总结:SC/总结/050312-4

……

3.1.5 信息的搜集

除了前面提到的在日常生活中通过各种渠道去搜集资料,我们当然还需要能够有意识地针对某一特定问题进行信息的搜集和分析。在信息的来源方面,根据美国联合国协会的统计,代表们获取的信息大约80%来源于互联网。

尽管如此,我们首先介绍的还是图书馆。信息可以粗略地分为不带观点的资料及信息和带有一定分析的报告或者研究成果,而图书馆就后者而言则有一定优势。以北京大学图书馆为例,信息来源简单地说包括书籍、期刊。书籍一方面有相对纯理论的,比如分析国际组织的结构、机制、作用,另一方面也有侧重案例分析的,比如探讨联合国在刚果的维和行动。除此之外还有一些文件集。期刊相比书籍更有时效性,而且权威期刊刊登的文章往往是信息和分析兼备的,相比一般的新闻更有深度和权威性。阅读并理解这种相对更有深度的文章,本身也能提升我们的能力。

当你开始利用互联网搜寻资料时,你会深深感受到在图书馆无法感受到的"信息爆炸"。无论何时,请你牢记联合国网站是最权威、最有效率的信息来源。

在你开始使用联合国档案系统①之前请不妨阅读一下联合国的检索指导②,其训练页面③提供了几个非常实用的PPT下载,帮助你掌握ODS④和UNBISNET⑤的使用方法。其中UNBISNET可以检索UN的各种文件(决议、报告等)、联合国大会和安理会的投票记录、在联合国大会发表的正式演说稿。本章随后也将做出专门的介绍。

有了文件管理的基本方法和理论框架的概念,我们可以开始学习如何使联合国的文件系统"为我所用"了。

3.2　情报高手的工具——网络资源的使用

在联合国的相关搜索网页和资料库中,资料的数量往往多得让很多人头疼。面对这样巨大的资料库,很多人不知道到底该查找什么以及怎样查找。事实上,联合国的相关网页有相应的检索手段,通过本章的学习,你将了解如何查找不同的联合国议题、决议、领导人的演说材料等重要资料,这将会为你准备"模拟联合国"活动提供帮助。

3.2.1　基础知识

基本资源

"模拟联合国"活动的核心资料搜索方式有两类:一类是利用相关网络资源进行的检索,另

---

① http://www.un.org/documents/。
② http://www.un.org/Depts/dhl/resguide/。
③ http://www.un.org/Depts/dhl/resguide/train.htm。
④ The Official Document System of the United Nations (ODS),联合国正式档案系统,全文数据库。
⑤ http://unbisnet.un.org/,The United Nations Bibliographic Information System。

一类是利用相关的书籍等正式出版物和联合国官方的公开刊行物进行的检索。就后者而言,主要是联合国正式资料,以及安理会、经社理事会等专门机构的研究调查成果,还有联合国对于近期活动进行的报告等,可以直接通过联合国相关图书馆和图书出版机构获得。

但是,联合国文件的印刷版在国内并不常见,只有极少数大型图书馆留存了少量实物。所以目前主要的资料检索来自网络。下面我们将介绍一些重要网站。

主要的联合国官方网站、门户网站

联合国：http://www.un.org

联合国数字图书馆：https://digitallibrary.un.org/

联合国正式文件系统：https://documents.un.org/prod/ods.nsf/home.xsp

联合国可持续发展目标：https://sdgs.un.org/goals

上述网页在总体层面上将对检索工作提供帮助,同时专门的委员会也应当重视委员会的相关资料收集,以及该委员会官方网站的利用。下面的章节,将介绍不同的检索门户网站的利用方法。

此外,一些与联合国相关的读物也可以供代表们参考。

介绍联合国的参考书籍

梁西,《国际组织法》(第四版),武汉大学出版社,1998

李铁城等:《联合国历程》,北京语言学院出版社,1993

徐光健,《联合国宪章诠释》,山西教育出版社,1999

王铁崖,《联合国基本文件集》,中国政法大学出版社,1991

袁士槟,《联合国机制与改革》,北京语言学院出版社,1995

联合国文件编号规则

每份联合国文件都有独特的文件编号(文号),由数字和英文字母组成。一份文件的各种语言文本都用同一文号。了解这些编号习惯之后,代表们可以更快捷地明确联合国文件的性质,文号的头一部分通常反映主体机关(文件由该机关印发或提交给该机关):

A/-	大会
S/-	安全理事会
E/-	经济及社会理事会
ST/-	秘书处

但有例外,有些机构印发自己的文件时并不反映主体机关。例如:

CRC/C/-	儿童权利委员会
DP/-	联合国开发计划署
TD/-	联合国贸易和发展会议
UNEP/-	联合国环境规划署

文号的第二和第三部分表明下属机构：

-/AC..../-	特设委员会
-/C..../-	常设/永久/主要委员会
-/CN..../-	委员会
-/CONF..../-	会议
-/GC..../-	理事会
-/PC/..../	筹备委员会
-/SC..../-	小组委员会
-/Sub..../-	小组委员会
-/WG..../-	工作组

有些文号有反映文件性质的特别组成部分，例如：

-/INF/-	资料性系列（例如，与会者名单）
-/L....	限制分发（例如，一般是草案）
-/NGO/-	非政府组织的声明
-/PET/-	请求听询
-/PRST/-	安全理事会主席的声明
-/PV....	会议逐字记录（例如，大会全体会议逐字记录）
-/R....	控制分发
-/RES/-	决议
-/SR....	会议简要记录
-/WP....	工作文件

文号的最后一部分是添加后缀，反映对原文件所作的修改：

-/Add....	增编
-/Amend....	修正，由主管当局做出决定修改已通过的案文
-/Corr....	更正（可以只适用于某些语文文本）
-/Rev....	订正（取代前已印发的文本）
-/Summary	摘要
-/- *	由于技术上的理由重新分发

下面是一些实例：

A/53/1	大会第 53 届会议，第 1 号文件
A/CONF. 151/PC/INF. 8	大会，联合国环境与发展会议，筹备委员会，资料系列文件，第 8 号
E/CN. 4/Sub. 2/AC. 2/1987/WP. 4/Add. 1	经济及社会理事会，人权委员会，防止歧视和保护少数小组委员会，当代奴隶问题工作组，1987 年，第 4 号工作文件，第 1 号增编
UNEP/GC. 18/29/Corr. 1	联合国环境规划署，理事会，第 18 届会议文件第 29 号，第 1 号更正

大会自 1976 年第 31 届会议起，将会议届数纳入文件编号内（例如，A/31/99）。同样，经济及社会理事会自 1978 年起将年份纳入文件编号内（例如，E/1978/99）。安全理事会则自 1994 年起纳入年份（例如，S/1994/99），但决议和会议记录除外。

3.2.2 联合国官方文件系统

通过浏览联合国官方文件系统（Official Document System，ODS）可以获取联合国官网以往通过的所有决议案、会议讨论结果以及报告等。联合国官方的检索系统有许多搜索的方式供我们选择，可以通过限定关键词、限定时间、限定主题等方式获取对应的资源。这些文件对我们了解议题信息至关重要，例如我们可以通过决议案了解联合国对该议题以往的态度、做法和效果，可以通过组织机构或者委员会的报告来了解某个专题的进展情况、存在问题以及未来的发展趋势。

整体的信息和文件查询工作

因为 ODS 的文件数量庞大，在浏览查询网站信息的同时，应该将重要的文件保存至本地，做好标注和笔记，避免重复而繁重的检索工作。以下是从联合国官方网站访问 ODS 检索文件的指导步骤（见图 3.2）。

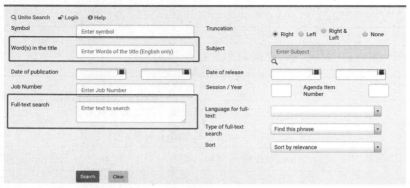

图 3.2　联合国官方文件系统网站示意图

登录联合国官方文件系统网站（documents. un. org/prod/ods. nsf/home. xsp），也可以选择从联合国官方网站的 Our Work 中点击 Explore UN Documents 到达该网站。选择自己的搜索方式，ODS 提供两种常见的检索方式。一是**标题关键词搜索**：一般选择比较宽泛的词语，比较容易出现在标题里的词语，可以考虑用此方法来进行检索，建议关键词不要超过 2 个，例如 gender equality，climate change（返回结果与预期结果匹配度较高）。二是**全文关键词搜索**：一般选择相对具象化的词语，不太容易出现在标题里的词语，例如 outer space exploration，industry development（返回结果与预期结果匹配度较低）。

在返回结果中选择自己需要的文件浏览并保存至本地，点击文件号进入文件浏览页面（见图 3.3）。

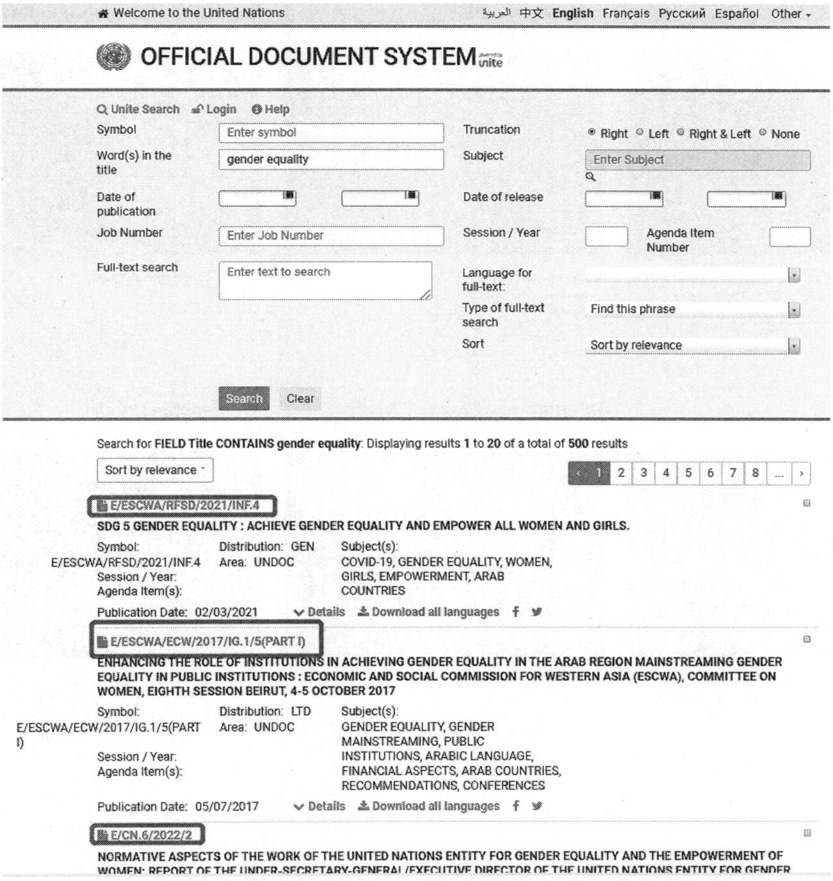

图 3.3 联合国官方文件系统搜索示意图

此时，也可以在页面内进行搜索，联合国官方所有的 PDF 文档都支持页内文档搜索（快捷查找按键 Windows 系统为 Ctrl＋F，MacOS 系统为 Command＋F）。

联合国官方决议案查询

联合国大会和各个附属委员会的官方文件，可以有效地帮助代表了解联合国相关机构在处理相似问题以往的主要态度、方式、方法、存在问题以及可行的解决措施；同时，各委员会的官方决议案写作也可以作为代表学习决议草案写作的范例，代表可以从中体会如何提出序言性条款，如何推进行动性条款，无论是在用词遣句还是逻辑结构方面，决议案对代表们写作能力的提升都会有显著的帮助。下面将以联合国大会（General Assembly, GA）为例，介绍寻找官方文件的方法。

第一步，进入联合国文件系统（https://www.un.org/en/our-work/documents），下拉网页选择 Resolution, convention and other instruments adopted by the General Assembly（见图 3.4）。

图 3.4 联合国文件系统网站示意图

第二步，选择自己需要的决议草案出现的年份，浏览自己认为有价值的决议案（见图 3.5），按照前文介绍的文件编号说明，结合决议案标题，点击下载阅读。同样，建议代表们可以在浏览的同时使用搜索功能并且记录有价值的信息。

第 3 章 · 厉兵秣马——会议前的准备

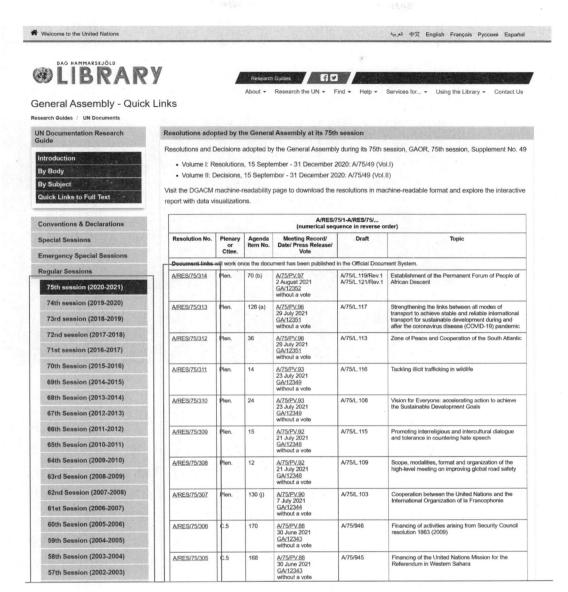

图 3.5　联合国数字图书馆示意图

3.2.3　委员会相关网站

对于参会代表而言，了解所模拟的联合国机构或其他国际组织的职能、信息、案例以及数据是至关重要的。在与其他代表沟通时，可以使用这些辅助性的材料，用充分翔实的数据和案例来佐证观点，并提供给其他代表们新的思路和想法。在这里，我们以世界卫生组织（World Health Organization，WHO）为例，介绍如何通过其官方网站查找数据和资料（见图 3.6）。

— 45 —

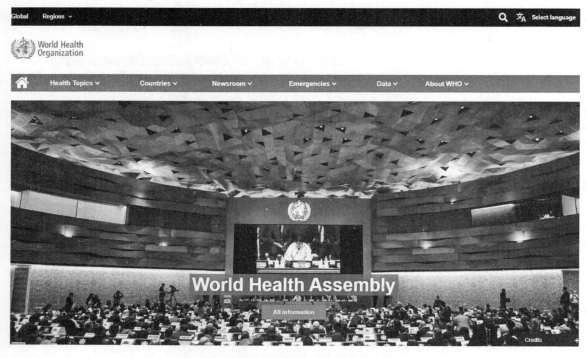

图 3.6　世界卫生组织官方网站示意图

首先进入世界卫生组织的官网（https://www.who.int/），然后可以尝试在上方的 Health Topic 选择自己需要了解的话题，例如 mental health，COVID-19，aging 等。代表们也可以访问 countries 来查看你需要了解的国家与世界卫生组织的合作关系，以及这个国家在具体议题上的举措等。通过 Newsroom，代表们可以了解到最新的新闻、报道、行动等，相比较其他链接提供的资源，委员会官方的新闻系统非常具有实效性，可以帮助代表了解所调研的事件和问题当前的最新进展。通过访问 Data 子菜单，代表们可以获取许多关于 WHO 分享的新数据，例如 COVID-19 的病例分析、世界人口老龄化趋势等，在此代表们可以选择自己需要的子议题来进行搜索。

此外，委员会官网对于议题的刻画和描述相比较其他信息来源要更加清晰，代表们可以在此处获取到非常多的案例、新闻以及数据。在真正的会场上，代表们不仅需要提出鞭辟入里的观点、恰到好处的案例，更要有记录翔实的数据以及反复推敲的论据。例如，我们可以获取 COVID-19 在世界范围的传播情况以及实时的数据（见图 3.7）。

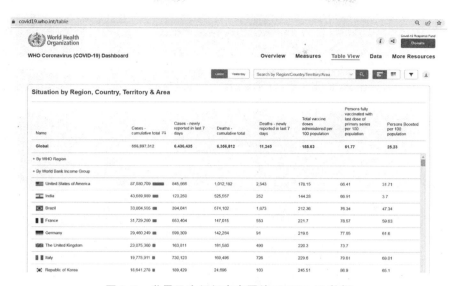

图 3.7　世界卫生组织官方网站 COVID-19 数据

或者，我们可以了解任意一个子议题下的数据，选择 Ageing 这个子议题，并点击返回菜单页面，在其中选择 Databases 下的任一菜单（见图 3.8）。

图 3.8　世界卫生组织官方网站议题搜索示意图 1

继续在返回结果中选择自己期待了解的主题（见图 3.9）。

图 3.9　世界卫生组织官方网站议题搜索示意图 2

我们以 Demographics 为例,点击进入后继续选择自己所需要的图表信息内容。例如我们想了解过去 60 年人口老龄化的整体数量,选择第一个选项 Number of persons aged over 60 years or over(thousands)(见图 3.10)。

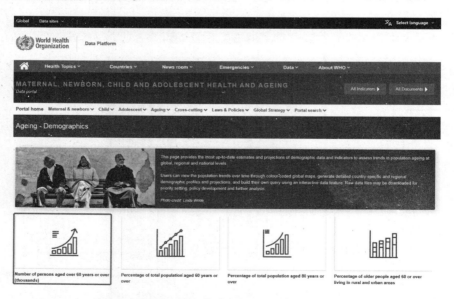

图 3.10　世界卫生组织官方网站议题搜索示意图 3

至此,我们得到了最终需要的可视化结果,一般而言委员会官网给出的图表都是可以调节不同的统计结果的,例如你可以选择某个区域,选择某些具体的年份等(见图 3.11)。

图 3.11　世界卫生组织官方网站议题搜索示意图 4

3.2.4　其他相关网络资源

准备一次会议时，参会者首先要对自己所代表的国家做全面的了解，包括但不限于政治、经济、教育、文化、法律、地理等，其中尤其要关注和议题相关的方面。我们建议相关代表们可以通过相关网络资源进行搜索。

2015 年，联合国大会通过了 2030 年可持续发展议程，近年来，大多数联合国的议题都与可持续发展目标（Sustainable Development Goals，SDGs）有着紧密的联系，通过联合国可持续发展目标官方网站，可以查找到与可持续发展有关的议题内容、国家信息、联合国相关机构信息等（见图 3.12）。

图 3.12　联合国可持续发展目标网站搜索示意图 1

首先打开网站首页 https://sdgs.un.org/goals，我们可以看到罗列着 17 个子目标，代表们可以选择和自己议题相关的目标并点击进入，可以获取到和子议题相关的许多内容，例如我们选中第一个目标 End poverty in all its forms everywhere，首先可以看到该目标的概述，这个部分带领读者总览了该目标的发展状况以及重要的事件，同时，也可以看到与该目标相关的新闻、报告、论文等(见图 3.13，图 3.14)。

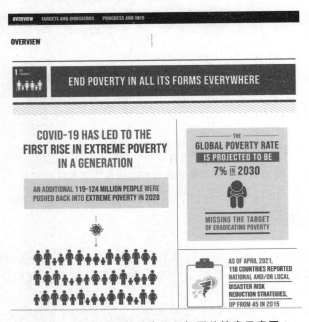

图 3.13　联合国可持续发展目标网站搜索示意图 2

图 3.14　联合国可持续发展目标网站搜索示意图 3

代表们也可以通过点击 Targets and Indicators(见图 3.15)以及 Progress and info(见图 3.16)来获取更多的信息资源,其中前者论述了该目标的具体含义\不同阶段的内容以及完成度指标,后者则介绍了与完成度相关的实例与进度,能够帮助我们更加完整清晰地理解可持续发展目标具体的实施情况。

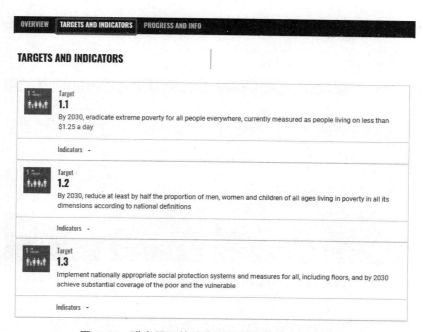

图 3.15　联合国可持续发展目标网站搜索示意图 4

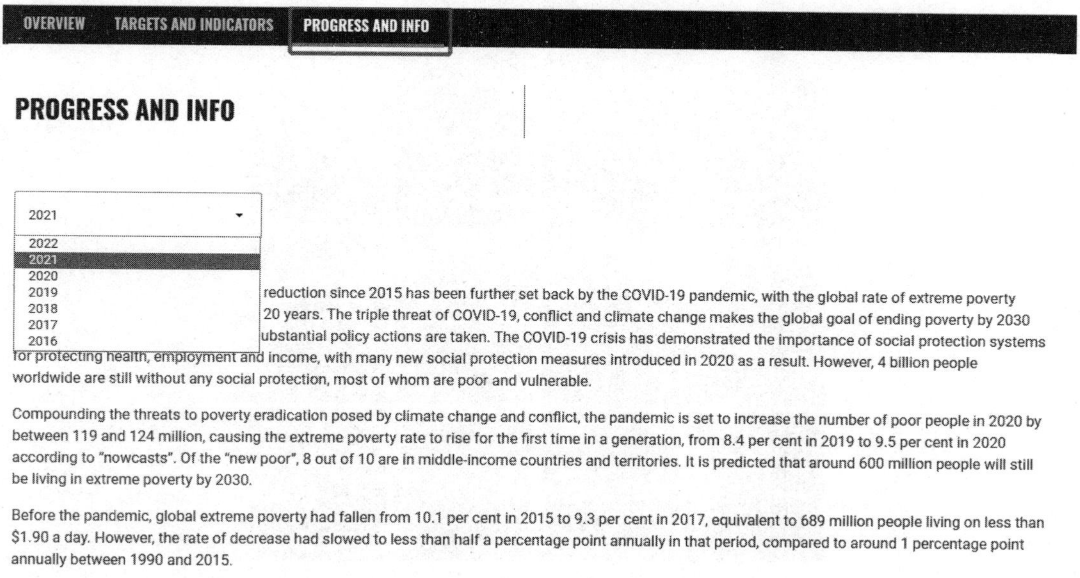

图 3.16　联合国可持续发展目标网站搜索示意图 5

另外，在联合国可持续发展目标官网的上方菜单栏和下方外部引用栏仍然有许多可以供代表探索的外部资源，建议各位代表可以自行探索。我们尝试查找一个特定国家对特定议题的相关报告。

首先，选择 Key Topic 子菜单（见图 3.17）。

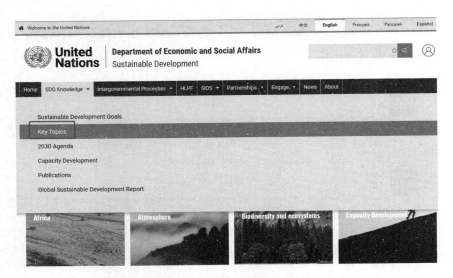

图 3.17　联合国可持续发展目标网站搜索示意图 6

在返回结果中选择和自己议题相关的内容，例如，选择 Climate Change 进入子议题相关的索引返回页面（见图 3.18）。

图 3.18　联合国可持续发展目标网站搜索示意图 7

在下方的菜单中选择 Statements，即可获取每个国家/区域在该子议题下的报告（见图 3.19，也可以在页面内用 CTRL＋F 直接查找），点击后即可获取相关的报告，这将有助于我们了解特定国家在该议题上的立场。

图 3.19　联合国可持续发展目标网站搜索示意图 8

总结

在结束调研之后，代表们需要重新审视自己手头的资料和调研的成果，可以参考以下的任务单来检查自己是否完成了一次详细的调研工作：

调研任务单

1. 背景文件的框架分析图（可以是思维导图或者是大纲）
2. 自己国家的立场
3. 以往采取的行动以及存在的问题
4. 会议中可能会讨论到的核心问题
5. 针对所提出的问题，有什么样的解决措施
6. 在所述的解决方案中，有没有完备的案例分析和数据支撑
7. 委员会在问题的解决中主要承担了什么责任
8. 自己的资料是否可以保证会场上的观点表达
9. 自己的资料是否可以保证会场上的文件写作
10. 自己的资料是否可以保证会场上的自由讨论

检索电子资源的方法既适用于联合国网站系统，也适用于所有的图书馆系统和网上学术系统。掌握数据库和网络资源检索的使用方法，有助于同学们搜索资料、开展学术研究。

电子文献库只是一个工具，能够帮助代表快速地查找到相关的文件，但文件的分析和使用才是代表要真正钻研的内容。在接下来的章节，我们会介绍如何查找和分析委员会、国家和议题信息。

3.3 阅读背景材料

这一节中,你将学习阅读背景材料的技巧,通过阅读训练、分组讨论有效地管理你获得的信息。

3.3.1 什么是背景材料?

每一次"模拟联合国"会议之前,组委会会提前几个月向与会代表发放背景材料(Background Guide)。背景材料每个委员会一份,是主席团花费大量时间精力书写的研究成果,它对该委员会议题的历史由来、发展变化、当前问题等进行介绍和分析,还会提示当前国际社会对这些问题的分歧与共识。通常议题仅仅是一句话或者一个词组,比如苏丹局势问题、克隆技术中的道德问题等,这些议题比较空泛,代表很难判断其他人的焦点在哪些方面,而背景材料是每个代表会前必读的材料,所以主席团在背景材料中通常会提出若干问题,建议代表们在这次会议当中尽量提出解决方案。因此,熟读背景材料并从背景材料挖掘最大的信息对代表们来说至关重要。

一份背景材料通常有 30 至 40 页,材料中有大量专业的英文词汇,你会不会感到头痛,觉得很难完成这份阅读的工作呢?

这一节接下来的部分将引导你做一些练习。我们选择了一份难度较低的背景材料,会一步一步指导你如何阅读背景材料。同时这也是一次英文阅读方法的训练,希望通过这个练习,你可以找到速读与提取关键信息的能力。

在阅读一份材料之前,首先要快速浏览,把握材料大致的内容结构。一般来说,"模拟联合国"的背景材料可能包括以下几个部分(见表 3.1):

表 3.1 背景材料内容结构

委员会介绍 (Description of the Committee)	介绍会议委员会的历史、使命、功能以及运作方式
背景(Background)	关于议题的介绍,包括问题的历史起源、发展过程、现状、全球/地区范围内的影响等
国际社会曾采取的行动 (Past International Actions)	历史上以及当前各国政府、联合国以及其他国际组织对该问题的反应和采取的措施及其正面/负面效果,有些背景材料会增加各国立场这部分
关于决议的建议(Recommendations for Formulating Resolution)	希望会议上通过的决议中涵盖的各个方面
值得思考的问题 (Questions to Consider)	在会议的准备阶段应当考虑的问题。代表需要仔细阅读背景材料,才能知道该委员会具体要讨论哪些问题的哪些方面。同时,代表尤其要善于利用材料脚注、引用和参考文献等信息,找到相关的信息与文件

把握了材料结构就应该知道哪部分内容最为重要,应当重点阅读。接下来我们开始阅读练习。

3.3.2 阅读训练 1

下面是一个背景材料的范例。请在 25 分钟内阅读完毕,用一句话总结每段的大意,写在右侧空白的地方。你还可以尝试画出重点词句,同时可以画出不认识的词汇或短语。在阅读的同时,尽量不要查字典,努力抓住文章的主要信息,严格在限定的时间内读完全文。

TOPIC: THE DIGITAL DIVIDE—PROVIDING TECHNOLOGY TO DEVELOPING COUNTRIES

INTRODUCTION

Arguably the greatest achievement of the 20th century was the development of **information and communications technology (ICT)**, particularly the Internet. Internet users can now send and receive material, on virtually any topic, to and from anywhere in the world. Advances in communications and technology bring more information to more people faster than ever before. Technology has revolutionized the way in which information is handled in almost every practical area, including education, health care and business.

Despite these revolutionary advances, however, information and communications technology remains unavailable to much of the global population. Many nations lack the ability and resources to develop not only computer networks, but also more basic technologies such as phone and fax services. Hence, a gap in technology, or "**digital divide**," has emerged—developed nations continue to advance with ICT while others are unable to. As a result, developing countries fall further behind in key socioeconomic areas. The United Nations Development Programme (UNPD) has asserted, "Without innovative ICT policies, many people in developing countries—especially the poor—will be left behind."[1]

CRITICAL THINKING

In what ways do you think ICT is important to economic development? In what ways is it important to social development?

BACKGROUND

Origin

The Internet traces its roots to 1965, when researchers connected computers from Massachusetts and California with a low-speed phone line.[2] Developers soon began to explore various methods of connecting machines over long distances. Today, easier user **interfaces** (the point of interaction between a person and a computer) and high-speed access (the rapid movement of information)

Note:

have enabled individuals to use computers to communicate with each other in "real-time," as if they were communicating in person.

Aptly named, the "net" provides a network in which anything from information to consumer goods can be traded across the globe. At its best, the Internet has the potential to offer services and information to all people, promoting equal access to opportunities throughout the world.

The emergence of the digital divide, however, raises many concerns. According to the UNDP, "96 percent of Internet-host computers reside in the highest-income nations with only 16 percent of the world's population. There are more Internet hosts in Finland than the whole of Latin America and the Caribbean, more in New York City than on the entire continent of Africa."[3] These differences in information accessibility arise for a variety of reasons and each part of the world experiences unique obstacles to developing ICT.

● Cost

Even the most basic technology (for example, a telephone line running above ground) may be too expensive for many developing nations. Over long distances, these lines could be damaged by animals or natural forces and would be difficult and costly to replace or fix. Also, the longer a phone line runs, the more its signal **depreciates** (gets weaker). Electronic impulses that carry voice messages can only travel so far without losing energy and distorting the information they carry. New technologies, such as cable networks and satellites, can solve these problems, but they cost too much for governments in rural, developing areas to implement.

For developing countries, the greatest difficulty in developing ICT is poor **infrastructure**. Developing nations generally cannot afford Internet-capable computers, and sometimes cannot even afford more basic technologies like phone lines and cables. "In Ethiopia, the cost of the telephone line/Internet for 20 hours per month is 8.4 times greater than the country's per capita GDP, making the Internet accessible only to the urban elite."[4]

Note:

Additionally, many developing countries have low **literacy** rates, which prevent citizens from using the Internet and learning about the opportunities it provides. The use of technology requires at least some basic level of education, which many countries cannot provide for their citizens. Even in developed countries, individuals without education are far less likely to use a computer or the Internet, even if they can afford it. In the United States, almost 65 percent of college graduates have home Internet access, compared to only 11.7 percent of households headed by persons with less than a high school education. [5] Education and the spread of technology are undeniably linked.

- Censorship

Finally, even if users have both knowledge and resources, they may be hampered by government policies restricting information. In Cuba, for example, people are prevented from publishing anti-governmental information on the web. In Iran, web sites advocating women's rights and other social agendas are taken down by authorities or banned for users in the country.

CRITICAL THINKING

Why is access to information important to democracy?

PAST INTERNATIONAL ACTION

- Global Solutions

In the past decade, the UN has made enormous strides in the promotion of ICT across the world. In 1993, the United Nations Development Programme established the Sustainable Development Networking Programme (SDNP) to raise awareness of the Internet at the governance level. [6] This program, now operating in every region of the world, encourages use of the Internet for business and governments.

In addition, the SDNP has launched region-specific programs to aid in the development of ICT. The Small Islands Developing States Network (SIDSnet), created in 1996 by the SDNP, consists of 42 islands that are networked via the Internet in order to share information and coordinate activities on key issue areas. [7]

Note:

- Help from the International Private Sector

Increasingly, private companies and NGOs have been included in the UN's efforts to help fund technological programs and promote world connectivity. In 2002, the UNDP and the Markle Foundation, a group that finances social welfare projects, obtained support from several computer firms to expand ICT in 12 developing nations.[8] Organizations such as AOL Time Warner, Hewlett-Packard, Sun Microsystems, and the Harvard Center for International Development pledged approximately $10 million in cash, resources and labor to promote the spread of ICT to new areas.

One interesting new initiative called the **One Laptop per Child (OLPC)** program shows how private sector initiatives might help to bridge the digital divide in the near future. Professor Nicholas Negroponte at the Massachusetts Institute of Technology developed a $100 computer that is durable and energy-efficient enough to be powered by a hand-crank. The OLPC initiative, which is supported by big-name companies like Google, calls for providing a laptop computer to children in developing countries. Secretary-General Kofi Annan called the program an "expression of global solidarity."[9]

- At the National Level

While international programs have begun to coordinate the ICT activities of groups of states, several countries have embarked on their own ambitious plans to lessen the digital divide. For example, following the collapse of the Soviet Union over a decade ago, the newly-independent states of Eastern Europe were faced with the challenge of integrating themselves into the global ICT network. One of the most ambitious post-Soviet ICT programs has taken place in Estonia, where the national parliament voted to guarantee Internet access for all citizens. For Estonians, Internet access is considered a human right and is upheld and protected by the government.[10] As a result, a national campaign, aided by the UNDP, has established more than 80 public Internet access sites across the country where citizens may access the web and send electronic mail for free.

Note：

The link between information and democracy is essential for responsible governance. As individual citizens gain more knowledge, they become better able to make crucial decisions. In Belarus, UNDP is using the Internet to make the legal system more understandable and accessible to the public. By publishing information about current court cases and law changes, the UNDP is helping to make government in Belarus more transparent—individual citizens will have a better idea of how the legal system works and what the government is doing. UNDP has also helped link citizens in Botswana to information about parliamentary proceedings online. And in Bulgaria, people are able to fight corruption through web-based communication between government officials and NGOs.[11]

ICT AND DEMOCRACY

In 2001, Martha Beatriz Roque, a well-known Cuban dissident who was imprisoned for her anti-Communist beliefs, launched a site that was critical of the government's policies. The first website of its kind in Cuba, it contained a list of 132 anti-Castro groups and discussed Cuba's economy, giving information that contradicts official government reports. In Roque's words, "As they can't refute what we have said, they have to resort to force." The site reportedly received about 81,000 visitors in its first week before it was shut down by the government.

(*Source*: Ellen Horowitz, *Online Journalism Review*, 15 December 2002.)

Success stories such as these are growing more common. In Lebanon, SDNP short-term subsidies (financial support) have helped both the government and a small number of businesses establish Internet capability despite the nation being ravaged by war.[12] Officials in Mozambique are working to overcome geographical limitations and a 40 percent adult literacy rate in order to increase the connectivity of the nation.

Other nations have also begun the slow process of modernizing their communications systems to provide more efficient government, healthcare and educational programs for their citizens. However, there is still much work to do to eliminate the digital divide.

Note:

ICT is also linked to the democratic process in China, where information technology has aided in the creation of nongovernmental organizations (NGOs) previously prohibited by the government. According to SDNP National Coordinator Wang Qiming, the Internet has helped Chinese NGOs find funding both from the national government and from abroad.

Source: www.sdnp.undp.org/countries/as/cn/project.html.

RECOMMENDATIONS FOR FORMULATING A RESOLUTION

The digital divide requires the immediate attention of the international community to ensure that all people of the world have access to essential information and, by extension, access to opportunities.

In many ways, strengthening access to information means strengthening the roots of development—the ability to make choices and gain knowledge is an ability to shape one's own life and environment for the better. When forming a resolution, delegates must:

Keep in mind the previous measures undertaken by this committee, other UN organs and individual countries;

Recognize that developing nations need better information and communications technology;

Decide how these improvements will be funded;

Discuss how to provide all people with the opportunity to learn about new technologies (education will be a fundamental tool in lessening the divide); and address the problems of rigid state control over information so that all people have equal access to technology.

QUESTIONS TO CONSIDER

Does your country suffer from the digital divide? What percentage of your nation has access to phones, computers, the Internet and other important technologies?

If your nation has not been able to develop ICT for its people, what obstacles has it faced (e.g. geographic constraints, low educational opportunities, financial problems, etc.)?

Note:

What effect could ICT development have on other issues your country faces, such as democracy, healthcare and unemployment? How can businesses and NGOs help promote ICT throughout the world?

Note:

SOURCES FOR RESEARCH

Digital Divide Project: www.washington.edu/wto/digital

Sustainable Development Networking Programme: www.sdnp.undp.org

Small Islands Developing States Network: www.sidsnet.org

REFERENCES

[1] "Information and Communication Technology for Development," United Nations Development Programme. Accessed 23 August 2005. http://sdnhq.undp.org/it4dev/

[2] "A Brief History of the Internet," Internet Society (ISOC), 4 August 200, Accessed 23 October 2002, http://www.isoc.org/internet/history/brief.shtml.

[3] "Driving Information and Communications Technology for Development: A UNDP Agenda for Action 2000—2001," October 2000, United Nations Development Programme, Accessed 25 October 2002, http://www.undp.org/dpa/publications/ICT0211e.pdf

[4] "Initiatives to Bridge the Divide in Africa," 5 November 2002, *Digital Opportunity Channel*, Accessed 1 December 2002, http://www.digitalopportunity.org/guides/background.

[5] "Digital Divide Basics Fact Sheet," The Digital Divide Network, reproduced at Technology For Humanity, Accessed August 2005, http://www.technologyforhumanity.org/articles/factsheet.html

[6] "Driving Information and Communications Technology for Development: A UNDP Agenda for Action 2000—2001," October 2000, United Nations Development Programme, Accessed 25 October 2002, http://www.undp.org/dpa/publications/ICT0211e.pdf.

[7] "Driving Information and Communications Technology for Development: A UNDP Agenda for Action 2000—2001"

[8] Amy Harmon, "Internet: Technology Concerns to Aid Foundation," *The New York Times*, 5 February 2002, Accessed 25 October 2002, http://www.nytimes.com/2002/02/05/technology/05TBRF.html.

[9] "UN debut for $100 laptop for poor," BBC News, http://bc.co.uk.

[10] Andrew Meier, "Estonia's Tiger Leap to Technology," United Nations Development Programme, June 2000, Accessed 25 October 2002, http://www.undp.org/dpa/choices/2000/june/p10—12.htm

[11] Mark Malloch Brown, "Democracy and the Information Revolution," *United Nations Development Programme*, 9 October 2001, Accessed 13 December 2002, http://www.undp.org/dpa/choices/2001/september/commentary.pdf.

[12] "SDNP Lebanon: Promoting Transparency," United Nations Development Programme. Accessed 25 October 2002, http://sdnhq.undp.org/it4dev/stories/lebanon.html.

Note:

简单数一数，你有多少单词不认识？生词是否影响到你理解文章内容呢？如果你大部分词汇都不认识，那么很遗憾，也许现阶段工作语言为英文的"模拟联合国"活动对你来说仍然是一个挑战。如果你在规定的时间读完材料，并且理解了文章的意思，那说明你已经初步掌握英语速读的技巧了。

在快速阅读中，你是否对某些概念和语句有疑问呢？这时候你可以回到重要的段落进行第二遍阅读或者精读。这时候就要开动脑筋来思考：文章究竟分析了什么问题？问题的症结到底在什么地方？下面罗列了一些不同的词汇和概念，你能够理解它们的差异吗？这些差异有什么样的含义？

● 注意两个词的区别。

Advance—Develop   Reside—Live   Initiative—Programme
Obstacle—Difficulty   Depreciate—Decrease
Eliminate—End   Revolutionize—Greatly Change

团队合作可以有效地帮助成员提高阅读的效果和效率。请和组员分享你的阅读笔记和你标注的关键词。讨论以下问题，并从每个问题中提取主要观点，然后选出一个组员对你们小组讨论的结果进行陈述。

这个背景材料主要讨论了什么问题？
在这个主要话题之下，有哪些分话题？

分话题所反映的问题产生了什么影响?

谁可以帮助解决这些问题?如何解决这些问题?

已有的解决方案遇到了什么困难?其他的方案有什么潜在的困难?

请注意,在讨论之前,最好每一个成员都已经有一定想法,至少每一个人可以做三句陈述,大家再来进行讨论。讨论是帮助大家整理思路的过程,同时一些自认为合理的推断可能会受到其他人的质疑,这恰恰是可以促进思考的办法。

如果几位同学将在同一个委员会讨论问题,大家可以集体阅读,按照合理的时间、方法训练阅读能力,分享阅读结果,或是分工合作,每人阅读不同的部分,再将整体内容总结出来。这会大大缩短阅读时间,在泛读把握文章整体大意时非常有帮助。但是挖掘信息还是需要代表们自己下功夫。

3.3.3 阅读训练2

快速阅读同一篇背景材料范例。注意材料边上的注释。比较一下你的笔记和下面这份材料的笔记的异同和优劣。

TOPIC: THE DIGITAL DIVIDE—PROVIDING TECHNOLOGY TO DEVELOPING COUNTRIES **STATEMENT OF THE ISSUE** Arguably the greatest achievement of the 20th century was the development of **information and communications technology (ICT)**, particularly the Internet. Internet users can now send and receive material, on virtually any topic, to and from anywhere in the world. Advances in communications and technology bring more information to more people faster than ever before. Technology has revolutionized the way in which information is handled in almost every practical area, including education, health care and business. Despite these revolutionary advances, however, information and communications technology remains unavailable to much of the global population. <u>Many nations lack the ability and resources to develop not only computer networks, but also more basic technologies such as phone and fax services.</u> Hence, a gap in technology, or "**digital divide**," has emerged—<u>developed nations continue to advance with ICT while others are unable to.</u> As a result, developing countries fall further behind in key	Note: Digital divide (数字鸿沟)导致发展中国家的发展再次与发达国家拉开差距。 ICT 以及 Digital divide 的定义

socioeconomic areas. The United Nations Development Programme (UNDP) has asserted, "Without innovative ICT policies, many people in developing countries—especially the poor—will be left behind."[1]

Note:

ICT 对于国家发展的意义

CRITICAL THINKING

In what ways do you think ICT is important to economic development? In what ways is it important to social development?

BACKGROUND OF THE ISSUE
Origin
The Internet traces its roots to 1965, when researchers connected computers from Massachusetts and California with a low-speed phone line.[2] Developers soon began to explore various methods of connecting machines over long distances. Today, easier user **interfaces** (the point of interaction between a person and a computer) and high-speed access (the rapid movement of information) have enabled individuals to use computers to communicate with each other in "real-time," as if they were communicating in person.

Aptly named, the "net" provides a network in which anything from information to consumer goods can be traded across the globe. At its best, the Internet has the potential to offer services and information to all people, promoting equal access to opportunities throughout the world.

The emergence of the digital divide, however, raises many concerns. According to the UNDP, "96 percent of Internet-host computers <u>reside</u> in the highest-income nations with only 16 percent of the world's population. There are more Internet hosts in Finland than the whole of Latin America and the Caribbean, more in New York City than on the entire continent of Africa."[3] <u>These differences in information accessibility arise for a variety of reasons and each part of the world experiences unique obstacles to developing ICT.</u>

以下阐释普及ICT的困难

- Cost

Even the most basic technology (for example, a telephone line running above ground) may be too expensive for many developing nations. Over long distances, these lines could be damaged by animals or natural forces and would be difficult and costly to replace or fix. Also, the longer a phone line runs, the more its signal <u>depreciates</u>. Electronic impulses that carry voice messages can only travel so far without losing energy and distorting the information they carry. New technologies, such as cable networks and satellites, can solve these problems, but they cost too much for governments in rural, developing areas to implement.

For developing countries, the greatest difficulty in developing ICT is poor <u>infrastructure</u>. Developing nations generally cannot afford Internet-capable computers, and sometimes cannot even afford more basic technologies like phone lines and cables. "In Ethiopia, the cost of the telephone line/Internet for 20 hours per month is 8.4 times greater than the country's per capita GDP, making the Internet accessible only to the urban elite."[4]

- Education

Additionally, many developing countries have low **literacy** rates, which prevent citizens from using the Internet and learning about the opportunities it provides. The use of technology requires at least some basic level of education, which many countries cannot provide for their citizens. Even in developed countries, individuals without education are far less likely to use a computer or the Internet, even if they can afford it. In the United States, almost 65 percent of college graduates have home Internet access, compared to only 11.7 percent of households headed by persons with less than a high school education.[5] Education and the spread of technology are undeniably linked.

- Censorship

Finally, even if users have both knowledge and resources, they may be hampered by government policies restricting information. In Cuba, for example, people are prevented from

Note:
技术困难、经济困难(经费问题)

社会基础(教育现状)

政治问题(政府的管治)

publishing anti-governmental information on the web. In Iran, web sites advocating women's rights and other social agendas are taken down by authorities or banned for users in the country.

Note：

CRITICAL THINKING

值得关注的问题之一

Why is access to information important to democracy?

PAST INTERNATIONAL ACTION

可能的解决方案罗列

- Global Solutions

In the past decade, the UN has made enormous strides in the promotion of ICT across the world. In 1993, the United Nations Development Programme established the Sustainable Development Networking Programme (SDNP) to raise awareness of the Internet at the governance level.[6] This program, now operating in every region of the world, encourages use of the Internet for business and governments.

国际组织：
SDNP（网络推广计划）

In addition, the SDNP has launched region-specific programs to aid in the development of ICT. The Small Islands Developing States Network (SIDSnet), created in 1996 by the SDNP, consists of 42 islands that are networked via the Internet in order to share information and coordinate activities on key issue areas.[7]

可以参照的ICT推广案例

- Help from the International Private Sector

按照主要行为体来划分

Increasingly, private companies and NGOs have been included in the UN's efforts to help fund technological programs and promote world connectivity. In 2002, the UNDP and the Markle Foundation, a group that finances social welfare projects, obtained support from several computer firms to expand ICT in 12 developing nations.[8] Organizations such as AOL Time Warner, Hewlett-Packard, Sun Microsystems, and the Harvard Center for International Development pledged approximately $10 million in cash, resources and labor to promote the spread of ICT to new areas.

One interesting new initiative called the **One Laptop per Child (OLPC) program** shows how private sector initiatives might help to bridge the digital divide in the near future. Professor Nicholas Negroponte at the Massachusetts Institute of Technology developed a $100 computer that is durable and energy-efficient enough to be powered by a hand-crank. The OLPC initiative, which is supported by big-name companies like Google, calls for providing a laptop computer to children in developing countries. Secretary-General Kofi Annan called the program an "expression of global solidarity."[9]

- At the National Level

While international programs have begun to coordinate the ICT activities of groups of states, several countries have embarked on their own ambitious plans to lessen the digital divide. For example, following the collapse of the Soviet Union over a decade ago, the newly-independent states of Eastern Europe were faced with the challenge of integrating themselves into the global ICT network. One of the most ambitious post-Soviet ICT programs has taken place in Estonia, where the national parliament voted to guarantee Internet access for all citizens. For Estonians, Internet access is considered a human right and is upheld and protected by the government.[10] As a result, a national campaign, aided by the UNDP, has established more than 80 public Internet access sites across the country where citizens may access the web and send electronic mail for free.

The link between information and democracy is essential for responsible governance. As individual citizens gain more knowledge, they become better able to make crucial decisions. In Belarus, UNDP is using the Internet to make the legal system more understandable and accessible to the public. By publishing information about current court cases and law changes, the UNDP is helping to make government in Belarus more transparent—individual citizens will have a better idea of how the legal system works and what the government is doing. UNDP has also helped link citizens in Botswana to information about parliamentary proceedings online. And

Note:

私人企业：OLPC（普及硬件设施）

各国政府：爱沙尼亚的法律措施

解释 ICT 的推广与普及对促进民主进程的作用

in Bulgaria, people are able to fight corruption through web-based communication between government officials and NGOs.[11]

ICT AND DEMOCRACY
In 2001, Martha Beatriz Roque, a well-known Cuban dissident who was imprisoned for her anti-Communist beliefs, launched a site that was critical of the government's policies. The first website of its kind in Cuba, it contained a list of 132 anti-Castro groups and discussed Cuba's economy, giving information that contradicts official government reports. In Roque's words, "As they can't refute what we have said, they have to resort to force." The site reportedly received about 81,000 visitors in its first week before it was shut down by the government.
(*Source*: Ellen Horowitz, *Online Journalism Review*, 15 December 2002.)

Success stories such as these are growing more common. In Lebanon, SDNP short-term subsidies have helped both the government and a small number of businesses establish Internet capability despite the nation being ravaged by war.[12] Officials in Mozambique are working to overcome geographical limitations and a 40 percent adult literacy rate in order to increase the connectivity of the nation.
Other nations have also begun the slow process of modernizing their communications systems to provide more efficient government, healthcare and educational programs for their citizens. However, there is still much work to do to eliminate the digital divide.

ICT AND DEMOCRACY
ICT is also linked to the democratic process in China, where information technology has aided in the creation of nongovernmental organizations (NGOs) previously prohibited by the government. According to SDNP National Coordinator Wang Qiming, the Internet has helped Chinese NGOs find funding both from the national government and from abroad.

(*Source*: www.sdnp.undp.org/countries/as/cn/project.html.)

Note:

需要着重关注这些成功故事,尤其是那些国家状况与所代表国家相同的成功案例

RECOMMENDATIONS FOR FORMULATING A RESOLUTION

The digital divide requires the immediate attention of the international community to ensure that all people of the world have access to essential information and, by extension, access to opportunities. In many ways, strengthening access to information means strengthening the roots of development—the ability to make choices and gain knowledge is an ability to shape one's own life and environment for the better. When forming a resolution, delegates must:

Keep in mind the previous measures undertaken by this committee, other UN organs and individual countries; Recognize that developing nations need better information and communications technology;

Decide how these improvements will be funded;

Discuss how to provide all people with the opportunity to learn about new technologies (education will be a fundamental tool in lessening the divide); and address the problems of rigid state control over information so that all people have equal access to technology.

QUESTIONS TO CONSIDER

Does your country suffer from the digital divide? What percentage of your nation has access to phones, computers, the Internet and other important technologies?

If your nation has not been able to develop ICT for its people, what obstacles has it faced (e.g. geographic constraints, low educational opportunities, financial problems, etc.)?

What effect could ICT development have on other issues your country faces, such as democracy, healthcare and unemployment?

How can businesses and NGOs help promote ICT throughout the world?

SOURCES FOR RESEARCH

（以下注释略。）

Note：

必须确定的基本立场，在会前要完成对具体解决方案的构思

最好能在立场文件中回答全部或者部分问题

重要的资料来源

3.3.4 最大限度挖掘有效信息

前文已经讲过了,背景材料是主席团的研究成果,一方面是对该议题的高度综合和概括,同时也渗透了主席团的意图。背景材料中获得的信息可以分为以下四部分。

- 基本信息

基本信息,包括对议题的基本陈述,一些必要的需要牢记的数据和事实。通过这些资料,你可以对议题有一个整体的了解。例如,在上述范例中,ICT在发展中国家的发展情况就是一个基本信息点。

- 分析框架

分析框架是串起整个背景材料的线索。总的来说,一个分析框架会包括某个问题的原因、发展和影响。但是在每一部分可能也会有小的更细致的分析框架。在上面的范例中,当谈到获取信息的差异性的原因时,作者从成本、教育水平和审查制度三个方面作了分析。这一分析框架同样适用于对特定国家进行分析。经验丰富的代表善于抓住这些要点组成分析框架,并且将这些框架结构用于自己的研究和分析。

- 指导和建议

作为整个背景材料的核心,指导和建议会出现在"对形成决议草案的建议"和"需要考虑的问题"两个部分。通常,"需要考虑的问题"是以国家为中心展开的,这些问题可以帮助你深入分析议题在你所代表国家的影响。你可以基于这些问题来起草你的立场文件。而"对形成决议草案的建议"通常会指导你如何通过国际合作和国家间的合作去解决问题。

- 参考资料

背景材料中的 Sources for Research 和 References 之类的引用资料和其他参考资料都属于这一类型,除了直接的链接,通过这些链接引出的更多的信息来源都可以很好地支持代表的进一步研究。

背景材料是每位代表都会阅读的文件,是代表开始搜集具体信息的基础。会议的讨论,很大程度上都是在回答背景材料中提出的问题。希望你能够通过这个练习掌握英语阅读的技巧。上文所提供的阅读技巧实际上对英语学习会有很大的帮助。你可以在"模拟联合国"会议的相关网站上下载背景材料,练习阅读和初步的分析能力。

3.4 对委员会和国家的初步研究

3.4.1 委员会

前文对联合国信息系统检索的介绍为你提供了资料搜索的利器,下面我们将告诉你如何利用这柄"利器"进行委员会、国家和议题的研究。

在直接进入委员会研究之前,代表应该大致了解一下其历史、地位、大致职能。最直接的办法是登录该委员会的官方网站①,网站上会有该委员会的宗旨、主要任务、框架架构、议事规则以及所有的文件。某些网站还会有中文界面。我们以联合国开发计划署的中文网站(www.undp.org.cn)为例来看一看(见图3.20)。

图 3.20　联合国开发计划署中文网站

基本信息: 如果要了解该委员会的职能等基本问题,在标题栏当中可以找到相应链接。联合国开发计划署中文网站的标题栏中有"工作领域"这一项,点击就可以看到该机构的主要工作内容。

搜索关键词: 在网站右上方有搜索功能,可以输入议题的关键词来检索该委员会与之相关的内容。对准备会议最有帮助的是该委员会的决议。这些决议是国际社会对特定问题提出的解决办法,能够给代表们明确的思考方向。

报告及出版物: 联合国的每个机构都有年度报告,报告中针对该委员会完成工作的情况进行总结,同时将相关国家的数据统计罗列在报告中。如联合国开发计划署的报告会有各国识字率、男女比例、GDP 增长率等与发展有关的问题的统计数据。报告的链接一般都会在首页显著的位置标明。联合国绝大多数电子版的报告都是免费供人们下载的。

关于委员会,代表不能仅仅满足于机构页面上的几行介绍。通过设计并回答下述问题,你可以对搜集到的资料进行整理和分析,这对会前准备研究的过程很有帮助。一份答卷便是你对这个委员会的了解的总结,也是你以后分析的基础。示例如下。

---

① 联合国每一个分支机构都有各自的官方网站。

SE/UN Body Research Questions/060521

1. 该机构主要关注哪些问题？本次选取的议题是直接相关还是包含了很多不同的问题？

e.g. Poverty Reduction 是 UNDP 的一个重要关注点，比较容易找到相关资料。而 Globalization and poverty reduction 则涉及另外方面的内容，需要有不同资料的补充，实际上提高了准备难度。

2. 该机构在联合国组织机构中处于一个什么位置？它向谁汇报工作？该机构的人员如何任命？

e.g. 简单的比如 UNDP 向 GA 汇报，但更复杂的包括了解 UNDP 和 WHO 的 Executive Board(执行委员会)区别于 Assembly(大会)的工作内容和方式。

3. 该机构有哪些会员国？它们的基本情况怎么样？这些会员国是如何产生的？

e.g. GA 的会员国包括联合国所有会员国，而 ECOSOC 下属委员会的成员国则是由 ECOSOC 指定的，按一定期限更换，之后由获得席位的国家指定出任这一职务的人员。

4. 该机构的成员是纯粹外交官？纯粹专家？还是专家型外交官？是否还有其他职务？

e.g. GA 的成员是各国常驻联合国的代表，他们往往是职业外交官。WHO 执行委员会的很多成员则是不同国家的卫生部官员乃至卫生部部长。不同的身份则意味着不同的表现。

5. 该机构拥有什么权力？通过该机构的主要文件了解该机构以往的行动类型和形式。

e.g. GA 是否直接派遣军队干预？WHO 是否直接派医务人员前往疾病暴发区？

6. 该机构有哪些重要的文件、共识、年报等？

e.g. WHO 的 World Health Report，UNDP 的 Human Development Report，还有所有委员会都应该了解的可持续发展目标(Sustainabie Development Goals)等。

7. 该机构与其他机构的区别在哪里？与有类似功能机构的对比分析。

e.g. Commission、UN Specialized Agency、Program and Fund 等之间的区别，比如 FAO (联合国粮农组织)和 WFP(世界粮食计划署)，又比如 UNEP(联合国环境规划署)在讨论 Sustainable Tourism 时与 WTO(世界旅游组织)、CSD(联合国可持续发展委员会)的区别。

8. 该机构有哪些合作机构？在哪些方面有合作？合作的分工如何？

e.g. 合作机构包括其他参会者 UN Bodies、NGO、Civil Society、Private Sector。以 UNEP 执行委员会部长级会议为例，除了部长会议以外，还分别有 NGO 会议和 Civil Society 会议，而这两个会议的 Resolution(决议)都将递交给大会。

以下是一份可以参考的答卷：

WHO[①]/UN Body Research Questions/060603

1. 该机构主要关注哪些问题？本次选取的议题是直接相关还是包含了很多不同的问题？

世界卫生组织的宗旨是使全世界人民获得尽可能高水平的健康。该组织给健康下的定义为"身体、精神及社会生活中的完美状态"。其主要职能包括：促进流行病和地方病的防治；提供和改进公共卫生、疾病医疗和有关事项的教学与训练；推动确定生物制品的国际标准。

本次选取的议题有两个：全球传染病暴发预警和应对以及卫生事业的人力资源。其中第一个问题是直接相关的。世界卫生组织已经建立起了一个初步的全球预警与反应网络。它是根据世卫组织与各国协商通过的全球性传染病暴发警报和反应的指导原则而建立的。第二个议题包括很多问题，比如卫生事业的架构，人力资源的培养、流动、分配、管理、使用，等等。

2. 该机构在联合国组织机构中处于一个什么位置？它向谁汇报工作？该机构的人员如何任命？

世界卫生组织是联合国负责卫生的专门机构。它向经济及社会理事会汇报工作。

组织机构包括世界卫生大会、执行委员会和秘书处。大会是该组织的最高决策机构，由所有194个成员国派代表参加。执委会是大会的执行机构，负责执行大会的决议、政策和委托的任务。执行委员会由世界卫生大会选出的32名会员国政府指定的代表组成，任期3年，每年改选三分之一。秘书处是该组织的常设机构，下设非洲、美洲、欧洲、东地中海、东南亚、西太平洋6个地区办事处。

3. 该机构有哪些会员国？它们的基本情况怎么样？这些会员国是如何产生的？

作为联合国成员国的所有国家可通过接受《世界卫生组织组织法》成为其会员国。世界卫生组织的成员国按区域划分，现有194个成员国。

4. 该机构的成员是纯粹外交官？纯粹专家？还是专家型外交官？是否还有其他职务？

世界卫生组织执行委员会的很多成员是不同国家的卫生部官员乃至卫生部部长。执行委员会由32名在卫生专门技术方面有资格的委员组成。当选委员任期为3年。执委会主要会议于1月举行，商定即将召开的卫生大会议程和通过提交卫生大会的决议，第二次较短的会议于5月紧接卫生大会之后举行，审议较为行政性的事项。

5. 该机构拥有什么权力？通过该机构的主要文件了解该机构以往的行动类型和形式。

世界卫生组织的作用在于协调和指导，资金支援并不是世界卫生组织的强项，它在组织技术力量、制订规则和标准、制订短中长期公共卫生发展战略等方面力量强大。世卫组织秘书处配备约3500名定期任用的卫生等领域专家以及支助工作人员，分别在国家工作队、区域工作队和总部工作队工作。

---

① PKUNMUN2007 WHO 主席团成员李雪、白帆所做的委员会问题整理。

> 6. 该机构有哪些重要的文件和共识？
> WORLD HEALTH REPORT（世界卫生报告）
> INTERNATIONAL HEALTH REGULATIONS（国际卫生条例）
> MDGs（千年发展目标）
> 7. 该机构有哪些合作机构？在哪些方面有合作？合作的分工如何？
> 世界卫生组织与联合国其他机构、非政府组织和卫生组织合作中心等合作，提供技术咨询，并通过各地卫生部门在提高基础预防、治疗和保健服务方面提供援助、帮助计划，实施和检查各项规划。以禽流感为例，世界卫生组织与粮农组织和国际兽疫局联合行动，以了解H5N1病毒在亚洲的演变。世界卫生组织与捐助机构和私营部门等的合作主要集中在资金募捐和工作人员培训等方面。

这是一份关于世界卫生组织的详细介绍。一份架构清晰、内容充实的总结会令你受益良多。在随后的会议准备中，你应该在此基础上确定会议可能关注的方面，可能采取的行动，以及什么样的行动建议是合适且不超过委员会权限的。它是你通过对这个委员会的定位，逐步形成自己国家的观点、行为边界的重要信息来源。比如你现在是世界卫生组织执行委员会的代表，你便容易得出以下问题的答案：你的国家立场是否需要更多考虑同一区域国家的利益？你所提出的某种解决问题的方法是否符合世界卫生组织的实际情况？

3.4.2 国家

角色扮演是"模拟联合国"活动的重中之重。从会议开始的点名到最后的表决，无时无刻不渗透着角色扮演。

在"模拟联合国"的会场上，一名令人信服的国家代表就是一位出色的演员：即便个人观点不同于其所代表国的立场，代表也要很好地体现国家意志。这其实也就是一个外交官最重要的素质——对国家的忠诚。通过模拟他国，学生代表能够理解同一个问题可以有多元的观点和解决办法。

要真正做好角色扮演并非易事。代表们应该广泛而深入地了解所代表国家的历史、文化和政策方针。唯有在真正理解国家政策的产生原因和历史背景的基础上，代表们方能将该国立场阐述得清晰而富有说服力。

代表需要思考本国在解决该问题上的立场是什么，有什么实际相关的利益，该问题和自己的地区有什么关系，与自己的盟国有什么关系。没有直接受到议题所讨论问题影响的国家同样应当担负国际责任，推动会议进程，共同解决问题。

整理和初步分析国家资料

对于了解相应国家资料而言，有效的方式有图书检索和网络检索两种。图书推荐各国概况类的书籍，图书馆一般都收藏，但与第一章列出的理由相同，我们更推荐在网络上的搜索。下面列举一些可以用的网址，在本书的最后还有详尽的网站资料。

大使馆、领事馆搜索网
http://consulate.travel.com.hk/cindex.htm
Country Report Org.
http://www.countryreports.org/
CIA World Fact Book
https://www.cia.gov/cia/publications/factbook/index.html
BBC World News
http://www.bbcworld.com
中华人民共和国外交部—国家与地区
http://www.fmprc.gov.cn/chn/gjhdq/default.htm
各国的政府网站，如中国：http://www.gov.cn

中国外交部的网站对各国有简要的中文版介绍，还有我国与世界各国的关系等，是初步了解国家的最佳途径。有些网站有更加详尽的信息介绍。

对于国家情报的搜集和了解而言，仅仅知道有多大领土、多少人口、几个大城市是什么等表面的信息是不够的。宗教、民族、语言都将对我们的情报搜集工作有重大影响。例如，在讨论与伊斯兰运动相关的问题时，我们自然而然地发现历史与宗教遗留问题都是我们必然要考虑的，同时由于某些伊斯兰国家曾经是殖民地，宗主国的语言也会对其有影响。同样，对于多民族国家而言，官方语言与地区性语言之间的关系也会对我们理解国家的深层次的问题有所帮助。

以下我们将尝试使用美国中央情报局各国概况（CIA World Factbook）对日本进行调研。CIA World Factbook 提供了大量资料，我们可以对其进行一些初步整理。

基本信息类：归类于两个目录（Geography & People），有诸如国家的人口、面积、民族、官方语言等基础信息。美国中情局网站的国情信息十分细致，还列出了一些在一般人眼中可能没有意义的信息。例如：

Area-comparative：slightly smaller than California

HIV/AIDS-people living with HIV/AIDS：12,000（2003）

HIV/AIDS-deaths：500（2003）

类似这样的信息实际上也反映了国情的某些方面，对于特定的委员会或者议题来说往往有意想不到的帮助。这些需要代表们自己发掘。

历史背景类（Background）：有关某个国家的一些背景知识介绍。如在日本的条目下就写着：

In 1603, a Tokugawa shogunate (military dictatorship) ushered in a long period of isolation from foreign influence in order to secure its power. For 250 years this policy enabled Japan to enjoy stability and a flowering of its indigenous culture. Following the Treaty of Kanagawa with the US in 1854, Japan opened its ports and began to intensively modernize and industrialize. During the late 19th and early 20th centuries, Japan became a regional power that was able to defeat the forces of both China and Russia. It occupied Korea, Taiwan, and southern Sakhalin Island. In 1931—32 Japan occupied Northeast China, and in 1937 it launched a full-scale invasion of China. Japan attacked US forces in 1941—triggering America's entry into World War II—and soon occupied much of East and Southeast Asia. After its defeat in World War II, Japan recovered to become an economic power and a staunch ally of the US. While the emperor retains his throne as a symbol of national unity, actual power rests in networks of powerful politicians, bureaucrats, and business executives. The economy experienced a major slowdown starting in the 1990s following three decades of unprecedented growth, but Japan still remains a major economic power, both in Asia and globally. In 2005, Japan began a two-year term as a non-permanent member of the UN Security Council.

请注意,不同组织的网站采取不同的统计方法,国情信息会有所不同。由于不同组织的性质各异,其国情信息难免会有倾向性,我们不能盲目地同意和使用其所有观点。中央情报局的网站信息只代表了美国一个部门对于日本的看法,是一家之言,我们应该在借鉴的同时,也抱着批判的态度去分析。可以综合不同来源的信息和资料,得出一个相对客观的判断。

现状分析类(Government Economy Communication Transportation Military Transitional Issues):认真阅读这一部分,然后结合其他材料对自己关注的议题的相关部分给予分析。此处特别说明一点,美国中情局网站提供了一国各项指标在全球范围内的排名(Rank Order),这对于我们充实论点是很有用的材料(表 3.2)。

表 3.2 部分国家 2005 年军费支出表

Rank	Country	Military expenditures-dollar figure	Date of Information
1	United States	$518,100,000,000	2005
2	China	$81,470,000,000	2005
3	France	$45,000,000,000	2005
4	Japan	$44,310,000,000	2005

从上述数据我们可以看到中情局资料库的两个基本特点:一方面其资料完备,不论纵向横向都有足够的资料;另一方面,它无法代表其他国家官方意见,某些数据仅具参考价值。究竟在多大程度上依赖其提供的资料,需要代表们自己把握。

基于以上成果,我们建议代表们从政治、经济、军事、与联合国关系、国民基本情况等方面切入,做出总结性笔记,以下以中国为例:

政治·内政	2002年3月第十届全国人民代表大会一次会议精神：国家主席胡锦涛、国务院总理温家宝、全国人大常委会委员长吴邦国等成为新一代领导集体。（政府交替）此后提出了在2020年之前完成GDP翻两番的战略目标。提出了走科学发展道路、可持续发展自主创新道路的发展理念。致力于缩小贫富差距的同时，控制经济过热增长，稳定周期性经济波动，加强宏观调控，以及应对突发疾病灾害的能力，提高人民生活水准等。

之后便是在内政基础上的外交方针：

政治·外交方针	基于和平共处五项原则的和平外交政策； 反对霸权主义； 在拥护世界和平的同时，提倡重视发展中国家的力量，提倡"独立自主外交政策"； 坚持一个中国的原则。

再次是经济方面的资料：

主要产业	农业、能源产业、钢铁工业、重工业、纺织业、食品制造业等
GDP	$8.859万亿（2005）
人均GDP	$6,800（2005）（此处采用的是购买力平价(PPP)[①]）
主要贸易国家（地区）	（1）出口：美国、日本、EU （2）进口：日本、EU、ASEAN、美国
劳动力水平 其他	791.4百万（2005）

上述基础材料，我们将之用在立场文件写作以及会场辩论等场合，将是十分有力的事实论据。当然，数据本身由于统计方式和统计时间的区别会有巨大的差别，例如像购买力平价[②]和传统GDP评价方式之间的区别。这些都需要代表们通过自身的学习和实践来找到折中的解决办法。

随后，代表不妨完成以下这份简单的问卷，作为对阶段性成果的一个整理：

[①] 购买力平价（PPP）国际排名一览表链接：https://www.cia.gov/cia/publications/factbook/rankorder/2004rank.html。
[②] 简单而言就是按照货币实际在本国的购买力折算成美元的方式，其基础是"一篮子货品（a basket of goods）"的确定，但是由于存在很多统计学上的争议，所以它并没有取代传统GDP衡量方法。

SE/Country Information List/060712

　　　　政府
国家全称：_____
政体：_____
国家元首：_____
官方语言：_____
所属地区：_____
盟国或国家集团：_____
_____
　　　　人民
人口和增长率：_____
主要宗教或文化：_____
_____
生活水平：_____
　　　　经济
经济体系：_____
GDP 和增长率：_____
主要城市：_____
基础设施状况（好、差……）：
_____
贸易集团或组织：_____
_____
贸易收支平衡状况：_____
_____

　　　　军事
加入的军事组织：_____
军费开销占 GDP 比重：_____
武器装备状况，比如是否有核武器：
_____
　　　冲突/问题
列举影响该国的四个问题
_____
_____
_____
_____
民族/文化问题：_____
_____
难民问题：_____
历史上和现在的主要冲突：
_____
_____
　　　　联合国
何时加入联合国：_____
_____
缴纳联合国会费情况：_____
_____

主要进、出口商品：_____
主要贸易伙伴：_____
_____
在 IMF、World Bank 地位（债务国 or 捐赠国？）：
_____
自然资源：_____
能源：_____
　　　　发展
发展现状：_____
气候：_____
环境（问题、措施……）：_____
_____
该国是否已经达到千年发展目标（MDGs）？
_____
_____

该国对联合国维和行动有何贡献？
_____
联合国是否认定该国有人权问题？如果有，为什么？
_____
基于你的调查研究，你觉得该国的核心定位是什么？
_____
尝试找到一篇最近发表的关于或者涉及该国的文章（最好是最近两周内的）
联合国是否曾干预涉及该国的问题？如果有，何时，何地，以何种方式？
_____
_____

　　除此之外，我们建议代表能在条件允许的情况下阅读一些与该国相关的书籍，一国的历史、文化传统、社会变迁尤其值得关注，这对于加深对问题的了解是不无裨益的！

查找各国的官方立场

检索各国常驻联合国代表团的主页以获取相关信息。

如果想用最直接的办法了解某国在特定问题上的立场,最好就是能够直接找到该国领导人或官员的讲话记录。在"模拟联合国"活动中引用这些记录能够大大增强代表发言的说服力,使得发言更加精彩逼真。

通过搜索网站,输入"Permanent Mission + 国家名",就可以搜索到该国常驻联合国代表团的官方网站,从而找到该国在联合国的发言和报告等。以中国常驻联合国代表团官方网站(http://chnun.chinamission.org.cn/chn/)为例,我们可以查找到中国在安全理事会和联合国大会主要议题中的观点、立场和发言内容,还可以通过检索功能,搜索到以往的发言、报告或新闻等(图3.21)。

图3.21　中国常驻联合国代表团官方网站

有些国家如果没有常驻联合国代表处网站,依然可以按照上述方法,通过联合国图书馆网站(un.org/en/library)的搜索功能来查找相关的发言记录。同时,代表可以搜索该国政府门户网站或者外交部的网站,这些网站上也会有该国主要的外交政策和重要场合的领导人发言或声明。

在搜索网站输入某国英文名称再加"政府"的英文缩写GOV,可以检索到该国的政府网。比如中国政府门户网站的网址是www.gov.cn,越南政府网的网址是www.vietnam.gov.vn(见图3.22),大部分政府网都有英文的界面,但是部分官方语言非英语的小国可能只有法语或西班牙语的界面。

图 3.22　越南政府网官方网站

总结

　　在读过本书到目前为止的内容之后，相信对于你来说，找到相应机构的网站或者其他信息来源已不再是难事。相比之下更为困难的是确定究竟哪些资料才是准备会议所必需的。参与"模拟联合国"活动的一大意义就在于学习如何确定自己的目标，并且有的放矢地搜集有益的资料和信息。对一名代表来说，一方面需要从资料的重要性出发，区分确定哪些资料是最重要的，哪些资料是次要的，哪些资料可能起不到太大作用；另一方面也需要考虑不同资料对会议不同阶段的意义，并将资料分为立场文件写作所需的资料、辩论发言所需的资料、工作文件和决议草案书写所需的资料，如果把随着委员会、议题、代表国家的变化而变化的特定资料称之为"招式"的话，那么以上所述整理和搜集资料的能力就是不变的"内功"了。对一名优秀的代表来说，只有具备了这方面更强的能力，才可以对不同委员会的议题进行不同国家的角色扮演，做到游刃有余。

　　搜集信息只是"模拟联合国"之路的开始，深入分析并灵活使用信息则需要代表们下功夫来练习。

3.5　分析议题，形成立场

　　对会议中的议题进行研究是最重要的准备过程。通常一个委员会有两个议题，但是每一次"模拟联合国"大会基本只能对一个议题进行充分讨论。在设定议程阶段会确定首先讨论哪个议题,只有在这个议题的全部文件表决之后,才可以讨论下一个议题。即便如此,代表在准备的时候仍对两个话题都要思考。

有了对委员会和所代表国家的了解,我们需要利用对这些知识的分析、整理来形成国家对议题的立场。

3.5.1 资料的分析

初次接触"模拟联合国"活动的代表可能会问:"国家元首、GDP 数据这些枯燥的资料究竟对于代表一个国家有什么意义?"一名优秀的代表和一名对活动了解不多的代表的重要差别往往就在于对这些"枯燥"信息的了解和使用。"模拟联合国"会议不是一个有剧本的"外交短剧",没有谁可以找到所有国家关于任何议题的意见和外交表态,在这种情况下,对国家基本国情、外交格局等方面"枯燥信息"的分析往往是确定该国立场十分重要的一步。

将以下的数据定义和相应的术语连接起来,并写出它为什么重要,希望这个简单的小游戏能对你有所启发。你还可以进一步发现更多的这种组合。

SE/Terms/060712

数据	定义	重要性
A. 政体	提供依据重要性对贸易伙伴的排序	_____
B. 独立时间	假设死亡率在未来保持不变,同一年出生的人的平均寿命,分别包括男性、女性和全民的数据	_____
C. 预期寿命	政府的基本形态	_____
D. 国内生产总值(GDP)	该国从他国或者托管获得独立主权的日期。也可能是其他对该国来说很重要的日期,比如建国、统一、联盟、联邦日期,国家发生重大政治变革的日期,或者政权继承日期	_____

E. 贸易伙伴	依据性别和年龄层（0—14 岁，15—64 岁，65 岁及以上）划分的年龄分布情况	_____
F. 国际组织成员资格	该国加入的其他国际、区域组织	_____
G. 年龄结构	在该国境内生产的所有最终产品和服务的价值	_____

E—贸易伙伴通常有共同利益并且互相支持；
C—能帮助你判断一个国家的发展程度和人民生活水平；
A—让你了解该国政府如何做决定，以及公民有什么权利；
B—表明一个国家独立治理了多久；
G—显示一个国家的人口是在增加还是减少，并且可以预测劳动力的数量；
F—对一个国家来说重要的国际/地区、政治/经济联盟；
D—衡量一国财富的一个标准。

资料来源：Training Resource, Global Classroom London, http://www.unausa.org/site/pp.asp?c=fvKRI8MPJpF&b=1418125.

国家立场和集团立场

大家不要忘记除了要代表本国利益外，还要代表本国所在的国家集团（bloc）的利益。

以安理会为例，10 个非常任理事国都是由联合国全体会员国按照《联合国宪章》的精神和区域平衡的规定（各区域在联合国各委员会中席位的比例）选举产生的，因此，这些国家不仅要代表本国观点，还要代表区域集团的利益。

在联合国当中经常出现的国家集团有五个常任理事国集团、欧盟集团、伊斯兰会议组织国家集团、不结盟国家集团等。有时根据地区划分，有时根据传统的国家关系划分，有时根据特定话题划分。

总而言之，一国的立场总是和国家集团有相似的地方，这点既可以启发小国的代表找准本国的立场，另外也可以提示各国代表去哪里寻找自己的盟友。

3.5.2 组织立场

通过前面的资料搜集工作，你已经积攒了大量的信息，对问题也有了一定的思考。这些成果应该通过什么样的方式表现出来呢？如何让主席以及他国代表了解你的国家立场呢？这时候就需要将研究的成果落实到书面文件上，代表将进入立场文件写作的阶段。这不只是一篇数百个或者更多英文单词构成的"作文"，也是对前一阶段辛苦工作和付出的总结。事实上，它更是代表更好地理解自身立场以及组织自身论点的过程。

关于立场文件写作，我们将在后面对大家进行文字以及格式上的系统指导。以下是对于写作之前基于已有情报的整理工作,以及充实并建立观点的分析过程的指导。

整理观点

首先我们需要针对议题思考一系列基本的问题:
- 什么样的本质问题将会被提出?
- 为什么这些方面重要?
- 为什么这些问题还没有解决?
- 哪些重要的文件在你的研究中是必要的?
- 不同的国际实体在这个问题上曾经采取了怎样的行动?
- 这些实体现在采取什么样的方案?
- 相关问题在你的国家中的影响范围?
- 你所在的国家如何解决这些问题?
- 你所在的国家希望联合国通过什么样的方式帮助你解决这些问题?

总而言之,在整理论点的时候,我们需要思考:关于这个议题,我们什么话要说?我们(作为国家代表)有什么不满吗?有什么想要作为国家代表向国际社会表达的吗?或者有哪些是牵涉到本国利益的基本要点呢?简而言之,以上这些就是论点整理的出发点。根据会议提供的背景材料,你可以得到基本的知识,随后的深入发掘,尤其是针对特定国家的内容,就需要代表们自己努力了。

假设在此次会议中,安理会的主要议题是安理会改革问题。相关的有两个核心领域(议题)供代表讨论,分别是:

> Topic A:扩大理事国范围,以及有关一票否决权的讨论。
> Topic B:有关提高安理会参与度和执行透明度的讨论。

和议题相关联的有待解决的问题点如下:

> 1. 是否增加联合国安理会常任理事国;
> 2. 常任理事国席位如果增加,其原则为地区性平均分配名额吗?日本和德国的入常要求能否满足(战败国问题);
> 3. 对于新加入的常任理事国,是否给予一票否决权;
> 4. 联合国目前的讨论过程是否高效,是否透明;
> 5. 如何才能提高发展中国家在国际事务表决中的作用;
> 6. 国家联盟对于联合国表决的干扰性有多大;安理会的行动手续应当如何改良。

从上述问题我们可以看出,前三个有关第一个议题,而后三个则是与第二个议题有关。我们需要注意的是:对于一名代表而言,关注的面可以涉及所有可能的问题,但却需要对一两个核心问题进行深入思考。例如,我们从上面的议题和思考可以基本判定——联合国改革势在必行,那么有关议题之一,我们只需要关注新理事国的分配性利益矛盾即可。同理,对于另一个议题,也只需要关注有关如何改进,而非改进的必要性,因为议题讨论的必要性正是会议召开的前提。[①]下面我们继续分析这些矛盾点。

对立主张的背后本质:

对立背景的分析

有关新理事国议席分配问题的对立

——以美国为代表的一些国家,更加重视联合国表决中的"效率"——也就是本国自身的地位不被更多影响,因此有可能与正在谋求更高国际地位的发展中国家集团间出现冲突和对立。

——欧盟国家希望欧洲在国际舞台中有更多的影响,同时考虑到与美国等国长期战略盟友的关系,可能为了成为新理事国会做出适当让步,例如放弃一票否决权等。

——中国出于自身立场和历史现实原因,可能对日本成为东北亚地区第二个常任理事国抱有不支持的态度。
——其他国家略。

有关否决权和透明性问题的对立
——非常任理事国可能要求限制一票否决权,同时在国家间加强情报交流与共享。
——现任常任理事国整体上对于议席扩大化和限制一票否决权将持有非积极态度。

以上这些是基于我们现有的知识对于两个议题进行的一种深入性分析。可能在代表眼中,这还只是很浅显甚至肤浅的一些套话,但内容或许并不重要,类似的分析方法和思路才是代表们需要掌握和借鉴的。概括地说,是下述的过程。

确定议题探讨的框架,阅读本委员会提供的背景材料,同时根据材料中国家集团立场(Bloc Position)的相关内容,在基础层面上了解不同国家有什么样的问题与想法。

对国家进行分类,按照不同的国家集团,思考议题中可能有哪些利益上的冲突,建立自己的世界模型。当然如果时间紧张,我们可以直接用获得的相关国家态度的信息,来取代这样的勾勒框架的过程。不过这样可能会缺少一种现场辩论时所必需的对于问题框架在更高层面上的把握。

通过已经搜集到的情报,检验自己建立的世界模型,是否主要国家都与你构想的方向符合,如果不符合,思考为什么会这样。时间有限时这一步可以省略。但这样的过程无疑会很有效地培养你对于国际局势战略性的观察眼光。

考虑自己扮演的国家角色,属于哪一个集团,为什么。相信通过上面的宏观把握,这一点并非难事,但关键在于对于自己扮演的角色要有清楚认识。下面我们将介绍这个问题。

[①] "模拟联合国"活动本身的性质决定其不可能完全与联合国活动一模一样。真实的联合国大会中,这类争议性问题的讨论是一个漫长而艰难的过程,而我们的活动为了推进会议的进程,代表们往往会做人为的妥协。

把握本国观点

如果说上面的一个步骤是宏观把握的话,这个部分就是深入微观层面的思考。与前面的章节相同,我们通过一个例子以及相应的总结来介绍这个部分。

通过前面章节的学习,相信代表们已经可以收集到足够的资料支持自己的思考了。那么在这个基础上我们需要将一粒粒散落的珍珠连缀成一串项链——来构筑我们的"理论框架"——也就是对于我们所代表的国家的观点进行深入性的总结。

下面我们根据中国政府在联合国的一贯态度,以及中日领导人之间对话的纪录,整理出了中国政府针对上文"入常"等问题的一些基本观点,以供大家参考。资料的原始网页见下:

参考

中国代表联合国官方发言

http://www.china-un.org/eng/zghlhg/zzhgg/default.htm

中日外长级会谈

http://www.mofa.go.jp/mofaj/kaidan/kiroku/g_kono/arc_00/m_soukai/j_c.html

---

具体观点如下:

1. 基于令联合国安理会的工作更加具有地区性的公正性、公平性,尤其是扩大发展中国家在联合国影响的方针,扩大常任理事国席位乃是具有优先性的目标;

2. 现有联合国改革问题,其目标是为了增进联合国工作的效率和透明度,所以适当地扩大理事国席位是比较合理的,但在目前就完全停止一票否决权并不能有效地提高效率,因此持反对态度;

3. 对于以增加联合国工作透明度、提高工作效率、改善工作手段为目的之改革中国保持积极态度;

4. 对于现有的增设新理事国的方案,倾向于在考虑国际贡献和影响的同时兼顾地区性平衡的方案;

5. 对于日本加入常任理事国这一事件,不持支持态度但也不持反对态度。只是对日本以其为联合国做出了巨大的财政贡献为理由,要求加入常任理事国行列这一态度表示遗憾。

以上为根据中国的官方观点进行的总结,如果对其再进行分类和深入分析的话,则明确为如下基本立场:

1. 有关议席分配问题及日德加入常任理事国行列的问题

中国支持以提高发展中国家地位和保持地区性平均分配为目标的方案,同时对日本、德国之"入常"保持消极态度。

2. 一票否决权问题

反对中止一票否决权的提案。

3. 扩大讨论的参与度以及提高透明度的改革问题

支持提高透明度的改革,但是对于无休止的参与度的提高持反对意见。

4. 对有关改善联合国行动手续、提高效率的问题持支持态度。

总结一下,我们需要注意的是下述这些方面。

针对总结出的各个矛盾进行论点的归纳。一个宽泛的话题必然会有具体的争论点,这些点往往是国家最关键的利益点。

准确把握国家态度。有些官方资料可能言词比较晦涩,会说出"不反对不支持,但对(某一问题)保持消极(观望、遗憾)态度"的话来,那么代表们要迅速地捕捉到弦外之音——相应国家并不希望在这一问题上表现得太激烈,因为可能这一问题所牵涉的关联性利益和其自身有关,但事实上,仅仅针对这样一件独立性事件,该国是持反对意见的。

注意关联性利益,以及对牵涉不止一个方面的问题,相应国家对不同方面可能持不同态度。

不要想当然——就像中国不会直接对日本"入常"说"不"一样。这可能和我们想象的不一样,所以细致的调查研究工作是必不可少的。

本国的外交政策与已有观点的结合

本书前面章节当中已经介绍过,通过政府门户网可以了解到一国主要的外交方针,同时可以根据一国发表的声明或白皮书等来确定主要的立场。以中国为例,详见下表:

外交基本方针	1. 基于和平共处五项原则的和平外交政策; 2. 反对霸权主义; 3. 在维护世界和平的同时,提倡重视发展中国家的力量,提倡"独立自主外交政策"; 4. 坚持一个中国的原则。
(1)	对中国而言,目前重中之重的课题是国内的经济建设和发展问题,因此在谋求良好国际关系的基础上,展开稳定的、和平的外交政策应当是上策。中国抓住了冷战结束和全球多极化过程中的机遇,和美、日及欧洲国家广泛建立良性关系,与亚太经合组织、东盟等众多国际组织也建立了重要的合作关系。同时努力争取发展中国家的广泛支持,在第三世界国家中较有威望。
(2)	中美关系自2002年布什总统访华以来,经历了新一轮的发展,2002年10月中美首脑会谈中,确定伊拉克问题和朝鲜核问题为两国下阶段的工作重点。同时中俄关系、中欧关系都取得了进一步的发展。在取得以上的成果的同时,坚持"独立自主外交政策",重视发展中国家在国际事务中的角色,是中国政府不变的外交基本政策。
(3)	反对霸权主义,强调不论大小,同等主权国家在国际事务中具有相同的权利,强调平等的、互助的交流。
其他	与议题相关的其他的总结,代表们可以进行类似推理。

基于上文所得到的这些认识,我们可以对前面章节的内容进行重新整理,观察一下到底为什么中国政府在相关议题上持有那样的观点:

(1) 有关议席分配问题以及日德加入常任理事国行列的问题

中国支持以提高发展中国家地位和保持地区性平均分配为目标的方案,同时对日本、德国之

"入常"保持消极态度；

→秉承中国一贯的重视发展中国家参与国际事务的政策，同时，与日本之间微妙的历史性遗留问题以及在一个地区的区位因素都是影响决策的因素。

(2) 一票否决权问题

反对中止一票否决权的提案。

→对于中国本身而言，一票否决权是十分重要的，它让中国在安理会当中可以就违背国际准则、侵犯中国利益的提案说"不"。

(3) 扩大讨论的参与度，以及提高透明度的改革问题

支持提高透明度的改革，但是对于无休止的参与度的提高持反对意见。

→同样基于"平等外交"的政策以及一贯的对于发展中国家的态度。

(4) 有关改善联合国行动手续、提高效率的问题

持支持态度。

→本着对国际社会负责的原则的立场。

希望代表们通过我们比较粗略的例子和讲解，能够对组织材料和展开论点、深入发掘的方法以及思路有最基本的了解。确定本国的立场是参与"模拟联合国"的基础，你要明确自己的国家在这个问题上的底线是什么，哪些可以让步，哪些可以努力争取。有了这些认识，书写立场文件就不困难了，同时你还能够把握哪些国家可以与自己在这个问题上形成联盟。在后面的章节中我们会对形成国家集团和书写立场文件进行介绍。

3.6 知己知彼——判断国家集团及其立场

3.6.1 对国家集团的分析

"模拟联合国"不是一个人的游戏，没有任何一个国家可以独领风骚。沟通、合作、协商、妥协是这个游戏重要的规则。真正的国际社会也是如此，必须群策群力，才能使方案获得大多数国家的认可。

在会议现场，各国之间由于政策和利益的相近，可能会结成不同的国家集团，共同进退，这对于国家而言是十分重要的，因为联合国大多数会议中，简单多数和2/3多数都是决定议案最终结果的方式。

国家集团通常是由具有相同或者相近利益或者观点的国家组成的，在联合国事务中有重要影响的、在会议现场行动的集团。在这里我们希望提醒代表们两点：国家集团对于推进会议进程有比较大的作用，但并不是说所有委员会都一定由这种形式来完成；对立和矛盾并不意味着国家集团之间就是互相无法交流和合作的团体，最终的沟通、理解和让步，才是更好的解决方案。

由于会议时间非常短暂，所以如果希望能够迅速进入角色——找到与自己利益相近的国家、说服摇摆不定的国家、攻坚有利益冲突的国家，就需要会前的充分准备。

下面这篇文章是"丹麦代表"在参与"欧盟理事会会议"之前就土耳其加入欧盟问题所做的国家立场分析。

讨论什么？

土耳其加入欧盟这件事，可以很复杂，比如用我先前准备议题所采用的方法，单纯分析它的加入会给欧盟带来什么，或是它的水平与入盟标准有何差距。因为土耳其的背景非常复杂，地理环境介于中东与欧洲之间，文化背景是理想化的伊斯兰文明，全国GDP很高但低收入群体数量多，失业率也很高，在塞浦路斯岛上的政策饱受争议，这样一个国家进入一个相对稳定的政治、经济集合体，为发达国家带来的经济利益的刺激非常有诱惑力，而另一方面，对中低收入国家本土工业农业也会造成巨大打击。土耳其对欧盟的社会政治的正面影响（例如：重建欧盟在中东的威信，建设更强的欧盟）是毋庸置疑的，但其对人权（尤其对塞浦路斯岛上少数民族的人权）的藐视，也会威胁欧盟其他国家。另外，关于土耳其的世俗化、民主化程度是否达到入盟标准，欧盟成员国各执一词。这样看来，仅仅依靠当前现实以及所谓的"标准"这些静态事物来决定是否同意，难度很高，而且意义不大。

然而换一个思路想问题，从动态的角度考虑，根据国家经济发展水平和国民幸福程度，可以了解这个国家所关注的焦点，究竟是集中国外援助以支持国内经济发展，还是关注全球更上层的问题如人权。基本的立场也可从中得到。规矩和标准毕竟是死的，而各个国家是活的。现状是暂时的，可以在未来的某时某刻改变。所以只要根据国家的基本立场，找出现在不尽如人意之处，制订相应的措施和计划，把不甚好的形势转至理想状态，再利用沟通的手段说服他人。这样议题就有了一个性质上的改变，从"要不要"变成"要/不要后'怎么办'"。

这才是有意义的辩论内容。我代表的国家，丹麦，国民总产值、国民人均产值、国民幸福指数位居世界前列，致力于世界卫生发展、人权保护。在以往候选国加入欧盟时，不考虑过度经济差距，都投了赞成票，主张建立广大而且限制权力的欧盟。经过这样的资料收集，我得出结论，鉴于其温和中立、积极合作的外交态度，丹麦原则上会支持更多发展中国家加入欧盟以带动国内发展，而且应该会提出有效的方案保障其他欧盟发展中国家的利益。这样的思维简化了复杂的、圆环套圆环的因果联系，为解决问题提供了明朗的前景。

和谁讨论？怎么讨论？

欧盟有25个成员国，这些国家对欧盟各有不同的期许，大致可分为以下几类。

大，而权力有限

英国、丹麦、瑞典。这些国家与丹麦立场几乎相同——主张欧盟范围广大而经济互惠——是一定的盟友。此外，作为北欧国家，也是这个阵营的潜在支持者，应当与它们紧密联系。

大，而强有力

匈牙利、罗马尼亚、立陶宛等是2004年加入欧盟的相对中低收入国家。它们尽管期望一个范围更广大的欧盟，对土耳其入盟一事仍犹豫不决。鉴于土耳其劳动力廉价而且数量多，加入欧盟后极可能大规模控制中低端制造业，使这些倚赖中低端制造业的小国受冲击，因此，我认为，为了拉拢这些国家，除了要有核心价值——更广大的欧盟，作为经济水平很高的国家，还应该为这些小国家制定特别的经济保护政策，包括行政手段控制的新版配额制度、投资风险保障基金会以及土耳其欧元评估等。在会场上若要使土耳其加入欧盟，必须先保证欧盟经济稳定，才可为土耳其加入欧盟铺平道路。

> 小,而强有力
>
> 　　法国、意大利、奥地利、比利时、卢森堡、荷兰这六个最早的欧共体成员国,除去意大利支持土耳其加入欧盟,其他国家与丹麦在土耳其问题上的立场,除稳定经济和边界安全,很少有共同之处。鉴于欧盟中一个草案的通过需要全体赞成的投票,说服这些国家成为会上核心任务之一(最佳状态是说服它们投赞成票,但鉴于我能力有限,所以要竭力劝诱它们弃权)。
>
> 　　就"小"而言,这些国家想先进行立法改革,等到机制成熟后再考虑接纳新成员国。反驳的内容可以是,土耳其的加入会使立法改革出现新局面,改革完再接受可能引起新问题,影响欧盟稳定。就"强"而言,"以其人之道,还治其人之身",它们期许的"强",是更深远的国际影响,而拒绝土耳其,会使欧盟失去在中东的信用和声誉,表现出西方基督教世界对伊斯兰国家的不宽容,激化矛盾,使欧盟国际地位下滑。
>
> 　　更现实的内容是与它们讨论国家能源(石油、天然气)的来源——俄罗斯和中东较稳定的国家(阿联酋、沙特等)。这些国家向欧盟输送石油的管线都经过土耳其,而俄罗斯边界上与国内的车臣等民族、国外的其他国家矛盾不断,武装冲突时有发生;而且俄罗斯作为被逐出欧洲主流的国家,会伺机寻求任何形式的报复,包括切断这些欧盟国家的命脉——石油供给。所以俄罗斯—土耳其—欧盟管线在其源头处相当不稳定。欧盟依赖这些管线,随时可能陷入能源危机。可将稳定的替代性的沙特、阿联酋管线,穿过土耳其进入欧盟。欧盟各成员国应当从自身能源安全考虑,让土耳其加入欧盟。
>
> 　　此外,相对中立而观点不明确的国家:爱尔兰、西班牙。这些国家要积极争取,可分别利用英国和能源安全进行游说。
>
> 　　坚决反对土耳其加入欧盟的国家:希腊、塞浦路斯。由于民族矛盾与人权侵犯,这两国在民族问题上相当敏感也很极端,除了用能源安全以及欧盟最初目的进行游说以期待它们弃权,丹麦也要相应妥协后退,在一定程度上限制土耳其享受完全成员国待遇并保留若干年观察期,以决定是否允许其享受完全成员国待遇的权力,组织欧盟建立特殊组织,重点保证地中海北部的人权保护,用这些为希腊、塞浦路斯着想,进行适度的修改,使它们同意。
>
> 　　——北师大附属实验中学2008届学生　万康[①]

　　阅读万康这篇分析的时候,你是否感同身受?这位代表"入戏"很深,她站在丹麦的角度上对土耳其入盟问题做了非常细致的分析。万康按照一定的逻辑将欧盟的25个国家一一进行了分类。在会议之前做这样细致的准备,使得这位代表在会议开始阶段迅速就找到了关键的国家立场,投入讨论进程当中。

3.6.2　议题及国家立场分析案例

　　古人云"知己知彼,百战不殆",分析国家立场的重要性毋庸赘言,接下来你会看到两个范例,这两个范例是由2005年和2006年北大全国中学生"模拟联合国"大会主席团成员书写的。主席

[①] 万康于2007年2月赴美国参加第七届波士顿"模拟联合国"大会,代表丹麦,参与欧洲理事会的讨论。她在此次大会上获得杰出代表奖。

团对议题和国家立场应该有最为深入的把握,只有这样才能驾驭整个会议的进程。代表们不妨仿照这两个案例来分析自己所在委员会的议题和国家集团情况。没有参加过"模拟联合国"的朋友也可以在阅读完本书附录部分的背景资料之后,站在中国的立场来练习这样的分析能力。

在2005年北京大学全国中学生"模拟联合国"大会中,裁军与国际安全委员会有43个国家,这是根据会议规模确定的国家和国家数量,并非涵盖所有联合国成员。在第一章我们已经介绍过应该如何阅读国家列表,你可以通过国家列表找到自己委员会所有的国家。

首先我们可以根据地区将这43个国家进行分类:

非洲 7.5	埃及 1/2　利比亚　尼日利亚　南非　苏丹　坦桑尼亚　乌干达　津巴布韦
亚太 10	阿富汗　中国　朝鲜　日本　韩国　印度　马来西亚　巴基斯坦　泰国　越南
东欧及中亚 2	哈萨克斯坦　俄罗斯
拉美及加勒比海地区	阿根廷　巴西　智利　哥伦比亚　古巴　海地　墨西哥　秘鲁
中东 3.5	埃及 1/2　伊朗　以色列　沙特阿拉伯
西欧及其他 12	澳大利亚　加拿大　丹麦　德国　法国　希腊　爱尔兰　意大利　波兰　土耳其　英国　美国

通常来说同一地区的国家往往对一些国际问题存在共识,这样的分类可以给代表们一种思考的方向,但是具体问题还要具体分析,下文的议题分析摘要能够给你一些帮助。

联合国大会第一委员会——裁军与国际安全委员会[①]

议题 A:国际合作打击恐怖主义

1. 关于国家立场
1.1 议题所涉及的国际组织、联盟、集团等
    联合国、北约、欧盟(欧安警察)、阿拉伯联盟
    有过涉及反恐问题的其他国际组织、联盟、集团等:上海合作组织、美洲合作组织
1.2 各国的分区及各区立场
1.3 议题涉及的最热门国家及原因
1.4 了解各国的基本关系(冲突与合作)

美国、英国:严厉打击恐怖主义,将其视为威胁世界和平安全的第一因素,要求全世界采用较统一的标准和对策来打击恐怖主义,希望自己作为打击恐怖主义的主导,以军事方式铲除恐怖主义。

潜在的支持者:阿富汗、日本、韩国、印度、马来西亚、巴基斯坦、泰国、阿根廷、海地、以色列、加拿大、土耳其。

[①] 该议题和国家立场分析的作者为谢天驰,北京大学外国语学院2007届本科生,2005年担任北大全国中学生"模拟联合国"大会主席团成员。

法国、德国：严厉打击恐怖主义，将其视为威胁世界和平安全的重大的不稳定因素，希望全世界在联合国的主导下采取统一的包括军事打击在内的反恐行动，主张通过和平对话解决冲突，并认为应帮助发展中国家进行经济改革和发展。

潜在的支持者：巴西、哥伦比亚、墨西哥、澳大利亚、丹麦、希腊、爱尔兰、意大利、波兰

俄罗斯、中国：严厉打击恐怖主义，将其视为威胁世界和平安全的重大的不稳定因素，希望全世界在联合国的主导下采取统一的反恐行动，主张通过和平对话解决冲突，反对将恐怖主义和某种特定的宗教或意识形态联系起来，要求发达国家采取切实行动帮助发展中国家进行经济改革和发展。

潜在的支持者：朝鲜、越南、哈萨克斯坦、古巴

伊朗、利比亚：支持在联合国主导下的反恐行动，反对某一个或某几个国家采取单边行动解决问题，反对将恐怖主义和某种特定的宗教或意识形态联系起来，要求发达国家尊重不同意识形态国家和民族的自决权。

潜在的支持者：埃及、苏丹、沙特阿拉伯

无十分明显倾向：尼日利亚、南非、坦桑尼亚、乌干达、津巴布韦、智利、秘鲁

2. 关于议题本身

2.1 关于该议题国际上新的进展

"9·11"后，美国试图成为全球反恐的核心，并发动了阿富汗战争和伊拉克战争。但随着事态的发展，其在战地的处境趋于恶化，并难以维持，需要全世界尤其是主要大国的合作和支持。于是，美国逐渐减少了对全球反恐的主导，联合国的权威逐渐在一定程度上得到尊重。

由于各方传统、意识形态的不统一，美国在阿富汗、伊拉克的驻军面临各种问题，其在中东的计划难以实施，国际上要求更多地发挥联合国作用的声音渐高。

同时，发展中国家要求发达国家更多地关注发展中国家的经济和社会状况，并要求发达国家采取切实行动改善发展中国家人民的生存条件。部分发达国家注意到了这点，并认为这是从根本上铲除恐怖主义的有效方法之一。

2.2 解决该问题，决议草案应涉及的问题

1) 全球合作
2) 联合国主导——部分国家会反对
3) 是否军事打击
4) 是否将某事件与某一或某些国家相联系
5) 切断恐怖组织财力来源（毒品等）
6) 发展中国家主动开展贫困地区的经济转型，防止恐怖主义的滋生（毒品等）
7) 发达国家帮助发展中国家经济转型，并采取切实行动帮助发展中国家的经济和社会发展

8）注重反恐战争下对平民的保护
9）谴责并决心铲除恐怖主义
10）界定恐怖主义

议题 B：限制大规模杀伤性武器

1. 关于国家立场
1.1　议题所涉及的国际组织、联盟、集团等
联合国（联大裁军与国际安全委员会）、北约、欧盟、国际原子能机构、禁止化学武器组织
1.2　各国的分区及各区立场
1.3　议题涉及的最热门国家及原因
1.4　了解43国的基本关系（冲突与合作）

美国：在保障自身大规模杀伤性武器前提下，支持全球减少大规模杀伤性武器，尤其对于部分国家，裁减应更强烈。虽遭到中国、俄罗斯等国反对，但积极建立导弹防御系统，并认为这是因部分国家拥有大规模杀伤性武器而对美国造成的威胁的对策，对于这些国家，主张不可逆的、实际性质的裁减大规模杀伤性武器。

潜在的支持者：坦桑尼亚、乌干达、津巴布韦、阿富汗、日本、韩国、马来西亚、巴基斯坦、泰国、阿根廷、智利、哥伦比亚、海地、墨西哥、秘鲁、以色列、澳大利亚、土耳其

英国、法国、德国、中国：各国均减少大规模杀伤性武器，并由统一的国际组织核查，并由联合国主导。

潜在的支持者：埃及、利比亚、尼日利亚、南非、苏丹、坦桑尼亚、乌干达、津巴布韦、韩国、马来西亚、巴基斯坦、泰国、越南、哈萨克斯坦、阿根廷、巴西、智利、哥伦比亚、古巴、秘鲁、沙特阿拉伯、加拿大、丹麦、希腊、爱尔兰、意大利、波兰、土耳其

俄罗斯：各国均减少大规模杀伤性武器，但应保持一定数量以"维持地区和平与稳定"，反对建立导弹防御系统。对大规模杀伤性武器的裁减，应由联合国主导核查。

潜在的支持者：哈萨克斯坦

印度："为维持地区和平与稳定"，应保留一定数量的大规模杀伤性武器，"为抵抗来自敌国的军事威胁"，应适当生产包括新产品在内的大规模杀伤性武器。

朝鲜、利比亚：反对将任何有关裁减大规模杀伤性武器的观点与任何来自特定的国家的威胁相联系。支持联合国主导下的核查。

潜在的支持者：苏丹、伊朗

日本：支持建立导弹防御系统，要求提高军售要求，严格控制对可能发生战争的地区输出大规模杀伤性武器。

潜在的支持者：坦桑尼亚、乌干达、津巴布韦、阿富汗

2. 关于议题本身

2.1 关于该议题国际上新的进展

在裁减大规模杀伤性武器上少有较大的实质性的进展,真正的裁减还只是小规模的,各国均出于本国利益、未来需要的考虑而有意保留、继续生产、升级大规模杀伤性武器。近年,美国筹建导弹防御体系,虽不属大规模杀伤性武器,但会引起一定程度的军备竞赛。

核武器是目前最严重的大规模杀伤性武器。部分国家出于自身利益的考虑,逐渐成为新的核国家,国际原子能机构及地区大国对此十分关注。

国际社会一直严格控制对大规模杀伤性武器的跨国销售,在国际关系方面,这是部分国家谋求国家利益的砝码,围绕军售的问题,各国存在不同严重程度的分歧和摩擦。

2.2 解决该问题,决议草案应涉及的问题

1) 对大规模杀伤性武器的界定
2) 各国裁减大规模杀伤性武器的时间表和数量
3) 部分敏感国家的大规模杀伤性武器的制造问题
4) 是否可对部分国家大规模杀伤性武器的裁减进行核查
5) 若核查,应由谁来主导
6) 导弹防御体系问题
7) 军售
8) 如何界定某国是否在大规模杀伤性武器问题上"越轨"

以上这份文件是一个概述,大致对各国的立场进行了划分。也许你会问,为什么要这样划分呢?对这些国家立场的判断是否有充足的依据?这是非常好的问题。我们在前面章节指导了代表们搜集论据的过程。以上的分析并不是严格学术意义上的分析,对他国立场的判断是基于一些基本常识和逻辑推理的。比如英国、日本、韩国等是美国传统的盟友,在很多问题上都追随美国;法国、德国属于西方国家,大部分情况下支持美国的提议,但是在打击恐怖主义这一具体问题上,与美国有不一致的看法;有些国家可能在历史上并不是非常亲密,但是可能都遭受了恐怖主义威胁,所以愿意站在一起来解决问题,比如印度和巴基斯坦。对议题和国家立场的把握也是一个从开始的"头脑风暴"到最后"冷静分析"的过程(见图3.23)。

图 3.23 议题研究思路图

"模拟联合国"讨论的议题,大致可以分成两大类型,一类是国际社会存在争议的有明显利益分歧的问题,很多这样的问题都涉及国际安全领域;另一类是发展问题,比如艾滋病防治、打击跨国毒品犯罪等。大部分情况下各国对发展问题都持正面的态度,但是在具体落实当中,各国都面临不同的难题。简单讲第一类问题是"是与非""要与不要"的问题,第二类问题是"怎么办"的问

题。很多代表很容易就能够把握第一类议题的立场,但是针对第二类议题往往不知道如何下手。下面我们就来看一则关于联合国环境规划署的议题和国家立场分析,希望能够给你一些启发。

联合国环境计划署国家立场分析①

共 54 国

非洲 16　　　　　　布基纳法索　喀麦隆　佛得角　乍得　刚果　加纳　肯尼亚　摩洛哥　纳米比亚　尼日利亚　塞内加尔　索马里　苏丹　坦桑尼亚　赞比亚　津巴布韦

亚太 8　　　　　　孟加拉国　中国　日本　韩国　印度　印度尼西亚　缅甸　图瓦卢

东欧及中亚 3　　　哈萨克斯坦　吉尔吉斯斯坦　俄罗斯

拉美及加勒比海 10　安提瓜和巴布达　阿根廷　巴哈马　巴西　哥伦比亚　哥斯达黎加　古巴　墨西哥　尼加拉瓜　乌拉圭

中东 4　　　　　　伊朗　以色列　沙特阿拉伯　叙利亚

西欧及其他 17　　比利时　保加利亚　加拿大　捷克　法国　德国　希腊　匈牙利　摩纳哥　荷兰　波兰　罗马尼亚　瑞典　瑞士　土耳其　英国　美国

议题 A　可持续的旅游业(Sustainable Tourism)

1. 关于国家

1.1　所涉及的国际组织、联盟、集团等

联合国、安第斯集团、欧盟、亚太经合组织、东盟、非洲、加勒比和太平洋地区国家集团(非加太集团)、加勒比共同体和共同市场、南亚区域合作联盟等。

非政府组织:世界旅游组织、世界旅游业管理委员会、地球委员会、国际科学联合会环境问题科学委员会、加勒比可持续旅游联盟等地区性旅游组织。

1.2　分区及各区立场

1) 旅游目的地国家:

① 旅游为支柱产业的发展中国家:加勒比海地区国家(安提瓜和巴布达、巴哈马、哥斯达黎加、尼加拉瓜),太平洋和印度洋岛国(图瓦卢);

该类型国家急需实行可持续旅游业以保证旅游业的长久性,但从资金和技术以及制度上看并不乐观。

② 旅游为支柱产业的发达国家:部分地中海国家(摩纳哥等);

该类型国家需要实行可持续旅游业并有足够资金。

③ 重要旅游目的地(非以旅游为支柱产业者):

A. 以自然风景为主:非洲国家,中东部分国家;

该类型国家需要实行可持续旅游业以保证旅游业的长久性,但从资金、技术以及制度上看并不乐观,且由于旅游在这些国家并非支柱产业,实行改革措施的紧迫性不及第①类国家。

---

① 该议题和国家立场分析的作者为张忞煜,北京大学外国语学院2009届本科生,2006年担任北大全国中学生"模拟联合国"大会主席团成员。

B. 以人文风景为主：欧洲国家，东亚及南亚国家，东欧中亚国家；

该类型国家亦需实行可持续旅游业，而侧重点有所不同，其中的发展中国家同样在资金、技术以及制度方面有所欠缺。

2）旅游重要输出国

发达国家：西欧、北美大多数国家及日本。

来自该类型国家的游客很多，所以涉及对这些国家旅游业主和游客的规范和协调问题。

1.3 议题涉及的最热门国家及原因

1）从保护角度：

A. 具有小岛屿、海岸、山区、湿地、草地以及其他海陆上具有突出的美丽和物种多样性的生态系统的国家。

如：加勒比海地区、太平洋岛屿、非洲和拉美的热带雨林及沿海地区。

B. 具有文化独特性的国家（地区）：

如：非洲国家、东盟国家、南亚国家以及中国部分地区等。

2）从游客输出角度：

以西欧、北美为主的发达国家和很多发展中国家都是重要的游客输出国。

2. 关于议题本身

2.1 关于该议题国际上新的进展

2005年9月6日，马德里，世界旅游组织和联合国环境规划署联合发表《给政策制定者的指导说明》（Making Tourism More Sustainable：A Guide for Policy Makers），为政府制定和实行可持续旅游政策提供参考。

东非和西非国家（塞内加尔、冈比亚、尼日利亚、加纳、肯尼亚、莫桑比克、塞舌尔和坦桑尼亚）在海岸旅游的地区性协作有新进展。

2005年1月联合国"小岛屿发展中国家可持续发展行动纲领"执行情况国际会议。

2005年6月安第斯集团国家关于"旅游和减少贫困"会议，决议认为可持续旅游业减少贫困。中美洲及法语西班牙语加勒比国家在8月亦有类似会议。

2.2 解决该问题，决议草案应涉及的问题

1）可持续旅游的细化标准；

2）发达国家向发展中国家的经济支持、技术支持、教育支持计划；

3）政府与私有企业、NGO以及公众团体在政策制定和执行方面的协作及如何实现政府的主导作用；

4）一国内部及跨国的旅游业主及游客和政府、当地团体、环保主义者间的协调；

5）可持续旅游业的发展和当地经济发展及文化独立性问题。

以上这两个案例是对国家立场的简要分析，罗列出了一些可以思考的方向，有些部分只是列出了标题，没有提供内容。你可以按照这样的思路来判断不同国家的立场。当然，代表不必完整地书写一篇报告，采用列要点的方式标明主要的信息和观点提示自己即可。

有了这样一份初步的分析，你就可以从容地步入会场了，大部分代表的观点应该不会在你的预料之外。在会议的第一天，你可以积极地与各国代表交流完善这份国家集团立场的分析，以便在接下来的会议当中用最快的时间找准自己的伙伴，并提出有针对性的解决办法。

3.7 深入分析议题，寻找解决之道

在"模拟联合国"活动中，议题（Topic）往往也就意味着问题（Problem），会议的最终目的不是堆砌各国的信息，而是在综合各国信息的基础上，提出能够为国际社会所接受的解决办法。背景材料的最后一部分提出了一些问题，代表在准备材料的时候，应当带着这些问题去寻找有效的信息。

由于参与"模拟联合国"活动的成员大多数是大学生或者中学生，亲身参与过项目运作的机会很少，所以缺乏解决社会问题的经验。在这种情况下，一方面需要适当的推理假设，按照正常的逻辑去寻找解决之道，另一方面就是参考前人的经验，找到合适的思路和措施。

这一节将通过两个议题①和与之相关的材料帮助你理解全面分析一个问题并提出现实有效的解决方案。

3.7.1 案例一：关于"武装冲突中的儿童"议题

议题导读：

议题中文翻译对应为"武装冲突中的儿童"。通过这样一个偏正短语，代表应分析出这个议题中有两部分需要关注："武装冲突"和"儿童"。代表在研究这个议题的时候思路应该是首先明确这个委员会的性质，再从委员会性质和利益出发研究这个议题的背景和所要解决的问题的现状和方案。

可以思考的问题：
1. 哪些地区存在暴力或者武装冲突？造成这些冲突的原因是什么？
2. 武装冲突地区或存在武装冲突的国家政府有没有相关措施针对解决冲突中的儿童的问题？
3. 联合国采取过哪些行动？成效如何？
4. 现在要解决这些问题，我们的着手应该是先抑制冲突还是马上就儿童问题加以解决，还是其他什么？

---

① 这两个议题出自2008年第七届波士顿"模拟联合国"大会社会、人道主义及文化委员会。

和大部分的议题一样,这样一个偏正短语非常宽泛,代表们往往会觉得无从下手。上边的一些问题给出了引导性的思路。下面我们来看一个分析。这个资料是联合国对儿童与武装冲突这个问题所进行的研究,有九个方面,作为一个参考提供给大家,让大家看看联合国对这个问题是怎样分析的。

儿童与武装冲突现状

2007年是制定保护受战争影响儿童议程的一个重要转折点,所取得的进展再次表明国际社会在保护受武装冲突影响儿童方面立下重大决心并做出承诺。目前在各地落实保护儿童的国际标准和规范方面存在着巨大的推动力。至关重要的是,保持这一势头,巩固所取得的成果,进一步推动儿童与武装冲突议程。

儿童是武装冲突的主要受害者。他们是武装冲突的目标,并日益成为其利用的工具。在武装冲突及其后果中,儿童所遭受的灾难是多方面的。他们被屠杀或致残、成为孤儿、被绑架、被剥夺受教育和获得医疗保健的权利,留下深深的精神伤痕与创伤。他们被招募成为儿童兵,被迫成为成人仇恨的发泄者。背井离乡、流离失所的儿童,非常容易受到伤害。女童面临额外危险,特别是性暴力和性剥削。所有这些儿童都是武装冲突的受害者;所有这些儿童都应该受到国际社会的关心与保护。

所有非战斗员在战争时期都应该得到保护,而儿童特别首先应该得到这种保护。儿童是无辜和特别易于受到伤害的,他们对冲突的适应或反应准备能力较弱。他们对冲突负的责任最小,然而却不成比例地遭受冲突暴行的伤害。儿童代表社会的希望与未来;摧毁他们便摧毁了社会。

完全与国际社会的承诺相反以及与儿童和武装冲突议程取得的重大进展相对照的是,令人关切的局势下严重侵犯儿童的行为继续泛滥,令人震惊。数以千计的儿童正受到直接影响,他们要么是暴力的受害者,要么是攻击自己社区的可怕暴行的行为人。这些儿童因此遭受的身心创伤是对持久和平以及可持续发展的严重威胁,因为暴力的文化和恶性循环已根深蒂固。而这些孩子是我们的孩子,在他们身上寄托着未来的所有希望。

1. 最严重的侵犯行为

对受武装冲突影响的儿童的监测和报告集中在武装冲突局势中严重侵犯儿童的六种情况:杀害或残害儿童;招募或利用儿童当兵;袭击学校或医院;不准向儿童提供人道主义援助;拐骗儿童;强奸及其他严重性虐待儿童的行为。

安全理事会在其第1612(2005)号决议中要求执行秘书长在其关于儿童与武装冲突的第五次报告(A/59/695-S/2005/72)中确定的机制,以监测和报告这六种严重侵犯情况;该决议在制定切实措施以制止侵犯方有罪不罚方面开创了新局面。因此,该决议是国际社会为实现保护儿童国际标准"落实时代"所作集体努力的重要部分。

2. 儿童兵

由于儿童天真幼稚,容易摆布,他们特别容易被人征募入伍从事暴力行为。他们加入武装集团或是被人逼迫,或是受人诱骗。无论通过何种途径被招募的童兵都是受害者。将童兵卷入冲突,使他们的身心健康受到了严重伤害。他们时常遭受虐待,大都目睹过死亡、杀戮和性暴力场面。其中许多儿童都参与过杀戮活动,这给他们中的大多数造成了长期的精神创伤。

这些战斗集团手法残忍而狡猾,他们把儿童与社区分离并孤立起来。儿童往往被胁迫听命于他人,惯用手法是让儿童担心自己的性命和福祉。儿童迅速意识到绝对听命于他人是活命的唯一手段。有时,他们被迫参与杀害其他儿童或家庭成员,因为这些集团让他们知道如果犯下这些罪行,他们就"断了回家的路"。一位13岁的男孩在接受联合国在利比里亚工作人员的约谈时说,他感到他无法回家了,因为他知道父亲会生他的气。是他把一群人带到村里,这些人当着全家人的面,强奸并杀害了他的母亲。他说他之所以把这些人带到村里,是因为指挥官告诉他说将把他送回家:"后来叛军就成了我的家,我尽一切所能取悦于我的父亲(该指挥官)。"

冲突使这些儿童恢复正常生活并重返社区的工作面临重大挑战,有时由于这些儿童严重依赖于可卡因一类的硬性毒品,这一挑战更为复杂化。例如,在塞拉利昂,经常的做法是把可卡因和子弹轮流交替着发给儿童,使他们在战斗中无所畏惧。由于儿童现已成为实施暴行的工具,有时犯下最残暴的罪行,让他们重返社会往往使社区复原与和解更为复杂,其中涉及与各家各户谈判,以接纳其子弟的回归。儿童兵的所有这些经历在方案制订和资源需要方面,均对社会心理康复以及其他重返社会方案拟订产生重大影响并形成挑战。

2000年,联合国在塞拉利昂的人员帮助一名叫"Abou"的男童从军队复员,他是被革命联合阵线(联阵)从他在卡内玛的学校绑架的。被绑架时,他只有11岁。4年后,15岁的Abou成为一名杀人狂——一名联阵叛军中知名的令人闻风丧胆的指挥官。Abou和许多其他儿童兵一道在塞拉利昂冲突中犯下暴行,但却获得大赦。尽管他所在社区接纳了他的回归,但社区中许多人显然怕他并对他感到气愤,他的处境相当孤立。Abou在与家人团聚6个月之后失踪了。2003年,Abou与一些儿童兵在邻国科特迪瓦被解除武装并复员。他描述了离开塞拉利昂社区的故事,因为他感到"有恶鬼在滋扰他",所以他被重新征召入伍,为利比里亚人和解与民主团结会的叛军当炮灰。后来,他又与团结会的其他士兵到科特迪瓦当雇佣军。在接受联合国工作人员的约谈时他解释说:"我之所以离开,是因为我拿手的只是打仗和当一名士兵,但塞拉利昂已实现和平。"

Abou的故事说明了一个可怕的悲剧:儿童以及他们被血洗的社区受到了重大创伤;冲突后让儿童恢复正常生活并重返社区是极巨大的挑战;儿童重新卷入了迅速席卷几国边界的冲突;在全球各地许多遭受长期冲突蹂躏的地区,儿童和年轻人卖命充当雇佣军士兵是因为打仗已成为他们唯一可行的经济选择。

3. 绑架儿童

最近几年,绑架男女儿童的案件大幅度增加。安哥拉、尼泊尔、塞拉利昂、苏丹和乌干达等国冲突各方在系统地对平民开展暴力行为时均使用了这种做法。20世纪80年代在中美洲发生冲突期间,绑架儿童的案件层出不穷,而且往往导致永久"失踪"。

绑架儿童的地点包括在家、学校和难民营。他们被迫从事劳作,充当性奴隶,被强行招募入伍或贩卖到境外。

> **关于跨界绑架和招募的建议**
>
> 打击跨界绑架和招募儿童的区域行动计划应包括与刑事司法有关的全面对策,如提高认识和执法人员培训、调查和起诉案件准则以及受害者和证人的保护与支持。
>
> 各国政府、非政府组织和联合国各机构应向遭受绑架、招募和贩卖或性剥削的儿童受害者提供适当的保护、支持和服务。地方、国家和国际民间社会组织,包括私营部门、宗教领袖和妇女团体应参加整个过程。在提高公众对保护受影响儿童的认识方面,应支持地方基层参与和媒体的努力。

4. 针对儿童的性暴力

《国际刑事法庭罗马规约》规定冲突中的强奸和其他严重的性暴力行为是战争罪。必须尽一切努力将那些犯下这一特别战争罪的人绳之以法。

金戈威德在其达尔富尔地区的队伍中使用儿童,杀害和残害儿童,并对妇女和儿童普遍犯下强奸和其他严重性暴力行为。

来自伊拉克和阿富汗东南部的报告表明,女童因害怕性暴力而不敢上学。2003年5月紧急救济副协调员访问了刚果民主共和国,她报告了在南基武的250名妇女和儿童的境况,她们需要做外科手术以修复强奸带来的伤害。同样,在布隆迪,数以百计的女孩遭人强奸,这或是作为一种清洗的手段,或是这些肇事者认为少女不太可能传播疾病。

5. 小武器的非法贩运、地雷和未爆弹药对儿童的影响

当今,大部分冲突中均使用小武器和轻武器。这类武器易于获得,与暴力显著增加、冲突加剧和儿童兵现象有着直接的关联。这一点明显体现在科特迪瓦、利比里亚和塞拉利昂的冲突中,小武器和轻武器的非法交易经费来自非法开采自然资源所得。小武器和轻武器的跨区域非法贩运加剧了大湖区的冲突。联合国机构收集了东南亚,特别是柬埔寨、老挝人民民主共和国和缅甸边境地区有关贩运小武器和贩运儿童及妇女的资料,并说明两者是有关联的。

小武器和轻武器的扩散不仅妨碍提供人道主义和保护援助,而且破坏建设和平与重建的努力,这些努力的着眼点是在阿富汗、伊拉克和中美洲冲突和冲突后局势中加强安全与法治。为了尽量减少小武器和轻武器对儿童的灾难性影响,需要根据《从各个方面防止、打击和消除小武器和轻武器非法贸易的行动纲领》在所有各级进行协调。在区域一级处理小武器和轻武器问题及其对儿童影响的工作范例,包括南部非洲发展共同体制定的《关于控制火器、弹药和其他有关材料的议定书》、欧安组织制定的《关于小武器和轻武器最佳做法指南》,以及《预防、打击和消除小武器和轻武器非法贸易各个方面问题的安第斯计划》。

按照联合国排雷行动处的报告,每年有90个国家大约15000至20000名地雷和未爆弹药受害者,其中近一半为儿童。在哥伦比亚,1990年至2003年期间,约40%的地雷受害者为儿童。2003年到目前为止,在伊拉克北部,由于地雷或未爆弹药而造成的伤亡率显著增加了90%。伊拉克儿童也沦为伊拉克部队丢弃在学校和住宅区的未爆弹药的受害者。此外,集束炸弹肆意而致命性地炸死炸伤平民,特别是儿童。地雷和未爆弹药阻碍着冲突后发展与重建,妨碍利用土地和其他资源,并对返回者和流离失所儿童构成危险。雷险教育和管制囤积弹药仍然是保障儿童安全的最有效短期解决办法。

6. 战争中的女童

很显然,有些儿童在武装冲突局势下特别易受伤害,例如女童、难民和境内流离失所的儿童以及以儿童为户主的家庭。这些儿童需要得到特别的宣传、关注和保护。女孩往往是性暴力和性剥削的受害者。现在越来越多的女孩被征召入伍。在对受战争影响儿童的干预措施中,例如为参加过战斗部队的儿童制订以社区为基础的重返社会方案中,女孩往往最容易被忽略,尽管她们最需要关爱和服务。在我们的干预中,忽视女孩的原因首先是许多女孩不愿意走出来,怕被人说成是"野合老婆",或怕她们的子女被打上"叛军婴儿"的标签。社区也往往指责和排斥这些女孩,认为她们与叛乱集团有关,身上存在被人强奸的"污点"。

叛乱集团虽然也作出释放儿童的承诺,但往往坚决拒绝交出女孩。因为尽管肇事者和受害人的关系开始于绑架、强奸和暴力,但几年的"小家庭"生活已经形成,包括生育了强奸婴儿。就方案回应措施而言,所有上述因素构成对国际社会的重要挑战,现有资源往往不能应对这些挑战的严重程度和复杂性。必须深刻认识女孩在武装冲突中十分脆弱的处境,并将此纳入更具性别敏感认识的战略、保护措施以及方案对策。

必须特别注意女童的特殊需要。尽管有些国家为男童和女童分别建立了设施,并实施了针对不同性别的方案,如刚果民主共和国,但在大多数解除武装、复员和重返社会的情况下,女童在获取复员和重返社会的机会方面仍处于劣势。在许多冲突局势中,如利比里亚、塞拉利昂和刚果民主共和国,战斗人员不愿放女童去过渡照顾设施,将她们作为"妻子"囚禁。在这种情况下,怀孕的女童回到社区后遭到蔑视。正如刚果民主共和国所做的,解除武装、复员和重返社会方案应特别注意女童性剥削受害者和女童户主。

7. 开采自然资源

非法开采自然资源,尤其是钻石、黄金、铌铁矿—钽铁矿(铌钽铁矿石)和木材,对儿童产生着直接而显著的影响。这种掠夺做法有意剥夺儿童享受教育、保健和发展等与生俱来的权利。他们作为廉价劳力受到剥削,被迫在有害健康和危险的环境中工作。此外,这已经成为助长和延长冲突的主要途径,而儿童在冲突中受害最深。

安全理事会的行动包括在安哥拉、塞拉利昂和利比里亚实施制裁,并予以监测;授权在刚果民主共和国和利比里亚进行调查,现已产生显著影响。安全理事会进一步采取有的放矢的措施将会加强其影响。

安全理事会所设调查违反制裁的独立专家小组认定,钻石在使安哥拉冲突长期存在方面起到了独特的重要作用,在利比里亚,政府和叛乱集团双方都在不断进行钻石贸易并贩运小武器,这两者之间存在着强烈联系。

8. 境内流离失所的难民和难民儿童

事实表明,难民和流离失所者难民营往往因儿童集中,而成为招募儿童兵的主要便利场所。在逃亡的路途中以及在营地地界外,这些儿童也面临无人保护的风险:包括被杀害或致残、性暴力、绑架和贩卖。以苏丹达尔富尔为例,国际社会目睹了令人震惊的性暴力,往往采取的是故意侮辱和种族清洗战略。这种攻击的对象主要针对大批流离失所的妇女和女童。在许多地方,女孩到营地以外地方取水和拾柴意味着生与死的赌博。

作为重要的保护措施,应坚持将平民百姓与武装分子隔离开,并保持流离失所者营地的平民性质。

9. 艾滋病毒/艾滋病与冲突

冲突地区,人体免疫缺陷病毒/获得性免疫缺陷综合征(艾滋病毒/艾滋病)的蔓延与对妇女和女孩的性暴力及性剥削是相互关联的。联合国艾滋病/艾滋病毒联合规划署(艾滋病规划署)估计战斗员中艾滋病毒呈现阳性者比当地民众多 3 到 4 倍。当强奸被当作战争的武器时,对女孩和妇女造成的后果往往是致命的。武装冲突还恶化了其他生存条件,例如极度贫穷、流离失所和妻离子散,在这种情况下,艾滋病毒/艾滋病到处蔓延。应继续在和平行动和人道主义方案中加强执行提高对防治艾滋病毒/艾滋病的认识、提供护理和支持的方案。

资料卡

冲突地区

今天在全球 30 多个令人关注的地区,儿童遭到摧残并被人冷酷无情地加以利用。据估计,在武装冲突中已有 200 多万儿童被杀戮;另有 600 万儿童永久残疾;还有 25 万以上的儿童仍被雇佣为儿童兵。越来越多的儿童和妇女成为战争的受害者,平民死亡率高得离谱,也是有战争史以来最高的。数以千计的女孩遭受强奸和其他形式的性暴力和性剥削,男童和女童在家中或社区被人劫持事件之多前所未有。本应成为儿童安全庇护所的地方——学校和医院——也日益成为武装集团攻击的主要目标。

在许多情况下,冲突各方蓄意阻止人道主义机构进入其控制的领域,从而对平民特别是儿童造成毁灭性后果。地雷每年夺走约 8000 到 10000 名儿童的生命。有迹象表明,在冲突地区内或从冲突地区贩运儿童也日益成为跨国趋势,并与严密的国际犯罪网络相关联。这些网络将钻石、铌钽铁矿石和木材转换成战争工具和手段,为冲突火上浇油,从而使冲突中的儿童不是成为受害者,就是亲身参与冲突。

在冲突地区的很多地方都可以搞到小武器和轻武器,这仍然是方便招募儿童兵的一项主要因素。这些武器便于使用和携带,容易交给儿童并很快训练他们加以使用。

通过以上对于一些主要问题的研究和概述,我们发现这个议题背后有很多的细分,比如我们一开始看到议题就会想到与"武装"一词相关的只有武器、战争。但是我们把思路打开,就会发现,针对不同的地区,不同的利益集团可能会关注不同的问题。

在这里可以给代表们一个基本的分析思路,就是5W,谁(Who)、何时(When)、何地(Where)、做了什么(What)、为什么这样做(Why)。"谁"就是这个问题涉及的行为体,儿童、儿童父母、政府、叛军、国际组织、他国政府等可能都是利益攸关者;"何时"指这一问题持续了多久;"何地"即哪些国家、哪些地方存在这些问题;"做什么"是指这个问题具体的表现是什么,孩子遭杀戮、没有教育、没有生活保障、艾滋病的传播等;"为什么"当然就是最关键的方面,找到问题才能够对症下药。

在"模拟联合国"会议当中,绝大多数时间都是由代表讨论决议草案,决议草案就是针对特定议题的解决办法。问题思考全面,才能与更多的国家找到共识,提出更广泛的为人所接受的解决办法。

如果我们找到了5W,那么具体的问题应该怎么解决呢?我们再来看一个案例。

3.7.2 案例二:关于"自然灾害的预警和管理"的议题分析

议题导读:

根据中文的阅读习惯和翻译理论,我们这个议题意译的理解为"针对自然灾害的预警和管理"(实际的侧重点要以背景手册为准,这里只是做简单思路引导)。

可以思考的问题:
1. 在你的记忆中,有哪些自然灾害造成大量的人员伤亡?这些自然灾害在发生之前有哪些报道?之后有哪些救援措施和相关法案出台?
2. 自然灾害的预见性如何提高?
3. 这个议题国际需要开展哪些合作?突发事件怎么建立预警机制?
4. 联合国在这个议题上以前有哪些文件或者解决方案出台?联合国在这个议题上如何起作用?是什么作用?

针对自然灾害的预警和管理

——以《中国国家自然灾害救助应急预案》为例

第一,确定制订方案的范围、对象和条件。

《中国国家自然灾害救助应急预案》(以下简称《预案》)中规定,凡在我国发生的水旱灾害,台风、冰雹、雪、沙尘暴等气象灾害,火山、地震灾害,山体崩塌、滑坡、泥石流等地质灾害,风暴潮、海啸等海洋灾害,森林草原火灾和重大生物灾害等自然灾害及其他突发公共事件达到启动条件的,适用于本预案。(思考:在讨论这个议题的时候,你的委员会是不是需要做出一份比较详尽的决议来讨论如何应对?在决议草案中是否需要包括解决方案的对象等前提条件?)

第二，启动条件。

所谓启动条件就是定义什么样的自然灾害应启动预案，并将危害程度不同的自然灾害分出不同的等级，然后针对不同的状况制定相应的抢救预案。《预案》中将自然灾害分为：（一）行政区域内，发生水旱灾害，台风、冰雹、雪、沙尘暴等气象灾害，山体崩塌、滑坡、泥石流等地质灾害，风暴潮、海啸等海洋灾害，森林草原火灾和重大生物灾害等自然灾害，一次灾害过程出现下列情况之一的：因灾死亡30人以上；因灾紧急转移安置群众10万人以上；因灾倒塌房屋1万间以上；（二）发生5级以上破坏性地震，造成20人以上人员死亡或紧急转移安置群众10万人以上或房屋倒塌和严重损坏1万间以上；（三）事故灾难、公共卫生事件、社会安全事件等其他突发公共事件造成大量人员伤亡，需要紧转移安置或生活救助，视情况启动本预案；（四）国务院决定的其他事项。（思考：在你的工作文件和决议草案的起草过程中是不是需要研究如何定义这份预案的有效性？）

第三，储备。

这是指在自然灾害的条件下，社会各方面应提供最重要的物资支持来应对自然灾害。《预案》中，对于物资提供分为资金准备，物资准备，通讯和信息准备，救灾装备准备，人力资源准备，社会动员准备以及宣传、培训和演习。

第四，预警报告和信息管理。

这是指根据有关部门提供的灾害预警预报信息，结合预警地区的自然条件、人口和社会经济背景数据库，进行分析评估，及时对可能受到自然灾害威胁的相关地区和人口数量做出灾情预警。同时还要建立"灾情报告"，《预案》中将灾情报告的步骤分为：灾情初报（在自然灾害发生之后的两小时之内报告国务院），灾情续报（24小时零报告制度），灾情核报（3个工作日之内）。

第五，设计应急预案的相应等级。

这是比较关键的环节之一。《预案》中规定了不同级的响应制度，一个响应制度包括灾害损失情况、相应措施、响应中止以及信息发布。（思考：代表在做深入研究的时候可以学习这个案例，以后将当今比较重大的自然灾害当作对象进行比对，举一反三，熟悉应急预案的对策和解决方案。）

（下略）

《中国国家自然灾害救助应急预案》是一国内部的行政法规。联合国的决议是国际法，明确了各国何时应当做什么。国内行政法规的目的同样也在于规范和解决一些社会问题。第一次参加"模拟联合国"会议的代表，提出的解决方案往往比较肤浅。行政法规往往非常全面地涉及了问题的各方面，能够给代表们很多启发。我们可以通过参考某国的法律法规，激发自己思考解决办法。《预案》从应急预案的定义、启动条件、预告和管理等方面，按照灾害事件发生的次序提出了操作要求。当然代表必须意识到，不同的国家有着不同的特点和自然环境，一国的措施并非就适合他国，应通过案例的学习，立足于自身代表国国情，继续做深入的研究和讨论。

3.7.3 小结

以上两个案例的分析都是从相对理想化的角度提出的分析。在分析议题的时候我们可以借鉴这些方法,客观地分析议题。但是"模拟联合国"毕竟不是学术讨论,代表们必须要结合本国的情况和国际社会的现实,抓住本国关心的方面或者国际社会真正能够解决的方面,这样才能够真正完美地完成一名"外交官"的职责。

3.8 立场文件的写作与分析

3.8.1 什么是立场文件

在对议题、委员会和所代表的国家进行了一系列深入研究之后,就是撰写立场文件的时候了。立场文件是集大成之作,它应该包含你所有学术准备的精华。同时每一个"模拟联合国"会议都会要求代表提交立场文件。主席可以通过立场文件了解代表准备的情况,同时把握委员会的整体状况。立场文件是衡量一个代表会前准备情况的重要标准。

下面我们先从立场文件的基本概念、格式入手进行介绍,然后以详细的案例研究让你对立场文件有具体而全面的认识。

概念

立场文件的英文是 Position Paper,有些"模拟联合国"称立场文件为政策陈述(Policy Statement)。本书对立场文件的定义是"表明一国在某一个问题上的基本观点和立场的文件"。立场文件反映了一个国家对特定话题的立场和解决建议,是代表研究成果的体现。主席将根据立场文件评判代表的准备,同时将主要观点总结出摘要提供给各国代表。许多代表也会用立场文件作为大会中第一次发言的发言稿,由此可见其重要性。一篇立场文件只阐述对于一个议题的国家立场观点,如果一个委员会的议题有两个,那么就需要提交两份立场文件。一份立场文件篇幅尽量控制在一页之内。

一篇好的立场文件应包括以下几方面:
- 简要阐述议题,并说明代表国认为这个议题对于其本国以及整个国际社会所具有的重要性。
- 代表国所持有的立场、态度。可包括该国与此相关的国内事务及外交政策,以及在过去的国际工作中所支持过的决议等。
- 对于该问题联合国所采取过的主要措施该代表国持怎样的态度。
- 代表国对委员会的建议。可包括代表国认为有效可行的解决措施,以及国际社会应担当的角色。

所以确切地说，立场文件更接近说明文，而不是一般认为的议论文或者辩论陈词。后者往往要求首先明确地表达观点，然后广征博引来证明观点的正确正当。但是立场文件的写作不是要通过具有冲击力的词汇说服阅读者，而是要通过合理引用客观资料说明问题，并在此基础上得出结论，更强调体现分析的过程。换句话说，立场文件写作的最高境界就是让阅读者顺着写作者的思路自然而然地得出和写作者类似的结论，也就是所谓的"共鸣"。

一份好的立场文件应该能起到以下的作用：

1）归纳总结之前的会前研究成果，明确表达国家的基本观点和立场。其他国家可以通过一国的立场文件来了解该国在这一议题上的基本立场，确定该国是否与自己的国家具有共同的目标和利益等，这样便于双方的协商和合作。

2）立场文件同时也是会议开始阶段各国陈述观点的主要参照发言材料。

3）通过立场文件了解其他国家的立场，方便会场上的沟通与合作。

立场文件的作者是各国代表。立场文件需要各国代表在会前就完成并交给各委员会的主席团，提交期限一般在正式会议开始前第三周。主席团会在会议开始之前将参会各国的立场文件编订成册发给每一个代表，并对各国代表的立场文件进行总结，以方便代表们在会议期间更好地了解各国的基本立场和政策目标。

立场文件的格式和要点

1）开头

立场文件的开头应包括以下部分：

- 代表姓名（delegate）
- 代表来自的学校（school/college/university）
- 国家（country）
- 所在委员会（committee）
- 议题（topic）

2）正文

正文的内容安排如下：

- 背景介绍

    这一部分所占篇幅最少，只需简单概括该问题的历史，并提出讨论解决该问题的重要性，要注意的是不要照搬背景指导手册上对该问题的介绍。

- 过去的行动

    这部分包括联合国或者自己所在国家在该问题上已做出的行动和决议等。

- 本国的立场/政策/解决措施

这部分主要表明本国的立场，提供本国对于该问题的解决办法和措施，并提供理由等。

3）篇幅

立场文件的字体、字符大小和行距等具体格式，相关组委会都会统一要求，因此不同的会议的立场文件的篇幅也略有不同。不过总的来说，立场文件的篇幅不宜过长，无论中文还是英文，一个议题的立场文件篇幅一到两页即可。

4）充实内容

前面介绍的正文内容安排只是一种参考，立场文件不是八股文，其内容的安排顺序和文章结构都可以自己决定。还可以从以下很多方面充实立场文件的内容：

- 对该国在这个议题上的立场的总体概括和对该国在此问题上的历史介绍
- 该问题是怎样影响该国的
- 该国在此问题上的政策和实施相关政策的理由
- 该国在此问题上签署的协定或批准的决议
- 在此问题上别国的立场怎样影响该国的立场
- 国家领导在相关问题上发言的引言
- 为支持该国在此问题上的对策的相关数据

5）写作中需要注意的问题

- 不需要特别陈述这个国家的详细信息（人口、资源、GDP等）
- 尽量使文体显得官方和正式，写作的时候在选词方面要特别注意
- 在与主题相关的必要时候提供数据
- 举出实例，而不是空讲政策和态度
- 用脚注或尾注来标明所引用的资料

立场文件作为会议要求的正式文件，在用词方面也有固定的要求。用词要求正式，避免口语化的表达，在"模拟联合国"活动中，立场文件一般都采用第三人称如"中国认为"（China thinks）、"美国代表团相信"（The US Delegation believes）等，而不使用"你""我""他"。同时立场文件的表达应当简洁明了，尽量不要采用修辞、排比等过于文学化的表达方式。由于篇幅有限，立场文件应该围绕议题和国家立场展开，确保每一句话都是为了表达国家立场服务。

3.8.2 立场文件案例分析

请阅读下面这份立场文件的样本，圈出你认为的关键词句，并归纳出每一段的主要内容。同时可以记录下生词，并利用后面的小测试归纳这篇样本的内容、论点。

Sample Position Paper 1.1

Delegate: Zhang Minyu
School: Peking University, China
Country: Republic of Chad, République du Tchad
Committee: ECOSOC
Topic: The Digital Divide—Providing Technology to Developing Countries

The previous decades witnessed the boom of Information and Communication Technology (ICT), especially the Internet. A considerable proportion of human beings have been benefiting from the new industry that has produced numerous opportunities and prosperity. While the essence of ICT is to provide equal information access and opportunities for all the human being, and also to provide the developing countries with a chance to make a "frog-leap" development themselves, it is adversely creating a new gap between the developed countries and the developing countries, namely the Digital Divide. Recent estimates indicate that among the whole 180 million Internet users, only 14% are in developing counties. African continent has around 1.3 million users, of which almost a million are in South Africa alone.[i]

As one of the Least Developed Countries (LDCs), Chad's economy is primarily agricultural; 80% of Chadian is still living under poverty line; the adult (15 years and older) literacy rate is a mere 25.7%;[ii] the government of Chad is suffering from a heavy foreign debts. These facts indicate great difficulty in promoting ICT usage in conventional ways, but recent successes of SDNP (Sustainable Development Networking Programme) in Cameroon and Angola[iii] have been encouraging. They have not only shown the world how can the people of the poor developing countries benefit from the ICT, but also how much people get benefited and the demand that de facto exists. In Cameroon's case, SDNP helps private sectors to catch the recent trends of the market. In Angola's case, the capacity-building strategy has initiated the development of the country's communication industry and SDNP Angola has become financially Independent from SDNP New York. Now the SDNP programme in Chad is also steadily under operation with a financial support from SDNP global funds[iv].

笔记:

Compared to Chad's total population of over 9 million and a still growing digital divide, SDNP is more of an experimental programme rather than a sound solution to the entire problem. Therefore, Chad urges that a comprehensive programme to be launched to promote ICT usage in developing countries. This programme should take a capacity-building orientation and take the special difficulties that developing countries, especially the LDCs face into concern. A framework of multi-lateral cooperation that involves government, IGOs, NGOs, civil societies, private sectors and individuals is to be developed at international, national and local level, acknowledging the fact that the promotion of ICT usage also involves other socioeconomic issues such as market reform, primary education. Chad also requests UNDP and CSD to evaluate the work of SDNP and possible expansion of SDNP.

---

i http://www.sdnp.undp.org/about/
ii Human Development Report 2006, UNDP, 2006
iii http://www.sdnp.undp.org/stories/
iv http://www.sdnp.undp.org/cgi-bin/status.cgi?reg=AF

笔记：

接下来，我们将对上文乍得代表就数字鸿沟问题所写的立场文件做进一步分析，具体说明立场文件应如何书写。

立场文件的标准化开头

Delegate: Zhang Minyu
School: Peking University, China
Country: Republic of Chad, République du Tchad
Committee: ECOSOC
Topic: The Digital Divide—Providing Technology to Developing Countries

不同的会议对立场文件开头的要求可能会有一些细微的不同，但是基本上都要包括代表姓名、代表的国家、所在委员会、议题等基本信息。

第一部分：对问题在全球范围内现状的综述

The previous decades witnessed the boom of Information and Communication Technology (ICT), especially the Internet. A considerable proportion of human beings have been benefiting from the new industry that has produced numerous opportunities and prosperity. While the essence of ICT is to provide equal information access and opportunities for all the human being, and also to provide the developing countries with a chance to make a "frog-leap" development themselves, it is adversely creating a new gap between the developed countries and the developing countries, namely the Digital Divide. Recent estimates indicate that among the whole 180 million Internet users, only 14% are in developing counties. African continent has around 1.3 million users, of which almost a million are in South Africa alone.ⁱ	Note: Boom ICT Opportunity Prosperity Essence access Frog-leap development
i http://www.sdnp.undp.org/about/	

立场文件的第一部分往往是对议题所讨论的问题在全球范围内现状的综述，这一部分是展开随后的立场阐述的重要基础。然而，这一部分的写作并不是简单地将已有的材料进行堆砌，而是要求客观而有选择性地使用通过背景文件以及其他途径获得的资料，构建出代表国家需要表达的关注点。这个要求看似矛盾，但如果把这个要求具体化为以下几条原则，你就可以发现客观和主观也是可以协调的。

客观上：
1）不允许出现没有依据的推论；
2）不允许出现没有全球广泛共识的观点；
3）不允许出现"某某国家认为"字样；
4）不允许出现来源不可靠的信息；

第一条和第四条都很容易理解，作为一名职业的外交人员，信口开河是最大的禁忌，历史上不乏因为外事人员或者决策者的失误而导致的不必要的灾难。所以，作为一个 MUNer 同样必须要保证所引用的资料和做出的判断准确无误。而第二条和第三条则是针对第一段行文的，因为在行文进行了足够的铺垫之前，并不适合直接指出一国的观点。观点方面的内容属于立场的表达，更适合放置在立场文件接下来的部分中。

主观上，要求体现出该议题所讨论的问题的不同方面上所代表国家关注的某一特定方面。

结合这一份样文来说，乍得代表首先重申了 Digital Divide 的定义，并强调了 Digital Divide 给发展中国家的负面影响，"to provide the developing countries with a chance to make a 'frog-leap' development themselves, it is adversely creating a new gap between the developed countries and the developing countries"。然后，乍得代表还强调了 Digital Divide 在非洲的极端表现。这两者的结合很容易使阅读者得出一个结论：Digital Divide 确实是一个很严肃的问题，因

为信息技术对发展中国家来说并不是一种奢侈品,恰恰相反,信息技术是发展中国家进行跨越式发展必不可少的工具。非洲当下的形势不容乐观,亟待改善。

第二部分:对所代表国家现状的叙述以及对现有的国际/国家行动的看法

第二部分主要陈述所代表国家的现状以及对现有的国际/国家行动的看法。这也需要对初始材料有选择地使用。在范文中乍得代表提到了以下可以反映乍得现状的指标:最不发达国家、前工业化的经济、贫困、低识字率、高外债率。这基本上可以反映乍得在推广信息技术方面面临的以下困难:缺乏类似发达国家的工业化基础(比如基础设施),政府和民间都无法提供足够的资金进行相应的硬件软件的建设,文化教育普及率极低增加了推广技术的难度。另一方面,乍得肯定了现有的SDNP,并着重指出了SDNP的意义在于"They have not only shown the world how can the people of the poor developing countries benefit from the ICT, but also how much people get benefited and the demand that de facto exists",依然是强调信息技术对发展中国家的实际意义,并且在随后还引用了SDNP的一些成功案例来佐证乍得的观点。

As one of the Least Developed Countries (LDCs), Chad's economy is primarily agricultural; 80% of Chadian is still living under poverty line; the adult (15 years and older) literacy rate is a mere 25.7%;[ii] the government of Chad is suffering from a heavy foreign debts. These facts indicate great difficulty in promoting ICT usage in conventional ways, but recent successes of SDNP (Sustainable Development Networking Program) in Cameroon and Angola[iii] have been encouraging. They have not only shown the world how can the people of the poor developing countries benefit from the ICT, but also how much people get benefited and the demand that de facto exists. In Cameroon's case, SDNP helps private sectors to catch the recent trends of the market. In Angola's case, the capacity-building strategy has initiated the development of the country's communication industry and SDNP Angola has become financially Independent from SDNP New York. Now the SDNP programme in Chad is also steadily under operation with a financial support from SDNP global funds[iv].	Note: LDCs Literacy rate Indicate Conventional De facto Private sector Capacity Strategy Initiate Steadily
ii Human Development Report 2006, UNDP, 2006 iii http://www.sdnp.undp.org/stories/ iv http://www.sdnp.undp.org/cgi-bin/status.cgi?reg=AF	

第三部分：表明立场，提出解决方法

Compared to Chad's total population of over 9 million and a still growing digital divide, SDNP is more of an experimental program rather than a sound solution to the entire problem. Therefore, Chad urges that a comprehensive program to be launched to promote ICT usage in developing countries. This program should take a capacity-building orientation and take the special difficulties those developing countries, especially the Least Developed Countries (LDCs) face into concern. A framework of multi-lateral cooperation that involves government, IGOs, NGOs, civil societies, private sectors and individuals is to be developed at international, national and local level, acknowledging the fact that the promotion of ICT usage also involves other socioeconomic issues such as market reform, primary education. Chad also requests UNDP and CSD to evaluate the work of SDNP and possible expansion of SDNP.	Note: Experimental Solution Comprehensive Orientation Framework Evaluate

第三部分需要代表在之前两部分的基础上简洁明了地表明所代表国家的观点，包括表明立场和提出可行的解决方案。可以说，如果前两部分的写作恰到好处，那么第三部分的内容将会水到渠成。结合材料，乍得提出需要在SDNP的成功经验基础上设立一个更全面、更具影响力的项目，而得出这一观点的前提都已经在前文中提到了：一方面发展中国家需要发展信息技术，SDNP在很多国家尤其是相对落后的非洲国家已经取得了很好的效果；另一方面，乍得提出需要设立一种允许多方参与的合作机制，其实是乍得政府作出的一种承诺，保证建立一个公开的平台。而之后对 UNDP 和 CSD 的要求可以看作乍得政府对本次会议的建议之一。可以说，这一段内容包括了对长远的设想、自我承诺和对本次会议当下短期执行计划的建议，立场的表达十分充分。

3.8.3 立场文件总结

让我们回顾一下范文的行文结构，可以画出一幅思路图（见图 3.24）。

通过图 3.26，我们可以看出该国关注的特定方面、与该问题相关的现状、已有的国际行动经验、国家立场和解决方案等是应该在立场文件中着重体现的。其他部分的信息和分析也非常重要。如果再做一些推敲，那么不难发现，整个立场文件的写作过程也是一个信息的针对范围逐渐变小（从全球范围到针对一个国家）、代表自我观点的表达逐渐增多的过程——从完全客观的资料素材到主观的立场、解决方案。立场文件的写作如此，阅读立场文件时也可以利用类似的思路去理解他国的关注点和立场。

通过之前的案例分析，相信你已经对如何书写立场文件有了具体的认识，但大概脑中也会闪

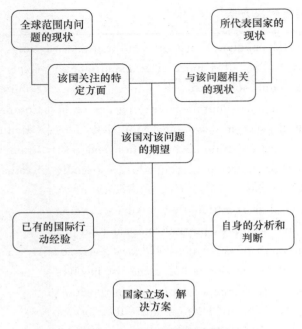

图 3.24 立场文件思路图

过这样的看法:"这样的立场文件不就是一篇八股文吗?"这个想法也对也不对。确实,"模拟联合国"的大部分文件和会议本身一样,都有一系列烦琐的要求需要遵守,从某个角度来说确实很八股,但是另一方面,设想一下,假如没有一些标准化的写作要求,每一个代表是否都能有效地表达清楚的信息呢?有一点必须明确的是,立场文件的写作目的在于明晰地表明国家的立场,而不是简单地遵循某一套写作流程。上面的范文在一些方面值得借鉴,但是也有不太理想的方面,随着你的"模拟联合国"之路不断展开,你会发现在某些情况下,有一些更合理的表达方式,但在这之前,遵循一套稳妥的写作要求还是很有必要的。

3.8.4 准备发言稿和提示卡

调查研究是代表准备会议的重要环节,但是除了将研究的结晶综合在立场文件中,代表最终还要将所有这些准备的内容发挥到会场上。会场上考察的是演讲、辩论、沟通、协商、写作、随机应变等能力。

很多第一次参会的代表认为写好一份立场文件,到会议上等待机会向各国代表宣读一番就完成了一次会议的使命。可能在某些情况下,外交官会根据国家的要求,简单将本国立场一字不差地陈述给他国。在联合国当中也确实有冗长的会议,各国按部就班地发言。但是"模拟联合国"活动会期非常短,试想在联合国大会的模拟中,有 193 个成员国,如果你的发言排在第 120 位,等你开始读文件的时候,会议可能已经进展到非常细节的问题上了;再有,每位代表一次发言的时间不会超过两分钟,如果照本宣科,很难将一整页的立场文件读完。

其实,就像参与辩论赛一样,为了更好地发挥,代表应当提前准备发言稿和提示卡(Fact Sheet),以便在会场上充分表达及撰写文件。代表可以将本国在会议中会提出的立场和解决方案做成提示卡。以下是一份提示卡范例。

Topic: Land mines
Delegation: Canada
General Facts:

    1. The worst residue of the Cold War is the approximately 110,000,000 antipersonnel mines buried or actively deployed in 70 countries. Most mines are found in the poorest of countries: Sudan, Angola, Vietnam, Croatia, Mozambique, Eritria, Bosnia, Afghanistan, and Cambodia.

    2. What costs $3 to produce and deploy in a combat zone may cost $1,000 to find and remove after peace is declared. Demining claims one life for every 5,000 mines deactivated. More than 200 UN peacekeepers have been killed by land mines.

    3. The task of demining is enormous at the present rate, it would take 1,100 years to find and remove every mine currently deployed. Meanwhile the loss of life and limb would continue unabated.

Country Position:

    1. In October 1996, Canada hosted a global conference in Ottawa to discuss a strategy for achieving a comprehensive ban on antipersonnel mines.

    2. Canada began to work with a global partnership of NGOs, international organizations and similarly concerned states in January, 1996 to push for rapid progress towards a global agreement which would create a comprehensive ban.

由于"模拟联合国"会场上每位代表发言时间只有1—2分钟，所以发言稿要简明扼要，突出本国观点和立场。发言稿可以分为引子、现实和结论(hook, facts and conclusion)三部分。以下是一个发言稿的摘要。

1. Hook: What do we get from a cost and benefit analysis of landmines?
2. Cost and Benefit of Landmines
　　A. $3 to produce and deploy
　　B. $1000 to find and remove
　　C. Demining claims one life for every 5,000 mines deactivated.
　　D. We are forced to look at the solution in terms of cost and benefits as well.
　　E. This form of problem solving doesn't get at the root of the problem, it doesn't look at the long term.
　　F. In 1996 Canada held a conference to address landmines beyond the cost benefit analysis.
　　G. Political Will becomes main objective.
3. Conclusion: Throw away statistics, and turn to a method of problem solving that attends to the subject matter itself by signing the ban.

代表可将其延伸成一份发言稿。一个议题通常有不同分问题,代表都可以按照这样的思路去准备。下文是根据提示卡形成的发言稿。

> Many delegations have reduced the issue before this committee to a simple matter of cost/benefit analysis. They find it so easy to translate the problems of land mines into dollar figures and to turn the victims into faceless statistics-numbers that we are trying to get under control through policy.
> These delegates have said things like land mines cost $3 to produce and deploy.
> They say things like it costs $1000 to find and remove one landmine. They say that for every 5,000 mines that we deactivate one life is lost in exchange. And so on and so forth. We've heard it over and over again.
> But, what have we already assumed by proceeding in this manner? What approach have we already committed ourselves to by starting with the cold hard numbers and nothing else?
> Ultimately, Canada feels that we should abandon this talk of cost and benefits and quickly find a solution.
> Thank you.

这些发言卡、提示卡是否给你一些启示呢?回想一下电视辩论赛的情境,选手在有限的时间内唇枪舌剑,不时地拿起手中的卡片。这些卡片的秘密就存在于上面这些范例中。其实在搜集委员会、国家和议题的信息的时候,就可以将认为有用的信息汇总起来,按照字母或者汉语拼音顺序排列好,作为你的"秘密武器"。

辩论赛中的提示卡基本上涵盖了正方和反方的重要论据,如历史故事、重要数据等,还有一些能够服务于辩论的名言警句。"模拟联合国"活动中,你可以准备关键的概念、各方争论的焦点、支持或反对某一立场的论据、常用的英文表达法等。这些内容的准备,都是代表们私下做的工作,可能主席没法亲眼见到这些努力和付出,但是精心的准备一定会让你在"模拟联合国"的舞台上大放光彩。

不仅是"模拟联合国"活动,写作提示卡的方法对你将来的学术研究也会有帮助,不少大学教授都有这样的"法宝",那是他们多年用心积累学术资料的结果。

关于"模拟联合国"的学术准备的内容至此就告一段落了。所有参加过"模拟联合国"的代表都认同,会前的准备是既让他们痛苦又让他们收获最丰富的经历。这恰恰印证了一句话:"痛并快乐着!"

扩展阅读

第一,准备阶段要搜索所代表国家的政府网站,还可以向它们的驻华使馆主动索要材料。
第二,要准备一套模板,不仅包括一些万能的语句,比如"推动世界和平与发展的进程""为人道主义事业的完善作出贡献"等,以备不时之需,而且包括一些所代表国家的万能名人名言。比如我们委员会印度的代表,言必称甘地,时不时还说两句印地语,虽然没人能听懂,但这位代表还是因为入戏而获得最佳代表称号。

第三,规则流程要熟悉,诸如动议进行10分钟的有主持核心磋商,每位代表发言30秒。这样的话要练到每分钟10遍的频率。

第四,要抓住主办方发送的背景材料的关键点,到会场上见机抛出。这样可以有效地推动会议的进程,引领言论主流方向,防止代表们听觉疲劳。

第五,在会场上要注重与所有代表的沟通与交流,经常走动传意向条,以示对时局的关心,并能参与到草案的制定中。当然最重要的还是有自己独特的思考力以及不怕丢脸豁出去的精神,毕竟我们的母语不是英文。

模联是一个多功能的交流平台。在这里不仅能够亲身体验世界的多元化和文化的差异性,也让人放飞年轻的心灵,撞击成功的火花,锻造未来领袖的气质。

——北京大学2006届本科生　王嘉

我的哈佛模联之旅

本次世界贸易组织会议的两个议题分别为:

议题A:劳工标准与世界贸易组织的关系。主要讨论国际劳工标准是否应当纳入世界贸易组织的议题,并成为贸易谈判的条件之一。

议题B:农产品补贴问题。主要讨论消除世界农产品市场上存在的贸易保护主义,即成员国应当如何削减本国对农产品出口所给予的补贴。

其中第2个议题是会议首先讨论的议题。

由于世界贸易组织委员会对经济学、贸易政策以及相关技术层面的要求比较高,因此,具备相关专业知识背景,对参与会议很有帮助。世界贸易组织所讨论的题目需要在一定的经济分析的基础之上才能得出协商的事实依据。有关这一点我们在开会时深有体会,下文再详说。

除了相关专业知识背景外,我还建议充分利用背景材料后面的脚注部分开展资料查询工作。这些脚注基本上涵盖了议题的方方面面,包括问题的起源、发展、各方立场以及解决问题所面临的困境等,从脚注提供的网站和参考书籍中查找信息,可以大大减少搜集资料的时间。

- 会议期间

这次我们代表的两个国家斯里兰卡与安提瓜和巴布达都是区域性的小国。但千万不要觉得我们会无话可说。在世界贸易组织委员会中,我们两国都有好几次发言机会,而且在会场中表现得很积极。

- 会前

在会议正式开始前的两天时间里,再次确认自己的立场和所属的国家集团。

在拿到组委会下发的文件资料后,迅速勾出自己同盟国家的代表,这样可以在下午的国际学生交流会中有目的地找到同盟国家。在国际学生交流会上,我们鼓起勇气主动上前和大家打招呼,努力从人群中寻找自己的同盟国家。一旦找到便迅速切入主题,询问其希望讨论的议题、立场并阐述自己的观点。这样,初步的联盟就形成了。

● 会中

1. 抓住机会，多次强调自己的特殊利益。

在农业补贴这个问题上，斯里兰卡有自己的特殊立场。一方面，作为发展中国家，斯里兰卡和其他发展中国家一样都支持发达国家完全削减农业补贴，另一方面，斯里兰卡又是一个粮食净进口国家，这又决定了它不能像其他发展中国家那样要求一个十分迅速的削减过程。因为过快的削减时间表将会使得世界粮食价格迅速攀升，加大粮食进口的成本。但面临同样问题的发展中国家都是中小国家，我们无法依靠印度、巴西、中国这样的大国来帮助我们实现自身利益。这时，这一特殊的利益要求和立场就可以成为发言的重点题材。我们的经验是，发言开始先对前面某国代表的发言作一个小小的表态，或赞同或反对等，然后集中火力阐述我们的立场，最后呼吁自己同盟中的大国，比如我们的是印度和中国，在起草决议时多多考虑我们的利益。这一招非常奏效，尤其是提出大国的国名，这会激起它们对你的关注。

2. 充分利用意向条，多与同盟国沟通。

一般可以通过意向条表达对某一国家政策的支持，然后可以做个小小的建议，比如让它们在适当的时候提一个动议，或者在会后进行磋商。传递意向条的对象首先是本同盟中的大国。要主动让大国认识你的存在，表现出热情，这样，即使在起草决议中不能担当主角，也可以让大国下意识地和你商量。

3. 审时度势，充分运用专业知识开展磋商。

在世界贸易组织中，专业知识背景在谈判中占据很重要的位置。对于没有经济贸易知识背景的代表来说，仅仅了解这两个议题的来龙去脉是不够的，因为最后的决议中，大国往往会把问题拓展到更深更广的专业层面进行讨价还价。在本次会议中，我们就遇到了这样的情况。在讨论发达国家应以怎样的方式削减农业补贴时，英国就提出了"以政府转移支付的方式代替对农产品的直接补贴作为过渡手段"的政策。要解决这个问题，首先就必须对转移支付和直接补贴在整个宏观经济政策中的地位和性质有所了解，其各自的来源是什么，以转移支付的方式来支持农业是否可以不被视为违反世界贸易组织现有的反补贴政策。而且各国代表还就转移支付和直接补贴哪一个更会扭曲农业贸易展开了激烈的争论，其结果直接影响到决议的起草。以上问题带有学术探讨的性质，还好我在学校选修了经济学双学位，至少能跟上大家的思路，把握会议进程。总而言之，作为小国，不但要在会场上积极主动，而且要在具体的学术问题上有所钻研，只有这样，自己才会有发言和表现的机会。

——北京大学国际关系学院2007届本科生　王晓璇[①]

[①] 王晓璇于2005年2月赴纽约参加哈佛全美"模拟联合国"大会，代表斯里兰卡，参与世界贸易组织的讨论。

第 4 章　登上舞台——会议上的发挥

本章学习目的

1. 掌握"模拟联合国"会议的议事规则
2. 掌握"模拟联合国"的文件写作
3. 了解会议中的发言技巧和规则运用的技巧

决议是安理会对其所审议的问题做出决定或表明立场的一种重要形式。决议包括的内容比较广泛，但主要与维护国际和平与安全问题有关。同时，联合国维和行动的部署、延期和结束，选举秘书长和国际法院法官，接纳新的联合国成员，对某一个国家采取强制性行动等也需要安理会通过决议。顾名思义，安理会的决议草案通常需要由安理会成员国提出，其他联合国成员国只能通过安理会成员国提出草案。如果安理会全体理事国一致同意草案内容，这个草案便可以成为安理会的主席案文。如果安理会的理事国对决议草案有修正意见，可以在表决前一刻的任何时间提出。决议草案通常在表决前24小时用蓝色的油墨分别印发中、英、法、俄、西班牙文本，安理会的行话称之为"蓝色文件"，安理会的理事国便可以要求将其付诸表决。通过后的决议才能用黑色印成正式文本，并注明编号和年代。决议草案一般都经过安理会全体成员国磋商，并需要在安理会正式会议上通过。通常采取的是在公开会议上举手表决、鼓掌或由安理会主席宣布以协商一致方式通过决议。但选举秘书长和国际法院法官等则必须以秘密投票方式决定。安理会的理事国可根据各自政府的立场对决议草案投赞成、反对或弃权票，也可以缺席，不参加表决。安理会的理事国可在决议草案表决前或表决后对其投票立场做解释性发言。通过后的决议不能再做修正。安理会的理事国投票有误也不能再做修正，但可发表声明予以澄清，并要求将其更正立场正式记录在案。

一些国家的大使常年在联合国工作，谙熟联合国的"游戏规则"。在安理会内就有一些大使出于政治等考虑，经常在一些问题上"玩"程序。如俄罗斯大使就曾以"蓝色文件"未印出为由，要求将制裁南斯拉夫的决议草案推迟至第二天表决。法国大使也曾以未看到决议草案的法文版本为借口，不同意安理会讨论决议草案内容。一些理事国也曾因为其提出的案文修改意见未被接受，不同意决议草案作为"主席案文"。

美国常驻联合国代表团平时就"养"着一大帮"法律顾问"，潜心研究"程序"。这些专家"养兵千日，用兵一时"，到关键时刻常常为其大使出招。1994年3月18日，安理会审议关于以色列问题的第904号决议时，美国代表团对部分案文有异议，并提出修改意见。由于美国的要求太过分,无人表示同情。于是,美国大使要求安理会对决议草案进行分段表决。结果,安理会理事国的大使们当天不得不在表决中对11段案文举了11次手。

——陈伟雄:《亲历安理会———一个现役中国外交官的自述》

联合国的宗旨是世界各国不论大小,一律平等。在联合国中,每个国家有平等的发言权,并且有平等的投票权,以民主的方式决定国际社会的问题。既然要开会议事,如何议事就成为民主决策的关键。尤其是在有193个成员国的联合国大会上,如何保证每个国家有序地发言和辩论,同时提高会议的效率?联合国会议的会期又非常有限,因此,议事规则就显得尤为重要。

议事规则是在民主的实践中产生的,在英美国家源远流长。早在16世纪至17世纪,英国议会就形成了一系列沿用至今的议事规则,联合国的议事规则很大程度上吸纳了欧美国家议会的议事规则。由于"模拟联合国"会期短,参会者是学生,又要增强会议的互动性,因此"模拟联合国"的规则与真正的联合国存在一定差别,尤其是美国的"模拟联合国"活动,大量借鉴了美国国会的辩论规则。

在这一章当中,你将通过说明和案例学习"模拟联合国"的规则流程。会前大量的准备都要通过正确地使用这些规则在会场上展现出来。

目前,在世界各地举办的"模拟联合国"活动,主要由三种议事规则组成,在中文语境下,对这三种议事规则形成了约定俗成的称呼方式,分别是美国议事规则、欧洲议事规则和联合国议事规则,简称为"美规""欧规""UN4MUN规则"。

"美规"以罗伯特议事规则[1]为基础,吸收了部分美国国会辩论规则,广泛应用于各个年龄层的"模拟联合国"活动中。受美国影响,中国、韩国、日本、印度、巴西等地的模拟联合国活动,也主要采取"美规"。大部分中国学生初次参与"模拟联合国"活动,都是采用"美规"。通过对"美规"的学习,代表们可以掌握"模拟联合国"活动中绝大多数的流程、术语、概念以及参会技巧,能够适应其他规则的挑战。

然而,如果想要成为一名资深的"模拟联合国"玩家,或者要成为一名优秀的"模拟联合国"会议组织者,掌握欧洲议事规则和UN4MUN议事规则必不可少。

本章内容是"模拟联合国"活动最为核心的部分。4.1—4.3部分,我们以"美规"为例,对于会议的流程、文件写作、代表具体的发言和辩论方式进行说明。4.4、4.5部分将对"欧规"和"UN4MUN规则"做简要说明。4.6部分结合实际的案例,介绍会议发言的一些技巧。

通过文字来学习规则流程相对枯燥和复杂,代表们不妨将阅读学习与课堂实操讨论结合起来,选择容易讨论的议题,分配不同的角色,通过小组演练,将规则用活、用好。不论哪种规则,在关注议题、标准用语、文件写作方面差别是细微的,代表们不用做过度区分。明白了会议规则流程的基本逻辑,大家在准备会议的时候就更能有的放矢。

---

[1] 《罗伯特议事规则》(Robert's Rules of Order,RONR)是一本美国将领亨利·马丁·罗伯特1876年出版的手册,搜集并改编美国国会的议事程序,使之普及于美国民间组织,也是目前美国最广为使用的议事规范。

4.1 "模拟联合国"的议事规则和会议流程

4.1.1 总述

俗话说"无规矩不成方圆",任何游戏都有自己的规则,有了规则,有了公平的游戏环境,才能使参与者乐在其中,达到锻炼自我、提高能力与享受生活的目的。"模拟联合国"也是一样,也是一种游戏,也需要规则。不同的"模拟联合国"会议在规则上会有一定差别,比如欧洲的会议重视协商与共识,因此就没有频繁的"磋商",代表们私下的"游说"非常普遍;美国的会议"磋商"则非常频繁,现场的"对抗性"和"互动性"比较强。但是,无论哪种会议,一些核心概念是一致的,把握这些核心概念就能够从容地应对任何会议。本章选择了一套比较简明、通俗易懂的规则流程,并在介绍规则的同时穿插了会议技巧的说明。

下面展示的图 4.1,很形象地将"模拟联合国"的规则流程与通常人们在思考一般问题时的逻辑联系在了一起,相信这会对你理解后面的内容有帮助。

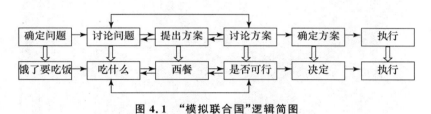

图 4.1 "模拟联合国"逻辑简图

我们可以看到,当你每天在琢磨吃什么的时候,从你开始想这个问题,到最后决定,可能只有短短几秒钟的时间,也可能会有几分钟的"思想斗争",无论时间长短,你都完成了一次"微型"的"模联会议"。

图 4.2 就为你展现了最基本的会议流程:

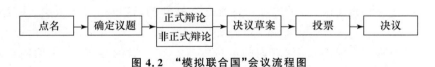

图 4.2 "模拟联合国"会议流程图

接下来,就让我们以这个基本的会议流程为基础,开始学习"模拟联合国"真正的规则流程。

4.1.2 点名

需要思考的问题

点名(Roll Call)的顺序通常是什么?
点名有什么作用?代表通过点名的环节可以获取什么样的信息?
回答主席的点名时应注意什么?

关键词：点名　出席　代表

综述

在这一环节中，委员会主席团（Committee Dais）成员会将该委员会中出席国家的名称一一点出，顺序是按照国家英文名字首字母的序列。

被主席团点到的国家代表要举起国家牌（Placard），并回答："Present（出席）！"（见图4.3）

点名这一环节虽然简单，但它不仅能让主席团了解哪些国家的代表到场，而且能计算出在这一节的会议中进行投票时所需要的简单多数和三分之二多数分别要达到的代表国数量。因此点名是每一节分组会议（Session）开始的时候都必须进行的一个环节。

图 4.3　芝加哥"模拟联合国"大会中代表举牌

而准时出席每一节的会议，对于代表来说是必须做到的，这也是对于大会、主席团和其他代表的尊重。

在这里，顺便提到一个细节，即代表们的座位安排。在一般的会议中，主席团会从参会国家中随机抽取一个为首，放在代表席第一排的第一个位置，然后依次按照国家英文名字首字母为序进行"蛇形"排列。同时，主席团也会根据情况，每天重新进行会场座位的安排。这样，能使各国代表较为公平并且充分地参与到会议中，同时，因为字母的顺序是不变的，代表们的"相对位置"也不会有太大改变，改变的只是"与主席间的距离"，这在一定程度上也有利于代表间的交流。

注意事项归纳

1. 代表国代表在被点到时不需起立，坐在位子上高举国家牌。
2. 回答时，声音应洪亮、清晰（特别是坐在后排的代表们），并与主席团有短暂目光交流（特别是坐在前排的代表们）。

3. 这是各位代表在正式会议上的第一次讲话,所以,你的每一个举动、每一个细节都被主席团和各国代表所注意,认真完成每一个动作,既是国家形象的展现,也是对大会、主席团以及各国代表的尊重。

4.1.3 确定议程

需要思考的问题

确定议程(Setting the Agenda)的流程是什么?
确定议程有什么作用?
如何准备"确定议题"的环节?
如何能顺利地让大会确定自己希望首先讨论的议题?

关键词:议题 赞成或反对 发言名单

综述

所谓议题,就是你所属的委员会将要讨论的问题,通俗一点的说法就是"辩题"。这些议题根据委员会的不同,会涉及包括政治、安全、经济、科学、环境等在内的诸多领域。当然,代表都是在会议之前对这些议题进行充分准备的。"确定议程"是指确定议题讨论的先后顺序。

议 题 举 例

Food Safety 食品安全
The Protection and Share of Intellectual Property 知识产权的维护与共享
How to Prevent Children from HIV/AIDS 如何防止儿童感染艾滋病
The Situation in Israel and Palestine 以色列和巴勒斯坦局势

当一个委员会的议题多于一个的时候,代表们将会通过投票确定首先讨论的议题。议题一经确定,则在通过该议题的决议(Resolution)之前,代表们讨论的内容只能在这一议题范围内。

议程的确定是会议的基础。议题讨论的顺序一经通过便决定了会议的程序,不能更改。

我们以通常情况——两个议题为例,来看这一环节是如何进行讨论和投票的。

第一步:一名代表动议(Motion)先讨论议题 A/B。

第二步:主席(Chair)确认对于该动议是否同时存在赞成和反对意见。如果无赞成则直接进入对议题 B/A 的讨论;如果无反对则直接进入对议题 A/B 的讨论,但这样的情况很少发生。

第三步:如果委员会中对于动议同时存在赞成和反对意见,那么主席将从赞成和反对的双方分别随机点出若干名代表进行交替或连续发言(发言的代表人数根据不同会议不同委员会而异,通常为 3 人,也可以由主席根据辩论情况酌情规定人数)。

这时,被点到的代表将按照主席点名的顺序进行发言,一般来讲,每位代表的发言时间初始设定为 90 秒,主席会在时间剩余 30 秒的时候提醒代表。

要注意,在这里的发言中,代表只是阐述选择先讨论议题的原因、动机,而非本国在此议题上的具体立场和观点。

第四步：在关于该动议的辩论结束之后，进行投票。该投票需要简单多数的代表赞成票，如果此投票获得简单多数的赞成票，就进入对议题 A 的正式辩论；如果未达到简单多数的赞成票，那么直接进入对议题 B 的讨论，无须再进行辩论。

注意事项归纳

1. 按照一般会议的经验，整个会期（5—7 个分组会议）只可能讨论一个议题，所以，对于存在两个议题的委员会，代表们要特别注意在会议之前的准备工作，应当首先从议题的选择入手，特别是在不了解其他代表选择倾向的时候，两个议题最好进行相同比重的准备，不要"押宝"。当然，如果代表们有条件在会前就能了解到一些国家的意向，在有把握的情况下可以进行更有针对性的准备，达到"事半功倍"的效果。

推 荐 策 略

　　在议题准备的过程中，代表们第一步要考虑的问题就是选择议题。一般的会议之前，特别是国内的会议，都会给代表们提供充分联系、交流的机会。这时，代表需要做一个量化统计表，来记录其他代表的一些基本立场是否与你的立场一致。

国家	是	否	待定	国家	是	否	待定

　　需要注意的是，这个表格只是简单记录其他国家代表的立场，并且根据会议代表总数来确定哪个议题更有通过的可能。当然，这个表格还有一项更重要的作用，同时也是经常被代表们忽略的，就是记录你在会议的准备阶段和刚刚开始的阶段到底与哪些代表有过交流，很多代表随着会议准备的不断深入，随着会议开始之后的忙碌，往往只会关注和自己联系更"密切"的代表，而忽略了其他更多的代表，导致最后进行决策时的失败。将这个表格时刻放在你的眼前，会使代表不断地提醒自己要"放宽眼界"。

---

2. 代表们在准备设定议程的发言时，应该侧重阐述选择该议题的原因和动机，并以此号召其他代表，而不是表达代表国家在该议题上的倾向和立场，因为这个环节仅仅是"确定问题"，代表只要简单说明理由即可，要做到条理清晰、点到即止。

3. 在有些会议之前，可能因为代表们的相互交流比较频繁，已经基本对首先要讨论的议题达成了一致，导致一些代表对本环节的内容不够重视。需要在这里指出的是，在"模拟联合国"的会议上，每位代表的发言次数有限，更多时间是代表们在场下游说，这就需要代表珍惜每一次在大会上面向全体主席和代表的发言机会，以展示自身的水平，体现你对会议的关注和积极的姿态，争取与更多代表对话的机会。更何况，在设定议题阶段的发言是整个会议的第一阶段的发言，给代表留下一个好印象想必是每位发言者都希望得到的结果。

一篇标准的确定议程的发言稿

（背景：此篇发言稿为一名德国代表在2006年北京大学全国中学生"模拟联合国"大会麻醉药品委员会上的一篇确定议题的发言原稿。当时会议有两个议题——议题A：毒品作物的根除和替代性发展；议题B：反毒工作中的国际合作问题。括号内为点评。）。

谢谢主席。

尊敬的主席、各国代表：

大家好！

德国立场明确，认为本次会议应首先讨论议题B。（点评：开门见山，首先明确提出观点）

有如下几点原因：

1. 相对于议题A而言，议题B更具有普遍性。国际合作，是当今世界各国最为关心的问题，各国都希望通过广泛而有效的合作，遏制毒品泛滥，从而稳定本国、本地区乃至整个世界的秩序，使社会平稳发展并较快进步。（点评：首先，是议题与议题之间的联系，将两个议题进行简单的对比，主要体现议题B的优势）

2. 反毒工作本身就是全球性、国际性问题，像环境保护、克隆人等问题一样，关系到人类的发展和世界的进步。首先讨论议题B，有利于各国尽早地深入交换意见，达成广泛共识。（点评：其次，是议题与委员会之间的联系，说明议题B的讨论会更有利于会议进程）

3. 当今世界，虽然各国在反毒工作中的基本方向一致，但不得不承认，各国在反毒工作中还存在着某些细节上的分歧，以及具体以怎样的形式合作的差异。议题B正是为缩小并逐步消除这种分歧和差异，提供了一个讨论空间。相信，随着议题B深入展开，各国逐步达成共识之时，我们共同的梦想才会不断走向现实——让温暖的合作包围世界，让非法的毒品走向地狱！（点评：最后，从现实的国际情势出发，阐述了议题B对于世界反毒工作发展的重要性，并有力地进行了号召）

综上所述，德国建议首先讨论议题B。

谢谢主席，谢谢各国代表！

（总评：从篇幅来讲，这篇发言稿中心部分大约为350字，在90秒内完成是比较合适的。从内容来讲，列举的3个原因有明显的逻辑层次，话题从小到大展开，有很强的说服力，并且在最后能体现一定的号召力，给主席和各代表留下了深刻的印象。）

你知道吗？

一个人按照正常语速，一秒钟一般会读3—5个字，这样一分钟下来，加上语气停顿的时间，会读150—250个字。

在"模拟联合国"会议上，一般的发言时间为60秒或120秒，所以，一次发言稿的设计一般最好控制在300或500字以内。当然，会场上的形势瞬息万变，还会有很多即兴发言，这时，更需要代表们通过控制语速、突出讲话中心等方式，缩短发言篇幅。这样一方面可以及时完成发言内容，另外也能使听者达到最高的获取信息的效率。

4.1.4　正式辩论

需要思考的问题

　　正式辩论(Formal Debate)在整个会议中的地位是什么样的？
　　正式辩论的发言顺序是什么？发言名单是如何产生的？
　　如何掌握发言技巧，在会场上受到更多代表的支持？
　　剩余时间的让渡有哪些方式？

关键词：发言名单　发言时间　让渡

综述

　　正式辩论的规则中包括三大元素：发言名单(Speakers' List)、发言(Speech)、让渡(Yield)。
　　正式辩论是整个规则流程最核心的环节之一，它是整个会议的"主线"，对会议进程和发展有着至关重要的决定性作用。在正式辩论的过程中，代表们需要在主席台前发表本国观点立场，充分展示自己的能力。

4.1.4.1　发言名单

　　发言名单是用来让主席团成员和所有代表遵循的一个发言顺序，上面包括了正在讨论的议题、发言时间，以及按顺序排列的国家名字。一个发言名单的产生过程如下。
　　在主席宣布正式辩论开始之后，会请需要发言的国家代表举国家牌，并随机读出国家名字，这一顺序就是正式辩论的顺序。然后主席助理将这些国家名记录下来，便生成了发言名单。在听到自己代表的国名之后，代表可以放下自己的国家牌。
　　一般来讲，每个代表的发言时间初始设定为90秒或120秒，主席会在剩余30秒的时候提醒代表。代表可以通过动议延长或缩短发言时间，如需追加发言机会(国家名未在发言名单上或已经完成发言)，代表可向主席传递意向条(Page)要求在发言名单上添加其代表的国家，主席会将该国的名字加在发言名单的最后。如果代表的国家已经在发言名单上，并且还没有发言，则不能在其发言之前追加发言机会，即发言名单上不能在任何时间重复出现同一国家。
　　一旦发言名单上所有国家都已经完成发言，并且没有任何国家代表有意愿追加发言，会议将直接进入投票表决(Voting)阶段。

4.1.4.2　发言

　　有了发言名单，代表们就可以按照顺序逐一上台发表你所代表的国家对于议题的看法和建议。
　　发言的顺序必须严格按照发言名单。代表们发言应控制在规定时间内，如果超时，主席则会中止代表的发言。

如何达到好的发言效果

在很多有关演讲或辩论技巧的书中都会提供这方面的知识,这里只是简明扼要地提出一些要点,供代表参考。

注意演讲的姿态

有意识地让身体放松,克服紧张情绪。如使双脚与肩同宽,稳定身体;或一手臂略微弯曲;或一只手轻扶讲台;或将手略微插入口袋之中;或一手轻扶话筒。总之,可以通过一些细微的动作转移注意力,达到良好的效果。

注意语速、腔调

"模拟联合国"的会议不是一般的辩论会,追求的不是语速,代表在发言时需要吐字清晰,放慢速度;同时,把握抑扬顿挫,适当抒发感情;注意腔调,比如略显低沉的声音比高亢的声音更具有信赖度,因为声音低沉会让人有种沉稳威严的感觉。

注意眼神交流

眼神交流至关重要,千万不要只把注意力放在自己的发言稿上,利用眼神使你的发言稿更具感染力是一种"事半功倍"的方法。即使很多人会向你投去不屑的目光,或是毫不关心的样子,也不要在意,尝试去寻找你的盟友和伙伴,将视线投向那些给予你肯定和信心的人。千万不要东张西望。当然,在会议开始时,为了克服紧张情绪,可以先找好一个较远的参照物,注视一段时间之后再转移视线。

注意面部表情

需要将"姿态""语速""眼神"结合起来:放松的姿态可以给你带来放松的心态,当然也会把这一切写在脸上;平缓的语速和稳重的腔调可以让你的心情变得舒缓,而减少错误又能克服紧张的情绪;时刻注意眼神的交流可以避免东张西望或低头的现象。

注意发型和服饰

正式的会议对衣着都会有明确的要求,在上台之前,需要特别注意自己的外表。

其他

一些肢体语言、幽默的文字都会给你的演讲加分,需要代表慢慢体会。

当然,"模拟联合国"的会议并不同于演讲比赛,提高发言水平的核心还是需要提高发言内容的质量。这需要代表具备出色的文字表达能力,以及较高的临场发挥能力。只有将发言内容与上面提到的一些技巧相结合,才能达到好的发言效果,使本国的立场、观念得以传播,否则只是"徒有其表"。

4.1.4.3 让渡时间

代表的发言如果有时间剩余怎么办?

这时候就要用到让渡,简单说来,让渡就是将自己发言所剩的多余时间转让给他人或以其他方式来进行利用的一种形式。一位代表在结束正式发言后,如果有超过 10 秒(也可由主席自由掌控)的剩余时间,主席会询问代表:"是否愿意让渡您的时间?"此时代表可以选择是否让渡。

代表发言完毕剩余时间的让渡方式一般说来有以下四种：
（1）让渡给主席（Yield Time to the Chair）：这种办法相当于放弃时间。
（2）让渡给其他国家代表（Yield Time to Another Delegate）：被让渡国家代表的发言时间为让渡国家代表的剩余时间，且被让渡国家不可以二次让渡时间。
（3）让渡给问题（Yield Time to Questions）：需要提问的国家举国家牌，由主席决定提问国家。提问时间不计入代表发言时间。
（4）让渡给评论（Yield Time to Comments）：主席会根据代表的意愿进行随机选择，并且只有一次评论机会。

"让渡"给我们的一些启示（1）

在这里，简单分析一下每个让渡方法背后所隐含的指向。

让渡给主席

代表将剩余时间让渡给主席，即表明代表放弃剩余的发言时间，可以有两种解释。第一，是代表对于剩余的发言时间没有充分的准备；第二，是发言者不愿意接受评论或问题，也没有找到合适的让渡对象。这时，主席将继续主持会议。一般来讲，这是主席不希望看到的让渡方式，但在大会上经常出现，会显得代表的发言过于仓促，给人留下不太好的印象。

让渡给其他代表

代表将剩余时间让渡给其他代表，是除了让渡给主席以外使用最频繁的一种。一般在会议的初期，发言国都会让渡给和本国关系比较好的国家代表，一方面通过"盟友"代表的发言巩固本国立场，另一方面可以向大会其他代表明确表示我们已经是"盟友"，或者我们的利益共同点很广泛，并且我们希望其他国家也能加入我们。一般这样的让渡，代表们往往更关注被让渡国的表现。当然，让渡国和被让渡国应该在事前有所交流，否则效果会适得其反。

让渡给问题

代表将剩余时间让渡给问题。选择这种方式的代表有两种情况，即主动让渡和被动让渡。被动选择主要是因为代表对自己发言时间没有把握好，或者没有对让渡进行充分准备而选择让渡给问题。主动让渡也有两种情况，一种是已经在场下安排好了提问者和问题，将剩余时间让渡给问题是希望通过提问能让自己的发言重点突出，引起其他代表的关注；另一种是没有安排的提问，代表主动选择这种方式，是希望倾听其他代表对于其立场观点还有什么疑问，当然，也可能造成没有问题的"尴尬"场面，需要代表做好心理准备。在回答其他代表提问的时候，也会充分反映发言者的思辨和口语表达能力。

让渡给评论

代表将剩余时间让渡给评论。发生的情形与让渡给问题类似，但是，这里代表将发言剩余时间让渡给评论主要是希望倾听其他代表对其立场观点的反馈，各国代表既可能提出赞同的意见，也可能反驳发言人的观点。这增加了会议的即时性与互动性。而且这种评论是在会议所有代表都关注的情况下进行，显得更有力度。让渡给评论被大量运用到美国的"模拟联合国"活动中。

下面的表格更能直观地说明问题。

	指向性	主动性	效果
让渡给主席	放弃时间	无	无
让渡给其他代表	明确合作 重申立场	由代表指定	促进合作 引起其他代表注意
让渡给问题	突出重点	由主席指定	消除疑问
让渡给评论	倾听建议	由主席指定	听取代表反馈

"让渡"给我们的一些启示(2)

很多代表都不是特别注重正式辩论中发言时间的让渡，在会议上，有些代表发言时间有剩余，当主席询问其是否愿意让渡时，往往将剩下的时间让渡给主席，即选择放弃，或者被动地让给评论或问题。

其实在很多时候，我们应该特别关注这样的细节。会场上的形势瞬息万变，随着利益集团内部的纷争，代表们的立场也会有变化，我们应当抓住一切机会，不断地宣传本国的观点，以获取更多的支持和帮助，同时提高代表国家在会议上的作用和地位。往往我们抓住一些不被其他代表所注意的环节反而能引起更多人的注意。

不仅让渡如此，比如意向条的传递等，都是能扩大本国在会议上影响的机会，把握每一个这样的小机会，全面地观察会议，相信你离成功也会越来越近。

让渡的技巧

前面已经较为细致地介绍了各种让渡的指向，以及通过让渡获取的启示，下面就需要将这些想法落实，更好地达到以上的效果。

撒网式

也许你还没有特别明确的"盟友"，那么只能采取这种方式，不断地通过意向条的传递，或者在会间通过游说的方式与其他代表达成一致，或是作为被让渡方，让对方把剩余时间让渡给你，或是作为让渡方，让渡给其他代表进行提问或评论。总之，通过"撒网式"的摸索，利用在台上的90秒或120秒的宝贵时间，充分阐述代表国家的立场和观点。也许你还会在与诸多代表的交流中有新的发现，从而扩大在会议上的影响力。

针对式

可能你会觉得上面的方式会消耗过多的时间，并且不能保证有肯定的答复，那么，你可以把注意力集中到几个代表的身上，不断地向他们"施加压力"，当然，在整个过程中要注意策略，要有足够的耐心，并且在最初就开诚布公地说出你的目的，让对方感到你的诚意，省去周旋的时间。当然，无论任何决定都需要掌握分寸，不要把话说"死"，也许你真正到台上的时候发言时间就不像你想象的那样能把握得那么准确了。

当然，如果选择了这种方法，切忌"半途而废"，否则之前的努力也许会因为你的疏忽而"烟消云散。"

> **交换式**
> 　　如果你希望别的代表可以给你做一些评论，或者提一些有利于你演讲的问题，或者作为被让渡者想获得其他代表的发言时间，那么，也需要你做一些"牺牲"，比如缩短自己的发言时间让渡给对方，或者通过其他的一些形式作为交换，达到双赢。
>
> **团队式**
> 　　上述的几种方式主要是"单兵作战"，这种方法主要基于团队合作，并且与上面的三种方式相结合，找一两个盟友代表，几个人轮番向某一位代表"发起攻势"，或者向不同的代表广泛进行争取。

注意事项归纳

1. 代表国的国家名称在该国代表尚未发言前在发言名单上最多只能出现一次。

2. 每个代表发言完毕，主席团成员都会将发言名单上的国家名划去。代表发言完毕如果还想要发言，可以传意向条给主席团，表明想要继续发言，主席团则会将代表国名添加到发言名单的最后。

3. 任何发言时间的让渡都不能进行"二次转让"。代表应该充分利用让渡时间，如果认为自己可能不会用尽规定的发言时间，最好能够在之前通过意向条与其他代表进行交流，通过让渡体现自身的实力。此外，也应尽量利用其他代表的发言时间，争取"被让渡"。

> ## 意向条（Page）的使用
>
> 　　意向条实际上就是与会各方之间用来沟通的"小信件"（见图4.4）。它在会议中起着不可忽视的作用。由于会议进行时代表不能起身交谈，代表们就需要通过传递意向条进行沟通，也可以通过它向主席提问，同样，主席也可利用它来向代表们传达某些建议。一张意向条的内容包括了三个方面："发信人""收信人"以及"信件内容"。很多国家还会将国旗、国徽及代表名列在意向条上，突出本国特色。一张意向条可以是这样的：
>
> ```
> From: UK
> To: Chair
>     Delegate of UK would like to be added onto the speakers' list.
> ```
>
> 　　意向条的使用也是值得关注的，如同时间的让渡一样，意向条虽小，可是如果使用得当也会有出其不意的效果。
> 　　会议进行中，代表一方面在聆听其他代表的发言，另一方面在准备自己可能的发言，同时，还需要不断地向其他代表传递意向条，内容可以是对于让渡时间的使用，对于其他代表发言的看法，对于会议进程的一些点评，对于盟友扩展的一些交流，特别是在会议后期，通过意向条还可以传递代表已经起草好的文件，进行修改。当然，也不要只关注写意向条，还要同时关注会场动向，调动起你全部的器官，在此"一心多用"看来是必不可少了。

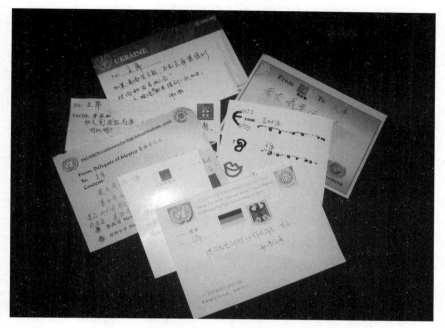

图 4.4 2006 年北京大学全国中学生"模拟联合国"大会会场上各色的意向条

正式辩论的误区

很多首次参加会议或者经验不很丰富的代表会认为正式辩论将会成为会议的主体部分，而其他部分都是一些补充，所以在准备期间往往在正式辩论的环节下很大工夫，而一旦在会场上遇到一些阻碍，比如发言机会靠后、发言时间和次数有限等，就会变得异常慌乱，导致整个计划被打乱。

实际上，在"模拟联合国"的会议中，每一个部分都很重要，正式辩论、非正式辩论、会间会后的游说、磋商都是会议重要的组成部分。特别是会间会后的游说、磋商，甚至比代表在会场上的表现更为重要。因为在会场上，每位代表每次的发言时间有限，不可能将自己的观点阐述得淋漓尽致，只能提纲挈领地表达一些主要的立场，并进行一些基本的号召。

按照一般的经验，每位代表平均每次在会上的发言时间为 60—90 秒，一次分组会议的时间为 3 个小时，对于一个 30 人的委员会来说，除去一些磋商和休息的时间，基本上每位代表都有 3 次以上的发言机会；而对于 60 人甚至以上的委员会，每位代表能有两次以上的机会就已经足够幸运，而要在这两三次总共不到 5 分钟的时间中将自己的观点全部表达清楚是不现实的（还要考虑到这 5 分钟的时间不是连续的）。

所以，不难看出，"模拟联合国"的会议不同于一般的辩论，"正式辩论"名曰"辩论"，实际上只是各国代表进行立场观点展示的一个平台，代表要把准备会议的重点放在如何与其他代表的交流、磋商、游说和沟通中，而在正式辩论中的发言多是简明扼要的，表达的内容也多是带有结论性的语言。

一篇标准的在正式辩论中阐述本国立场的发言稿

（背景：此篇发言稿为德国代表在2006年北京大学全国中学生"模拟联合国"大会麻醉药品委员会上的一篇正式辩论的发言原稿。议题为：反毒工作中的国际合作问题。）

谢谢主席。

尊敬的主席、各国代表：

大家好！

德国立场明确，即在国际反毒工作中坚决打击毒品贸易等行为。（点评：开宗明义，明确国家立场）

首先，德国作为毒品消费国，和许多生产国、中转国一样，深受其害。德国政府希望突破地域的界限、突破文化的差异，与各发达国家、发展中国家一道，建立世界反毒工作秩序。（点评：第一段，从本国的实际情况出发，即毒品消费国，站在自己的立场提出"建立世界反毒工作秩序"的主张）

其次，在国际反毒具体方式上，德国政府主张在世界范围内建立一个国际反毒品联盟，当然，这个联盟在本次会议开始前已经初具规模（点评：简单介绍国家集团，使本国立场更有说服力，同时可以得到"盟友"的支持），并着手在以下几个实质性问题上重点突破：1. 建立国际反毒基金会，特别对发展中国家进行支援；2. 建立信息监控和共享平台，构建国际数据库，增强对毒品贩卖的监控，以及处理的科学性；3. 加强人才教育培训；4. 联合军事演习问题；5. 加强对合法处方麻醉药品和精神药品的管理；6. 关注合成毒品危害。（点评：本段是整个发言的重点，主要阐述在国家立场之下的各种措施，内容主要包括六点。特别注意，在这里主要是分项概括，并没有做具体说明，这是因为该代表在发言时会议依然处于初期阶段，正是各个国家开始表述基本立场的时候，这时将措施简明扼要地表述，一方面有利于表示国家的立场，更重要的，也为会议逐步深入打开了局面，各国代表就可以在具体问题上进一步地展开讨论）

德国政府还认为，我们既应该看到全球合作的美好前景，也应时刻注意到阻碍合作的不安定因素。德国政府殷切希望各国在平等互利的基础上，共同协商，共促世界发展。

最后，德国坚持在联合国的框架下，与世界各国广泛合作，共同致力于"世界无毒化"。并且，德国政府相信，世界各国、各地区间的合作将会使毒品的全球性泛滥得到根本的遏制。人类的灿烂文明将会继续在这个美丽的星球上辉煌下去。（点评：这两段主要是重申立场，毕竟作为立场发言的重点，态度明确是至关重要的。最后带有呼吁性的表达方式也会为整个发言添彩）

谢谢主席，谢谢各国代表！

（总评：无论从篇幅还是内容上，这都是一篇不错的发言稿，短短五六百字几乎囊括了会议要讨论的所用重点，点到为止。但是，代表们需要注意的是，这篇发言稿只是在会议初期作为立场发言时使用的，如果会议已经进行到中期阶段，进入具体问题的操作，这种内容的发言稿就不是很合适了，甚至还会起到相反的效果，因为它可能会打乱会议讨论的节奏，所以代表们还是应该根据会议的进程，在正式辩论的不同时间段，选择合适的内容加以阐述。）

4.1.4.4 结束辩论

经历众多回合的发言、让渡、磋商等活动,会议一步一步进入尾声。当各国立场已经得到充分阐述,并且决议草案已较为完善地提出,代表就可以动议结束辩论。这样的动议在表决之前,主席通常会请出若干名(通常是 2 名)赞同或反对结束辩论的代表各自陈述理由,然后再由全体代表对该动议进行投票表决。结束辩论的动议通过之后,会议自动进入对文件的表决阶段,如果结束辩论的动议没有被通过,代表们需要继续进行讨论。

如果发言名单上所有国家都发言完毕,且没有国家要求再次增加到发言名单上,会议可以经主席宣布直接结束辩论,随后对文件进行表决。

当文件表决结束后,对一个议题的讨论就完成了,如果会议依然有剩余时间,可以继续就下一个问题进行讨论。

4.1.5 非正式辩论

需要思考的问题

非正式辩论(Informal Debate)主要包括什么?
应该如何提出有主持核心磋商或自由磋商的动议?
非正式辩论与正式辩论的联系与区别有哪些?

关键词:有主持核心磋商　自由磋商　动议

综述

会议如果一直在一成不变的规则中进行,你一定很难想象能够在有限的时间内得出最有效的结果。因此代表们有时需要为自己创造新的空间,换一些方式进行讨论,比如可以针对议题中某一点进行专门讨论,比如可以相互面对面地交换意见,一起起草文件等,这时候就需要通过代表们的动议将会议带入非正式辩论阶段。

非正式辩论分为两类:有主持核心磋商(Moderated Caucus)和自由磋商(Unmoderated Caucus)。

4.1.5.1 有主持核心磋商

如果感觉会议进程过于缓慢,没有实质性的进展怎么办?这时候就需要有主持核心磋商来登场了。有主持核心磋商实质上是正式辩论与非正式辩论的结合。在有主持核心磋商中,正式辩论的规则不再使用,但是代表们仍然要遵守会议的规则,不可随意走动。发言名单和发言主题暂时游离到正式辩论之外。

有主持核心磋商指代表们在主席的主持下按照主席随机点出的顺序进行发言(见图 4.5)。有主持核心磋商讨论的主题(Topic)、总时间(Total Time)、每位代表发言时间(Speaking Time for Each Delegate)由提出此动议的代表规定,并需要全体代表进行投票表决,简单多数通过。

在这一阶段中,提出动议的代表及其盟友一般会更积极地抓住这个机会,更加深入地阐述其立场和观点,反驳对其不利的观点,以求得更多支持。

图 4.5 2016 年全球青年"模拟联合国"大会上的代表

具体步骤如下。

第一步:代表动议中止正式辩论并开展有主持核心磋商,动议中必须包含"三要素",即所磋商的主题、磋商时间以及每位代表发言时间。

第二步:在主席认可后对该动议进行投票表决,如果得到简单多数同意则通过,开始有主持核心磋商。如果没有通过,则该动议失败,会议继续进行,或者再有代表提出其他动议。

第三步:如果此动议通过,主席请需要就这一问题发言的代表举牌,并随机挑选适当数量的代表上台进行发言,直至该磋商的时间耗尽。

如果将这些内容表现在具体的发言名单上,将会出现下述结果。

首先,是一个原始的"正式发言名单"(Speakers' List):

```
Speakers' List

China
U.S.A
Russian
France
Cuba
Uganda
Japan
Germany
……
```

这时,有代表提出一个上文提到的动议,即"Delegate from Uganda motions to a Moderated

Caucus for 10 minutes, with each delegate's speaking time of 1 minute, discussing education of the teenagers in the sub-Sahara region",并得到通过。

之后,主席又依次点出要发言的国家,并列入此次有主持核心磋商。于是,屏幕上最终将会显示:

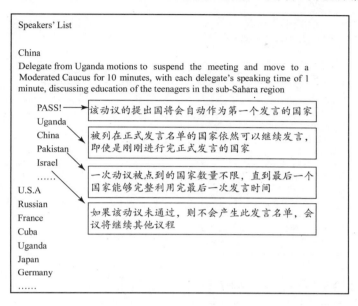

4.1.5.2 自由磋商

自由磋商则允许代表们离开座位,自由走动进行交谈(见图4.6)。代表们可以结成小组进行专门问题的讨论,或者一起起草工作文件、决议草案或修正案,或是更为密切地和盟友们交换意见,讨论各自认为重要的问题。往往在自由磋商的过程中可以进行更密切的交流并更有效地解决纷争。提出自由磋商动议的代表仅需在动议中说明磋商时间,在主席认可后即可进行投票表决。

图4.6　2016年全球青年"模拟联合国"大会中代表进行自由磋商

4.1.5.3 正式辩论与非正式辩论

正式辩论多是各国代表或国家集团宣传本国或本国集团立场的时间,而在非正式辩论阶段,则更有利于代表们进行文件的起草,或是相互间更广泛地沟通、交换意见(见图4.7)。

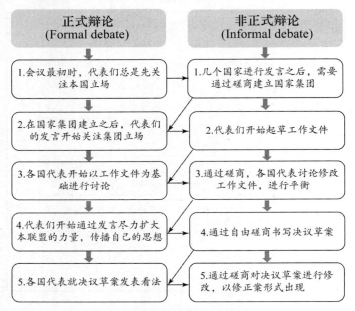

图 4.7 "模拟联合国"会议流程图

实际上,在真正的模联会议上,非正式辩论所占的比重非常大,代表都希望利用非正式辩论的机会,或对某细节问题进行更深入地讨论,或进行文件写作,或寻找自己的国家集团,或进一步协调国家间相互的立场。代表在准备会议时,需要花上一些精力来研究如何应对非正式辩论,准备好相关的材料,准备好与你的盟友或者竞争者进行辩论。

4.1.6 动议和问题

需要思考的问题

动议共有哪些种类,如何才能被通过?
问题的作用是什么?
需要对动议和问题做特别的准备么?

关键词:问题　动议

综述

4.1.6.1 动议

动议(Motions)是"模拟联合国"会议中的核心概念,它是国家向会议提出的行动建议,如引入某文件、修改发言时间、进行磋商、表决文件等。在会议进行中,与会者肯定会有各种对会议进程的提议,动议的概念就由此产生(见表4.1)。

正式辩论代表发言的间歇中,各国可以提出动议。主席通常会在这些间歇时询问:"请问场下有无问题或动议?"此时,代表就可以直接举牌提出动议。动议提出之后各国代表需要表决,如果同时有多个动议提出,主席会根据会议进展选择一个动议优先让代表们表决,只有一个动议处理完之后才可以表决下一个动议。

在此还要特别强调,"模拟联合国"当中的动议和真正联合国中的动议有非常大的区别,联合国会议中没有"磋商"这样的规则,所以也不会有这样的动议,联合国主要的动议有暂停会议、休会、暂停所讨论项目的辩论和结束所讨论项目的辩论等,再有就是针对实质性问题的提议,比如动议谴责某国,动议对某国提案不予讨论等。这些动议的提出都要极为谨慎。关于联合国和"模拟联合国"的区别,会在后文当中有所说明。

表 4.1 动议分类表

动议	说明	票数要求
动议更改发言时间(Motion to set the speaking time)	如果代表认为发言时间过长或过短,可动议更改发言时间,然后进行投票表决	简单多数
动议暂停会议(Motion to suspend the meeting)	动议暂停会议可以结束会议的一个阶段(session),会议进入休息时间	简单多数
动议进行有主持核心磋商或自由磋商(Motion for a Moderated Caucus or an Unmoderated Caucus)	表决通过后便进入磋商阶段	简单多数
动议结束辩论(Motion to close debate)	结束辩论的动议通过之后,会议进入对文件的表决阶段,如果结束辩论的动议没有被通过,代表们需要继续进行讨论	三分之二多数

4.1.6.2 问题

这里的问题(Points)是指代表们向主席提出的疑问或要求。对于代表所提出的问题主席应该进行答复,并且问题不需要投票表决。问题有如下几类。

程序问题(Point of Order)

当代表认为主席在主持会议的过程中产生某种错误时,可以提出程序性问题,以纠正主席的错误。代表可在讨论任何事项时随时提出程序问题,主席应立即按议事规则对该程序问题作出裁决。代表提出程序问题时,不得就所讨论事项的实质发言。

咨询性问题(Point of Inquiry)

当代表对于会议程序有不明白的地方时,可以举牌向主席咨询。这是会议上最常提出的问题。

个人特权问题(Point of Personal Privilege)

当代表觉得在会场上有严重的不适,影响到会议的讨论,可以提出个人特权问题,如主席话筒声音太小、代表没有收到分发的文件等问题,以求得主席团的帮助和解决。通常在会议当中很少会提这一问题。

要注意的是,这些问题都不需要投票表决,而且,在问题与动议同时出现在场上的时候,问题有优先被选择权。另外,基于尊重其他代表以及保持会议连贯性的考虑,除了严重的程序问题之外,其他的问题都在代表发言之后提出。代表可以在各国发言间歇中,高举国家牌,并说:"问题(Point)!"

> ## 规 律 技 巧
>
> 不要小看规则流程中的小环节，就像在前面提到的"让渡"一样，如果能准确、有效地提出一些"问题"，也能给你的表现"加分"。所以，这也就要求代表在会议的进程中，一方面注意主席说的每一句话，特别是对规则流程的解释，如果有问题或发现了主席的错误迅速提出，另一方面，清晰地观察场上的局面，有时，一些略带幽默的问题可以暂时缓解会场紧张的气氛。
>
> 当然，也要注意，虽然问题有优先被选择权，而且不需要表决，但是也不要过多地提出，那样会给人烦琐的感觉。
>
> 面对一些其他的动议，包括更改发言时间、暂停会议或结束辩论，要特别根据会场形势提出，不适当地提出这些动议同样会让人反感。

4.1.7 表决

需要思考的问题

有哪些投票方式？

投票通过的原则是什么？

关键词：唱名表决

综述

想必这部分是代表们最愿意阅读的，当然也是最简单的，这是显示代表自身权利的时刻，一个简单的表决，决定着所有代表这些天以来的成果。

"模拟联合国"会议绝大多数的步骤都需要全体代表进行表决。表决的对象包括对程序的表决和对会议文件的表决。很多会议的投票方式都不一样，在这里，只是介绍一种最为简单也是最为普遍的投票方式。

4.1.7.1 表决问题的分类

待表决的问题分为两大类，一类是程序性问题表决（Procedural Vote），一类是实质性问题表决（Substantive Vote）。

程序性问题表决，即针对会议程序提出的动议所进行的表决，所有对动议进行的表决要求所有代表都要投票，不可以弃权。

实质性问题表决，即对会议文件的表决，对决议草案和修正案的表决都属于此类。由于涉及议题的实质，故得此名。在实质性问题表决的时候，需要关闭会场大门，禁止人员走动，确保表决的严肃性。

4.1.7.2 表决额度

会议表决的前提是会议有效并满足法定人数（Quorum），这一点通常在"模拟联合国"中不会出现。计算总票数的时候，只计算有表决权且实际参与表决的成员票数。有些参会的成员是非政府组织成员，或是当事国和观察员国（Observer），而不是该委员会的成员国，这些国家或组织在"模拟联合国"会议当中可以对程序性问题表决,但是没有对实质性问题的表决权。"模拟联合国"中表决的额度有两种。

(1) 简单多数(Simple Majority),即过半数(50%+1),投票的最小单位必须是整数"1",而不允许是分数。

如果总票数是19,那么简单多数指(>9)10票。

如果总票数是20,那么简单多数指(>10)11票。

如果总票数是21,那么简单多数指(>10)11票。

(2) 三分之二多数(Two-Thirds Majority),即一方的人数必须大于等于全部表决票数的三分之二。代表们经常混淆该概念,既然已经达到三分之二的数量,那必然已经是多数了,就不用增加一个国家。

如果总票数是30,那么三分之二多数指(≥ 20)20票。

如果总票数是31,那么三分之二多数指($\geq 20\frac{2}{3}$)21票。

如果总票数是32,那么三分之二多数指($\geq 21\frac{1}{3}$)22票。

如果总票数是33,那么三分之二多数指(≥ 22)22票。

4.1.7.3 表决的方式

在"模拟联合国"会议中,投票的方式主要有两种,一种是简单的举手(国家牌)表决,即主席询问代表是否赞同或者反对,所有代表高举国家牌表示意向(见图4.8)。此时,主席团会统计赞同或反对的国家数量并告知代表,所有的程序性问题表决都是这种方式。另一种投票方式是唱名表决(Roll Call Vote),主席会按照国家名字母顺序一一点出到会国家,各国需要明确地说明本国的表决态度。唱名表决通常出现在对文件表决的过程中,有些会议要求代表提出动议才能决定是否进行唱名表决。

图 4.8 2006 年北京大学全国中学生"模拟联合国"大会表决过程

4.1.7.4 表决态度的种类

程序性问题的表决

当一个动议被提出之后,主席会询问:"请赞同此动议的国家举牌!"赞成该动议的国家代表随后举牌,在主席团统计完数量之后,主席再询问反对该动议的代表举牌。这样就完成了表决过程。程序性问题的表决中没有弃权票,每个国家都必须表决。

实质性问题的表决

实质性问题的表决主要是三种:赞成(Yes)、反对(No)或者弃权(Abstain)。有些会议还有其他的投票方式,"第一轮暂不表决(Pass)"是指在唱名表决的第一轮表决中,国家可以暂不表态。这一轮表决完毕,主席逐一请未表态的国家表态,此时这些国家必须表态,而且只能选择赞成或者反对,就不可以再选择弃权了。此外,还有一种表决方式为"反对并要求解释(No with Rights)",即如果代表最终的表决和之前会议讨论时表态不一致,可以要求对自己的投票进行解释。

还有一种特殊的表明态度的方式,就是缺席,即不参加表决。

4.1.8 文件提交和表决的流程

需要思考的问题

"模拟联合国"的会议上都有哪些文件?

文件是如何提交的?

文件是如何被通过的?

关键词:文件提交　流程　会议指导

综述

在这部分,只是简单讲述"模拟联合国"会议中文件提交的流程,具体的写作问题,请参见有关"文件写作"的章节。

图4.9展示的是模联会议上的各种文件及其相互关系。

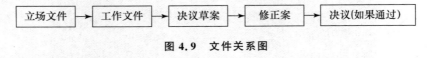

图 4.9　文件关系图

立场文件(Position Paper)

在会议开始之前就提交给委员会主席的文件,这些立场文件将自动通过,并被认为是该国在会议上的基本立场。

工作文件(Working Paper)

工作文件是指当一国或国家集团对议题产生初步的解决办法时,可以总结成一份工作文件,提交给大会,向各国介绍己方的解决办法。工作文件不需要特定的文件格式,可以是图表,可以是文段,也可以列关键点。

在完成工作文件的写作后,需要提交给会议指导(Director),会议指导会审查文件的提交国、文件的内容质量等相关要素。如果审核通过,会议指导会对工作文件进行编号,如工作文件1.1(Working Paper 1.1),然后交付印刷,之后散发到全场;如果没有被会议指导通过,或是因为提交的时机不合适,或是因为文件的内容需要完善,都会被返还给文件的起草国代表,代表需要进行相应的修改、完善。

在通常的情况下,如果一份工作文件获得了会议指导的通过,并已下发全场,此时,会议指导会主动打断会议进程,宣布已经有工作文件下发到全场各位代表手中,并且,此时会自动邀请工作文件的起草国进行介绍。在介绍完毕之后,会议继续进行,而一般在这时,会有代表提出有主持核心磋商,对刚介绍的工作文件进行更深入的讨论。

特别地,一份工作文件可以有多个起草国,没有国家数量下限与上限的要求,而一个国家也可以起草多份工作文件,同样没有数量的限制。但是,建议代表在会议中量力而行,起草多份工作文件也不一定是件好事。

决议草案(Draft Resolution)

决议草案是按照联合国决议文件格式起草的对该议题的解决办法。决议草案的起草国和附议国总数必须达到与会代表国的20%,才可向大会主席递交决议草案。

起草国(Sponsor):完全赞成该项决议草案。至少有一个国家。

附议国(Signatory):不一定赞成该决议草案,但是认为这份草案很值得讨论。至少有一个国家。但是,起草国和附议国的总数要大于或等于与会国家的20%。

对于决议草案的起草国和附议国有严格的要求。首先,作为一份决议草案的起草国,不能出现在任何另外一份决议草案的起草国或附议国名单中;而作为一份决议草案的附议国,可以附议多份决议草案。也就是说,一个国家可以作为多份决议草案的附议国,但只能成为一份决议草案的起草国,而在成为起草国的同时,也不能再成为任何决议草案的附议国。即在一次会议上,所有决议草案起草国相加总数一定会小于委员会全体国家数量。

决议草案提交给会议指导进行审阅、通过的流程与工作文件是一样的。如果一份决议草案获得了会议指导的认可,将会被编号,如决议草案1.3(Draft Resolution 1.3),之后印发全场。在发到各位代表手中之后,会议指导同样会打断会议进程,宣布有一份决议草案已经下发全场,此时代表可以提出动议"介绍决议草案(Motion to Introduce Draft Resolution XX)",动议通过以后,主席会请决议草案的起草国或起草国代表进行2—3分钟的介绍,在有些会议中,对决议草案的介绍不需要动议,主席会直接邀请起草国介绍。在介绍之后,主席允许其他代表提出最多3个语法性的问题(由于英语从句较多,会出现指代不明的情况;此时只能针对语法的问题提问,不能就实质内容提问)。在回答完问题后,起草国回到自己的座位上,主席会主持接下来的会议。此时委员会就该讨论这份文件了,代表们或者按照既有的发言名单进行讨论,或者动议有主持核心磋商对该决议草案进行讨论。

修正案(Amendment)

修正案是针对决议草案的修改意见。

修正案分为友好修正案和非友好修正案。

友好修正案(Friendly Amendment):原决议草案的全部起草国都赞成该修改意见,需要在友好修正案附议国一栏签署自己的国家名称,该修正案就成为友好修正案,不用经过表决,经主席宣布后自动加入原决议草案中。如果原决议草案被通过，则该友好修正案也被通过，反之，则不被通过。

非友好修正案（Unfriendly Amendment）：没有使得原起草国都赞成该修改意见，则该修正案是非友好修正案，起草国和附议国的总数要大于或等于与会国家的20%，才可以向大会主席递交。非友好修正案在表决时须逐条举手投票表决，由会议指导宣读，简单多数或三分之二多数通过（视不同会议而定）。通过后直接写入原决议草案，如未通过则被废除。

修正案的提交方式与工作文件和决议草案的提交方式相同，但在通过后不需要进行2—3分钟的介绍。

指令草案（Draft Directive）

指令草案是危机委员会处理危机时的一种文件类型。它和决议草案在格式和功能上都很相近，但是指令草案不需要序言性条款，要直接书写行动性条款。因为代表们要解决危机，所以指令草案的行动措施要立即、有效，防止长远规划。

在安理会中，指令草案的起草国和附议国总数要达到3个才能提交给主席团，至少10国赞同（"五常"不反对）才能通过。在其他危机委员会中，起草国和附议国的总数要达到与会代表的20%。并且，可以对指令草案提出修正案。

在辩论结束后，委员会进入对决议草案和修正案的投票阶段。会议文件需要得到2/3的赞成票才能通过，也有一些会议只需要简单多数票就可以通过一份决议草案。首先对非友好修正案进行表决（友好修正案不需表决），非友好修正案需逐条表决，不需唱名表决，所有代表按照赞成（Yes）、反对（No）、弃权（Abstain）的顺序举牌示意即可。

其次是决议草案，决议草案的表决为唱名表决（Roll Call Vote）。在"模拟联合国"大会中，代表们可以提出多份不同的草案，因此，投票顺序通常按照决议草案的编号顺序来进行，有些会议也会允许代表动议重新编号。

不同的会议，决议草案的通过数量也不一致，有些会议的规则规定一个委员会最多只能通过一份决议草案，这就意味着，在最后表决的过程中，如果有多份决议草案需要表决，但只要有一份已经被通过，其他的决议草案将不会再被表决。还有些会议对一个委员会能通过的决议草案数量没有要求，这就需要在投票阶段表决完所有的决议草案才能结束会议。

4.1.9 "模拟联合国"与联合国的差别

尽管"模拟联合国"活动是对联合国及其相关机构的模拟，但是从当前世界流行的"模拟联合国"活动形式和状况来看，两者之间还是有非常大的差别的。两者的差别主要有三方面：一是"模拟联合国"会议的会期比联合国的会期短得多；二是"模拟联合国"的参加者毕竟不是外交官，因此没有庞大的工作团队，也没有母国政府的资源支持；三是"模拟联合国"的组织者缺乏在联合国中真正的实践，也很难深入掌握联合国的信息。

以下我们简单整理了表4.2，从一些具体规则上对联合国和"模拟联合国"进行比较。

表 4.2　联合国与"模拟联合国"的差异对比

	联合国	模拟联合国
会期	联合国大会通常持续若干个月,其他的机构会议从 1 天到几周不等	一般在 1—5 天
会议参与者	主要是外交官和相关工作人员,有时国家元首也会参加联合国会议	青年学生
座席顺序	大部分的联合国会议按照国家名的英文字母顺序排列座席	部分会议按照国家名英文字母顺序排列,部分会议没有特定顺序
决议	决议草案由一国或多国起草,但是在提交给主席之前就会经过充分的酝酿、完善,合并成为具有共识的草案。如果决议草案没有得到广泛的支持,通常不会提交给联合国。(70%的联合国决议都是在各国协商一致的情况下通过的。)	由于会期较短,很难有充分的时间让代表们达成共识。代表们通常提交若干份草案,在辩论进行到一定程度的时候才开始产生共识。(遵循海牙国际"模拟联合国"大会规则的会议则更接近联合国的真正状况,代表们要经过一整天的游说,达成共识。)
磋商	联合国的各国代表绝大多数时间都在进行"幕后操作",代表们会在正式会议结束后,在餐馆、咖啡厅、走廊、各国使团驻地等进行磋商,安理会有专门的会议室进行这样的磋商,英文称为 Informal Consultation。在正式会议中,极少中断会议	"模拟联合国"当中,代表们可以在正式辩论中暂停会议,引入磋商。这种方式也是由会期短、代表是青年学生这些特点决定的
发言名单	联合国正式会议的时候,通常一个国家只能发言一次,有的国家可能会行使答辩权增加一次发言。当所有国家发言完毕,就散会进入了"幕后操作"阶段。各个国家集团就开始自行商量对策	"模拟联合国"当中也有发言名单,一个国家可以多次发言。有的会议则直接点国家发言,不列出名单
议事规则	联合国机构的议事规则比较笼统,有一些基本的概念和规范标明在文件当中。主席在无异议的情况下也会调整或创制规则	会议大部分是基于联合国的规则,但是为了使会议进程更加流畅,"模拟联合国"吸纳了部分联合国以外的议事规则
国家集团发言人	在会议当中,每个国家集团通常会有一个发言人,代表该集团介绍提出的决议草案	各国代表通常以个人为单位活动,国家集团也不稳定,部分代表会领导讨论的方向,但不一定能够被完全认同为是该集团的"发言人"

所以,我们要强调,"模拟联合国"是一种教育形式,它在一定程度上模拟了联合国的议事规则和国家立场,但是不能夸大它的真实性。尤其是模拟的范围扩展到联合国以外的机构和组织的时候,我们就更应当意识到,"模拟联合国"并非追求与联合国完全一致,而是强调这种模拟教育模式对学生各方面综合能力的锻炼。

4.1.10 小结

在做小结之前,先请大家阅读下面的图4.10,它详细地展示了之前讲述的流程,以及这些细节之间的逻辑关系,同样的,还需要回顾在"总述"中展示的规则流程的基本图表,对比一下,看看它们有什么内在的联系。通过这个图表,可以将前文的规则说明按会议流程串联起来。

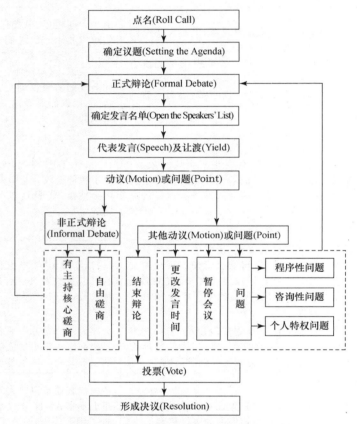

图4.10 "模拟联合国"会议规则流程全图

实际上,规则流程既是一个整体,也完全可以分开来看。"规则"是静态的,"流程"是动态的。"规则"限制着"流程","流程"贯穿着"规则"。如果我们把"流程"比喻成水,那"规则"就是河道;河道制约了水的方向,而也正是水指引出了河道。"流程"实际上就是你们看到的并且曾感到困惑的那些图表;"规则",就是由这些图表展开的对具体细节的描述。

对于复杂、烦琐的规则,我们需要以一种更加轻松的心态去面对。"模拟联合国"会议中的规则都有其内在逻辑,是帮助代表公平、有序、高效地完成讨论的手段。代表们应当更好地利用规则,而不是把规则当成会议的阻碍。如果你是个新人,规则流程对你的意义就是100%;如果你是个老手,可能之前的这十几页就是"一堆废纸上多了一堆废话"。但是,我们如何从更高的层次上去理解规则流程,如何看到其中的逻辑态势,如何找到其中的思想精髓,如何体会其中展现的平等与民主……这些,才是一个真正优秀的"模联人"要去感悟的。

4.2 模拟会议进程(中英文对照)

规则流程是一个立体的过程,很难用文字将会议现场真切地展现出来。下文是对某委员会开会的大致进程的文字记录,这只是一个范例,旨在将会议当中的一些情况展示给各位代表,并非是一个完整的记录,部分规则也不完全一致,请代表们依照自己要参加的会议来准备。

你可以通过这一节了解"模拟联合国"会议中运用的语句以及规则是如何展现出来的。这份记录不仅能帮助参会的代表,也能够为主持"模拟联合国"的主席团提供一定的帮助。

4.2.1 主席团介绍

The Chair: Ladies and Gentlemen, My name is…, the Chair of today's conference. I would like to introduce the members of the committee. To my left, is the Director… To my right, is the Rapportuer…

主席:各位代表,我是今天的会议主席××。欢迎大家参加大会,在此对诸位代表的到来表示衷心的欢迎。现在我将先介绍主席团成员。在我左边的是会议指导××,右边的是主席助理××。

4.2.2 点名

The Chair: Now the Rapportuer will do the roll call. All delegates please raise your placard and say 'present' when your nation's name is called.

主席:下面进行点名。被点到国家名的代表请举牌并答"出席"。

The Rapportuer: Afghanistan.

Delegate of Afghanistan: Present.

The Rapportuer: Afghanistan is present.

主席助理:阿富汗。

阿富汗代表:出席。

主席助理:阿富汗代表出席。

(点名结束之后,主席助理需要申明出席代表数目,是否符合召开会议的要求,计算并宣布简单多数、三分之二多数、百分之二十的代表数;重申迟到的国家需要向主席团提交意向条,并随时更新相应代表数)

4.2.3 确定议题

The Chair: Since we have two topics: Topic A…, Topic B…, we are going to set the agenda first. The chair would like to hear a debate on which topic should be discussed first. Those countries in favor of discussing topic A first please raise your placards... China, Russia, Singapore, thanks. Those countries in favor of discussing topic B first please raise your placards... UK, Chile, Spain, thanks.

Now delegate of China you have 90 seconds to address the body.

主席：由于会议有两个议题，议题 A 为……，议题 B 为……我们首先需要确定议题。希望先讨论议题 A 的代表请举牌，中国、俄罗斯、新加坡，谢谢。希望先讨论议题 B 的代表请举牌，英国、智利、西班牙，谢谢。中国代表，现在您有 90 秒的发言时间。

The Chair: Since all the delegates have addressed their positions, we now have to vote. All those delegates in favor of discussing topic A first, please raise your placard. (Counting) Thank you. And all those delegates in favor of discussing topic B first, please raise your placard. (Counting) Thank you. With... in favor of discussing topic A and... in favor of discussing topic B, we will discuss topic A first.

主席：各位代表发言结束，现在进行投票。希望先讨论议题 A 的代表请举牌，谢谢。希望先讨论议题 B 的代表请举牌，谢谢。现有 X 国代表希望先讨论议题 A，X 国代表希望先讨论议题 B。所以，我们将先讨论议题 A。

4.2.4 确定发言名单

The Chair: The Chair now will open the speakers' list. All those delegates wishing to speak please raise your placard. (Calling the names of the countries) Thank you. If there are any other delegates wish to speak, please send a page to the chair and chair will add your country's name at the bottom of the speakers' list. And each delegate will have 2 minutes to address the body, and the chair will remind you of time with gavel when there's 30 seconds left. Honorable delegate from..., you have 2 minutes to address the committee.

主席：下面将产生发言名单。希望发言的代表请举牌（主席随即点国家，并将国家名添加到发言名单中）。谢谢。如果还有国家代表希望发言，请传意向条给主席，主席会把国家名添加在发言名单的最后（同一国家只能在发言名单上出现一次，只有发言结束之后才可以再次被添加到名单中）。每位代表将有 2 分钟的发言时间，在还剩 30 秒的时候主席会敲桌提醒。尊敬的 X 国代表，您有 2 分钟的发言时间。

4.2.5 发言以及让渡时间

4.2.5.1 让渡时间

让渡给主席

The Chair: Thank you, delegate. You have 40 seconds left. Would you like to yield your time?

主席：谢谢 X 国代表，您还有 40 秒的发言时间。请问是否愿意让渡发言时间？

Delegate: I would like to yield my time to chair.

代表：让渡给主席。

The Chair: Thank you.

主席：谢谢。

让渡给其他代表

The Chair: Thank you, delegate. You have 30 seconds left. Would you like to yield your time?

主席：谢谢 X 国代表，您还有 30 秒的发言时间。请问是否愿意让渡发言时间？

Delegate: I would like to yield my time to India.

代表：让渡给印度代表。

The Chair: Thank you. Delegate of India, now you have 30 seconds.

主席：谢谢。印度代表，现在您有 30 秒的发言时间。

4.2.5.2　动议和问题

未见问题或动议

The Chair: Are there any points or motions of the floor? Seeing none. We'll go on the speakers' list. Honorable delegate from..., you have 2 minutes to address the body.

主席：请问场下有无问题或动议？未见问题或动议。下面继续进行发言。尊敬的 X 国代表，您有 2 分钟的发言时间。

问题

The Chair: Are there any points or motions on the floor?

主席：请问场下有无问题或动议？

Delegate of Israel: Point of oder.

以色列代表：问题。

The Chair: Delegate of Israel, to what point do you rise?

主席：以色列代表有何问题？

咨询性问题

Delegate of Congo: Point of inquiry. Congo wants to make sure how many votes we need to pass a motion to suspend the meeting?

刚果代表：咨询性问题。刚果代表想知道动议休会需要多少代表赞同才能通过？

The Chair: Thank you, delegate. We need a simple majority.

主席：需要简单多数通过。

动议

The Chair: Are there any points or motions on the floor?

主席：请问场下有无问题或动议？

Delegate of China: Motion.

中国代表：动议。

动议更改发言时间

The Chair: Delegate from China.

主席:中国代表

Delegate of China: China motions to shorten the speaking time to 1 minute.

中国代表:中国动议将发言时间缩短为1分钟。

The Chair: Thank you. Now there's a motion on the floor to set the speaking time to 1 minute. Is there a second?... Thank you. We now have to vote. All those delegates in favor of this motion please raise your placards. All those opposed please raise your placards. Thank you. With 5 in favor and 13 oppose, this motion failed.

主席:谢谢。现在中国代表动议将发言时间缩短为1分钟。请问场下有无附议?……下面我们进行投票。赞成此动议的代表请举牌。反对此动议的代表请举牌。谢谢。5票赞成,13票反对,此动议未通过。

动议自由磋商

Delegate of China: China motions for an unmoderated caucus for 5minutes.

中国代表:中国动议进行5分钟的自由磋商.

The Chair: Thank you. Now there's a motion on the floor for an unmoderated caucus for 5 minutes. Is there a second? Thank you. Is there opposition? Thank you. We now have to vote. All those delegates in favor of this motion please raise your placards. All those oppose please raise your placards. Thank you. With 13 in favor and 5 oppose, this motion passed. We are now in an unmoderated caucus.

主席:谢谢。现在中国代表动议进行5分钟的自由磋商。请问场下有无附议?谢谢。下面进行投票。赞成此动议的代表请举牌。反对此动议的代表请举牌。谢谢。13票赞成,5票反对,此动议通过。我们现在进行5分钟的自由磋商。

动议有主持核心磋商

Delegate of China: China motions for a 5 minute moderated caucus on the topic of Security Council reform with 30 seconds' speaking time.

中国代表:中国动议就安理会改革问题进行5分钟的有主持核心磋商。每位代表有30秒的发言时间。

The Chair: Thank you. Now there's a motion on the floor for a moderated caucus for 5 minutes on the topic of Security Council reform and each delegate has 30 seconds' speaking time. Is there a second? Thank you. We now have to vote. All those delegates in favor of this motion please raise your placards. All those oppose please raise your placards. Thank you. With 13 in favor and 5 oppose, this motion passed. Delegates in favor of speaking please raise your placard. Sudan. Now you have 30 seconds.

主席:谢谢。现在场下有一动议就安理会改革进行5分钟有主持核心磋商。每位代表有30秒的发言时间。请问场下有无附议?谢谢。下面进行投票。赞成此动议的代表请举牌。反对此动议的代表请举牌。谢谢。13票赞成,5票反对,此动议通过。下面请希望发言的代表举牌。苏丹,现在你有30秒的发言时间。

(主席随机点请需要发言的代表,代表陆续发言,在有主持核心磋商中代表不能让渡时间)

The Chair: The Chair would like to ask the last delegate to speak.

主席:主席将请最后一位代表发言。

The Chair: Since we just have 20 seconds left, we won't have another delegate. And now we are going back to the speakers' list.

主席:因为有主持核心磋商只剩20秒。我们将不再请另外一位代表发言。我们现在回到发言名单。

4.2.6 工作文件和决议草案的提交

The Chair: The chair would like to encourage the delegates to submit your Working Papers/Draft Resolutions to the director now.

主席:主席希望代表现在能向会议指导提交工作文件。

(某国提交一工作文件,得到主席团批准,并被印发给参会代表。)

The Chair: Now we have one Working Paper (or Draft Resolution) 1.1 on the floor. Because the sponsor of Working Paper(or Draft Resolution)1.1 is China. Please introduce your Working Paper(or Draft Resolution)for 2(or 3) minutes.

主席:现在场上有一份工作文件(或决议草案)1.1,由于起草国为中国,所以中国代表,你有两(或三)分钟的时间对工作文件(或决议草案)进行介绍。

(中国代表介绍)

The Chair: Are there any points or motions on the floor?

主席:请问场下有无问题或动议?

China: Motion!

中国:动议。

The Chair: Delegate of China.

主席:中国代表。

China: China motions to discuss Working Paper 1.1. Total time is 10 minutes and each delegate has 60 seconds.

中国:中国代表动议一个10分钟的有主持核心的磋商。讨论工作文件1.1,每位代表发言时间为60秒。

(之后对此动议进行表决)

4.2.7 修正案

4.2.7.1 友好修正案

The Director: We now have a Friendly Amendment submitted by Cuba and it will be spontaneously added to the draft resolution 1.1.1 as a clause No. 4.

会议指导:现在古巴代表提交了友好修正案,内容如下(介绍)。该友好修正案将被引入决议草案作为第四款。

（会议指导需要介绍友好修正案的内容。）
（主席助理会把友好修正案打到屏幕上。）

4.2.7.2 非友好修正案

The Director: At this moment, there is an Unfriendly Amendment 1.1.1 submitted by Sudan and with the signatories from China, Egypt, South Africa and UK. Delegates may move to a motion for a Moderated Caucus to discuss the Amendment.

会议指导：现在苏丹提交了一份非友好修正案1.1.1，内容如下（介绍）。该修正案得到了中国、埃及、南非和英国的附议。代表们可以动议进行有主持核心磋商来讨论该修正案。

4.2.8 结束辩论以及表决

The Chair: Are there any points or motions on the floor?
主席：请问场下有无问题或动议？
Delegate of China: Motion.
中国代表：动议。
The Chair: China is recognized.
主席：中国代表有何动议？
Delegate of China: China motions to close the debate.
中国代表：中国动议结束辩论。
The Chair: There's a motion to close the debate and go directly to vote on the Draft Resolution. We need two delegates to speak for this motion and two against. Those delegates wishing to close this debate please raise your placards.
主席：中国代表动议结束辩论。下面请两位赞成此动议的代表和两位反对此动议的代表发言。希望结束辩论的代表请举牌。
The Chair: X, now you have 1 minute to speak.
主席：X国代表，现在您有1分钟发言时间。
The Chair: We now have to vote. All those delegates wishing to close the debate please raise your placards. (Count) Those against the closure of debate please raise your placards. (Count)
With 14 in favor and 4 oppose, this motion passed, the debate is closed. Now we proceed to the voting procedure. I'd like to pass the gavel to the Rapportuer.
主席：现在我们开始投票。希望结束辩论的代表请举牌。希望继续辩论的代表请举牌。
14票赞成，4票反对，此动议通过，现在结束辩论。现在由主席助理来主持文件表决。
（会议需要首先表决修正案，再表决决议草案。）
The Rapportuer: The vote on Draft Resolution 1.1 is a Roll Call Vote. I would call the name of each country and Please answer "yes", "no" or "abstain" when your country's name is called.
Australia, Australia votes "yes"...
主席助理：先对决议草案1.1进行唱名表决。请被点到的代表答"赞成""反对"或"弃权"。
澳大利亚，澳大利亚赞成……

The Chair: With 25 delegates in favor of this draft resolution, 7 abstain and 20 delegates opposed. This draft resolution failed.

主席：25票赞成，7票弃权，20票反对，该决议草案未能通过。

4.3 会议中的文件及其写作

联合国安全理事会

S/RES/1747(2007)
2007年3月24日

第1747(2007)号决议
2007年3月24日安全理事会第5647次会议通过

安全理事会，

回顾安理会主席2006年3月29日的声明(S/PRST/2006/15)和安理会2006年7月31日第1696(2006)号决议和2006年12月23日第1737(2006)号决议，并重申其规定，

重申对《不扩散核武器条约》的承诺和该条约所有缔约国全面遵守其一切义务的必要性，并回顾缔约国有权按照该条约第一条和第二条的规定，不受歧视地为和平目的进行核能的研究、生产和利用，

回顾它在第1696(2006)和1737(2006)号决议中对国际原子能机构（原子能机构）总干事的报告表示严重关切，

回顾原子能机构总干事2007年2月22日的最新报告(GOV/2007/8)，并痛惜如报告所示，伊朗未遵守第1696(2006)和1737(2006)号决议，

强调寻求谈判解决办法保证伊朗的核计划完全用于和平目的的政治和外交努力的重要性，注意到这一解决办法将有利于其他地区的核不扩散努力，欢迎中国、法国、德国、俄罗斯联邦、联合王国和美国继续承诺在欧洲联盟高级代表的支持下，寻求谈判解决，回顾原子能机构理事会的决议(GOV/2006/14)，其中确定，解决伊朗核问题有助于全球防扩散努力和实现中东无大规模毁灭性武器包括其运载工具的目标，

决心采取适当措施落实安理会各项决定，以劝服伊朗遵守第1696(2006)和1737(2006)号决议和满足原子能机构的要求，阻止伊朗发展敏感技术来支持它的核和导弹计划，直至安全理事会认定该决议的各项目标已经实现，

回顾要求会员国通力合作，彼此协助，执行安全理事会所决定之办法，

关切伊朗的核计划有扩散危险，以及在这方面，伊朗仍未满足原子能机构理事会的要求，仍未遵守安全理事会第1696(2006)号和第1373(2006)号决议的规定，铭记安理会根据《联合国宪章》负有维护国际和平与安全的首要责任，

根据《联合国宪章》第七章第四十一条采取行动，

1. 重申伊朗应不再拖延地采取原子能机构理事会第GOV/2006/14号决议所要求的步骤，这些步骤是对伊朗核计划完全用于和平目的建立信任和解决悬而未决问题所不可或缺的，并为此申明安理会决定伊朗应不再拖延地采取第1737(2006)号决议第2段要求的步骤；

> 2. 呼吁所有国家对还在从事直接参加或支持伊朗扩散敏感核活动或发展核武器运载系统的人在本国入境或过境保持警惕和克制，并为此决定所有国家都应将第1737(2006)号决议附件或本决议附件一指认的人，以及安全理事会或第1737(2006)号决议第18段所设委员会（下称"委员会"）指认的其他从事直接参加或支持伊朗扩散敏感核活动或发展核武器运载系统的人，包括通过参与采购第1737(2006)号决议第3段和第4段明文禁止并在其规定措施范围内的物项、货物、设备、材料和技术这样做的人，在本国入境或过境的情况通知委员会，除非这种旅行是为了从事与该决议第3(b)(一)和(二)分段中的物项直接有关的活动；
>
> ......
>
> 13. 申明，安理会将根据上文第12段所述在60天内提交的报告，审议伊朗的行动，并申明：
>
> (a) 如果而且只要经原子能机构核实，伊朗已暂停所有浓缩相关活动，包括研究和开发活动，安理会将暂停执行各项措施，以便能开展有诚意的谈判，早日取得彼此都可接受的结果；
>
> (b) 一旦安理会在接到上文第12段所述报告后，认定并经原子能机构理事会确认，伊朗已经全面履行了安全理事会有关决议为其规定的义务并满足了原子能机构理事会的要求，就会终止第1737(2006)号决议第3、4、5、6、7和12段以及上文第2、4、5、6和7段规定的措施；
>
> (c) 如果上文第12段提到的报告表明伊朗未遵守第1737(2006)号决议和本决议，安理会将根据《联合国宪章》第七章第四十一条进一步采取适当措施，劝服伊朗遵守这些决议和满足原子能机构的要求，并强调，如有必要采取这种补充措施，则须作出进一步的决定；
>
> 14. 决定继续处理此案。

这是一份联合国安理会通过的决议，在议事规则的介绍中我们已经多次提到会议当中的文件。决议是联合国成员针对某一议题所作出的决定，通常都是对当前国际热点问题提出的解决办法，或是国际社会应当有的回应。联合国经表决通过的决议就是正式的国际法文件。

那么在"模拟联合国"当中，文件有什么特点，是如何产生的呢？这一节将重点讲解文件的写作。

4.3.1 概述

首先请回答一个问题，"模拟联合国"会议的讨论目的是什么？很多代表往往"纠缠"在研究规则流程之中，忘记了开会的目的。不论是2个小时还是5天的会议，有一条主线不能忘记，即会议讨论的目的是能够提出针对议题的解决办法。

在进行议题研究的过程中，相信你已经积累了很多想法，在会议当中与代表的观点激发碰撞，一定也启发了新的思路。这些问题的解决办法最终需要以正式的书面的会议文件的方式呈现出来。

文件在"模拟联合国"的会议中占据了很重要的地位。除了会议开始阶段的各国陈述之外，会议中绝大部分时间的讨论都建立在各种文件的基础上。一份好的文件不仅可以使你在会议讨论中占据主动，也可以使你所代表的国家能够发挥更大的作用，甚至可能就是会议最后所通过的那份决议，那个委员会中所有人为之奋斗的最终成果。当然，在你撰写的工作文件、决议草案成为大会最终决议的过程中,还有很长的路要走。我们先从最基本的开始。

会议中的文件分为工作文件、决议草案、修正案、决议。通过图 4.11 你可以看到基本的会议文件提交流程。

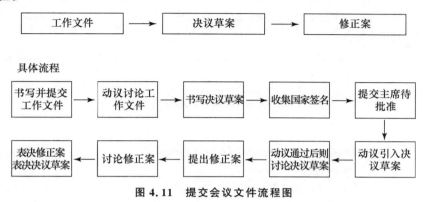

图 4.11　提交会议文件流程图

4.3.2　决议

经过讨论、写作与协商,最后的成果就是决议——一份由部分国家起草,另一些国家附议,通过讨论以及表决,以三分之二代表国赞成而通过的(安理会除外)对相关议题的解决办法的书面建议。代表们开会的直接目的就是为了共同合作,解决问题,而他们所有的努力都将在决议中得到体现,所以代表们对相关文件的写作过程、写作格式和语言,应该有相当程度的熟悉。一份决议的完成要经过两个写作上的步骤:工作文件(Working Paper)和决议草案(Draft Resolution)。

4.3.3　工作文件

概念

工作文件是代表们在进行游说和结盟之后,在各自立场文件的基础上,综合他国立场和要求,草拟出的针对某一问题的看法和观点,以及初步的解决办法。

作用

工作文件的作用是为决议草案的起草打下基础,因此可以将工作文件理解为决议草案的雏形。在会议开始的阶段,代表们提出了各种想法。通过几个回合的磋商,委员会形成了不同的国家集团,此时就需要大家将这些想法落实到书面上,工作文件就是反映国家集团立场和初步解决方案的文件。

作者与提交

一份工作文件的作者可以是一国代表,也可以是多国代表。在一份工作文件完成之后,将被提交给所在委员会的主席团,如果获得委员会的会议指导审查通过,代表们就可以将工作文件经过格式和内容上的加工和完善转化成一份决议草案。

篇幅与格式

工作文件在篇幅与格式上没有固定的要求,代表们可以采用任何形式进行工作文件的写作:段落、文章、观点的罗列、表格或是标准的决议格式等。

写作时的注意事项

工作文件是各种会议文件中最不正式的一种,但是这并不表示它的写作就会比其他文件更轻松和随意,相反,代表们在写作工作文件时,要克服过于轻松随意的心态带来的落笔的草率和不正式。工作文件也是一份专业性很强的文件,在写作过程中代表们也一定要注意页面的干净、清晰,以及术语运用的得体。

工作文件范例

SAMPLE WORKING PAPER

Working Paper
Committee: UN Conference on Trade and Development
Topic: Generalized System of Preferences
Submitted by Bolivia, Peru, and Ecuador

Bolivia, Peru, and Ecuador believe that a GSP should be set up so that Less-Developed Countries (LDCs) receive preferential treatment from Developed Countries (DCs). To that end we propose:

1. Each DC reduces their tariffs to the lowest level possible. This level will be determined by the below created subcommittee,

2. Bilateral trade agreements should be pursued for further reductions in tariffs.

3. Trade preferences should be granted in the following areas:
   Agriculture
   Manufactures
   Semi-manufactures
   Raw materials

4. Decisions on product coverage by preference giving nations must be made in consultation with the affected LDC. Annual re-evaluation of coverage shall take place with the LDC with disputed going to the below-created subcommittee.

5. A subcommittee of UNCTAD should be created with equal membership of developed and developing countries. This subcommittee would have the following powers:

   a. To mediate disputes between preference givers and receivers
   b. Make recommendations that all countries should follow
   c. Serve as a forum for airing grievances relating to the GSP
   d. Report regularly to the Secretary-General

   Membership should be as follows:
   a. Five permanent nations from the DCs
   b. Five permanent nations from the LDCs
   c. Ten members elected annually by UNCTAD

4.3.4　决议草案

概念

工作文件通过格式和内容上的加工完善就会转化为决议草案。之所以称之为草案，是因为必须要在会议最后经过代表们投票通过，它才成为能够真正生效的决议。

作用

决议草案即各国代表在会议过程中合作的成果，是对议题中的问题的解决办法。

作者与提交

一份决议草案可以由一国或多国代表来写作，但事实上一份决议草案要得到更多的支持，通常是由多个国家代表共同起草的，这些国家就被称为起草国（Sponsors）。起草国是完全同意决议草案内容的。同时，决议草案应该得到一定数量国家代表的签署，才能将这份决议草案提交给委员会主席团，这些签署的国家就被称为附议国（Signatories）。起草国和附议国的数量应为所有代表国的20%，起草国不能再次成为该决议的附议国。值得注意的是，成为附议国，并不意味着这个国家支持或者反对这份决议草案，而是这个国家认为该草案具有讨论价值。当一份决议草案拥有了足够的附议国之后，它需要再次得到委员会主席团的认可，才能由起草国提出动议停止辩论并开始讨论该决议，然后关于此决议草案的正式辩论才会由此展开。

格式

1）草案标题
- 委员会（committee）
- 议题（topic）
- 决议草案编号（number）（由所在委员会的主席团给出）
- 起草国和附议国的国家名单（sponsors and signatories）

2）草案正文

决议草案正文可以说是一个完整的长句，主要分成以下两个部分。

I. 序言条款（preambulatory clauses）

这部分主要陈述该议题的历史，讨论该议题的必要性并回顾在该议题上过去的决议和条约。

序言条款的格式为：

每一款以一个动词开头（若为英语，则用动词现在分词形式），并以逗号结尾。

序言性条款可以涉及：
- 联合国宪章
- 联合国在该问题上曾经通过的决议或条约
- 联合国秘书长或其他联合国机构就此问题发表过的言辞
- 地区或非政府组织对此问题的见解
- 对该问题大致的情况及影响的阐述

II. 行动性条款（operative clauses）

这部分是整个决议草案的实质性部分，具体列举了解决问题的措施和建议。每一款以一个动词开头（若为英语，则用动词第三人称单数），并以分号结尾。这些条款应该按照正确的逻辑顺序予以排列并用阿拉伯数字进行标注，每一款只包含一个建议或想法。如果某一款需要更进一步的解释，可以在该款下分条款逐一说明，格式不变，用英文字母或罗马数字进行标注。最后一款的结尾处用句号结束全文。

决议草案范例

DRAFT RESOLUTION 1.1

Committee：General Assembly
Topic：Security Council Reform
Sponsors：Brazil，Germany and India
Signatories：(list of countries)

The General Assembly,

Recalling its resolutions 48/26 of 3 December 1993 and 53/30 of 1 December 1998,

Recognizing the primary responsibility of the Security Council for the maintenance of international peace and security under the Charter of the United Nations,

Recognizing also the functions and powers of the General Assembly on matters pertaining to the maintenance of international peace and security as contained in the Charter,

……

Bearing in mind the United Nations Millennium Declaration of 8 September 2000, adopted by Heads of State and Government,① in which they resolved, in respect of reform of the Security Council, to intensify their efforts to achieve a comprehensive reform of the Security Council in all its aspects,

1. *Decides*：

（a）That the membership of the Security Council shall be increased from fifteen to twenty-five by adding six permanent and four non-permanent members;

标题大写粗体居中，编号由主席团给出

委员会名称

起草国和附议国名单，总数要达到与会国家总数的20％。

决议开头写委员会全称，不缩进，后跟逗号。

该部分为序言性条款，包括对所讨论问题的描述，对过去所采取行动的回顾，对决议草案的目的的解释以及为接下来的行动性条款提供论据支持等内容。每一条导言性条款都作为状语，通常以下划线的动词现在/过去分词（分词词组）、形容词（词组）开头，并以逗号结尾。若有需要，仿照此例插入脚注。

---

① See resolution 55/2.

> (b) That the six new permanent members of the Security Council shall be elected according to the following pattern:
> 　　(i) Two from African States;
> 　　(ii) Two from Asian States;
> 　　(iii) One from Latin American and Caribbean States;
> 　　(iv) One from Western European and Other States;
> (c) That the four new non-permanent members of the Security Council shall be elected according to the following pattern:
> 　　(i) One from African States;
> 　　(ii) One from Asian States;
> 　　(iii) One from Eastern European States;
> 　　(iv) One from Latin American and Caribbean States;
> 2. *Invites* interested States to inform the members of the General Assembly that they are prepared to assume the functions and responsibilities of permanent members of the Security Council and to submit their candidatures in writing to the President of the General Assembly within one week of the adoption of the present resolution;
> ……

行动性条款每一条都是谓语,用斜体单数第三人称动词(词组)开头,逐条用阿拉伯数字标明。需要有多级层次时,第一层用圆括号加小写字母,第二层用圆括号加小写罗马数字;保持一定的缩进。
开启新层次的句子没有结束,所以最后用冒号。除最后一条用句点以外,每一条的末尾都用分号结尾。

4.3.5　修正案

概念和作用

决议草案可以被修改。修正案(Amendments)的提出就是在原有的决议草案基础上,对其行动性条款中的部分进行添加、删除和修改。修正案能够使决议草案经过修改之后更加完善,符合更多国家的利益,会得到更多国家的支持,因此增大了决议草案通过表决的可能性。

分类

修正案分为两类。

友好修正案:这是一项由所有起草国同意并签署的修改,可以由任何国家代表提出。经委员会主席团通过后,友好修正案将自动被引入决议草案,不需要投票表决。

非友好修正案:这是一项部分或所有起草国反对的修改。提出修正案的国家代表必须同样得到所有代表国中20%国家代表的签署,并由委员会主席团通过,才能向整个委员会提出。提出后,经由辩论和表决(三分之二多数通过),最终决定该修正案是否被引入决议草案。

格式

修正案的具体格式是在开头左上角由修正案的提出国署名(若是友好修正案,则是提出国和所有起草国的署名;非友好修正案则是提出国的署名,其数量要超过与会代表国的20%)。在正文中要写清决议草案中要修改的具体条款的序号,然后在后面直接写出修改后的条款内容。修正案的第一行要提出对决议的某个条款的修改(Add to, Delete, Insert in between)。修正案的编号要顺着相应的草案编号进行,若决议草案的编号为1.1,则相应的修正案的编号即为1.1.1。一份修正案可以就一项条款或多项条款进行修正。

修正案范例

AMENDMENT TO DRAFT RESOLUTION A/60/L. 46	标题大写粗体居中,写清所要修正的文件编号
General Assembly	委员会名称,粗体
Sixtieth session Agenda item 117	届别,使用粗体
QUESTION OF EQUITABLE REPRESENTATION ON AND INCREASE IN THE MEMBERSHIP OF THE SECURITY COUNCIL AND RELATED MATTERS	议题,粗体
Sponsors:Argentina and Italy **Signatories**:(list of countries)	起草国和附议国名单,总数要达到与会国家总数的20%。
Security Council reform	文件主题,可以与议题不同。
1. In operative paragraph 6, *after* reproductive rights *insert*, as understood in previous…September 1995),.	在段落中插入:首先指明段落,然后指明具体位置,最后写清插入的内容。动词词组斜体。
2. At the end of the seventh preambular paragraph *for* "…exploration" *read* "…".	在段落中替换:首先指明段落,然后指明对象,最后写替换成的内容。
3. Replace the first preambular paragraph with the following: 　　*Guided* by the purposes…jurisdiction of any State,	替换段落:首先指明对象位置,然后完全按照草案要求写替换成的内容。

> 4. Add the following new paragraphs as the second and third operative paragraphs:
> *Reiterates* paragraph 17 of... the 2005 World Summit Outcome;[①]
> *Refers* in particular to....
> 5. Renumber the remaining paragraphs accordingly.

添加段落：指明添加为第几段，然后严格按要求写清要添加的段落。最后声明重新编号。

表 4.3 各类文件对比简表

文件名称	作者	出现时间	阅读者	提交程序	投票通过
立场文件	每国代表都将写作自己的立场文件	会议开始前	主席团，各国代表（指各国代表通过阅读他国的立场文件了解他国立场）	会前提交各委员会主席团	不参加会议程序
工作文件	由任何国家（单个或多个）起草	会议中各代表已陈述完各自观点，并对问题解决有了初步方案之时	主席团，全体与会代表	提交给会议指导审查，通过之后印发给全体代表	无须投票
决议草案	由一个至以上的国家起草	工作文件通过会议指导审查通过之后	主席团，全体与会代表	提交给会议指导审查，通过后印发给全体代表	2/3 多数通过
友好修正案	由任何国家（单个或多个）提出	决议草案被引入大会日程进行讨论之后	主席团，全体与会代表	经会议指导审查后直接加入决议草案中	无须投票
非友好修正案				由会议指导审查后通过起草动议进入讨论阶段，投票通过	2/3 多数通过

4.3.6 文件书写常用的词汇

序言性条款常用词汇（英语）

Affirming	Deeply regretting	Alarmed by
Desiring	Approving	Emphasizing
Aware of	Expecting	Bearing in mind
Expressing its appreciation	Believing	Expressing its satisfaction
Confident	Fulfilling	Contemplating
Fully alarmed	Convinced	Fully aware

---

① General Assembly Resolution 60/1.

Declaring	Fully believing	Deeply concerned
Further deploring	Deeply conscious	Further recalling
Deeply convinced	Guided by	Having adopted
Noting with approval	Having considered	Observing
Having considered further	Reaffirming	Having devoted attention
Realizing	Having examined	Recalling
Having heard	Recognizing	Having received
Referring	Having studied	Seeking
Keeping in mind	Taking into account	Noting with deep concern
Taking into consideration	Noting with regret	Taking note
Noting with satisfaction	Viewing with appreciation	Noting further
Welcoming		

行动性条款常用词汇（英语）

Accepts	Declares accordingly	Affirms
Deplores	Approves	Designates
Authorizes	Draws the attention	Calls
Emphasizes	Calls upon	Encourages
Condemns	Endorses	Confirms
Expresses its appreciation	Congratulates	Expresses its hope
Considers	Further invites	Further proclaims
Regrets	Further reminds	Reminds
Further recommends	Requests	Further requests
Solemnly affirms	Further resolves	Strongly condemns
Has resolved	Supports	Notes
Takes note of	Proclaims	Transmits
Reaffirms	Trusts	Recommends
Urges		

序言性条款常用词汇（中文）

重申，回顾，认识到，强调，遵循，注意到，欢迎，考虑到，深信，赞赏地注意到，表示关切，深为关切，考虑到，决心，希望，吁请，感到不安的是，深切关注，满意地注意到，感兴趣地注意到，审议，特别回顾，感到震惊，严重关切，深感痛惜，极感关切地注意到，特别感到震惊，提请注意，关注，承认，深为关切地注意到，十分关切地注意到，对，进一步回顾，赞赏地承认，相信，感到鼓舞的是，期待。

行动性条款常用词汇（中文）

重申，认为，呼吁，请，决定，欢迎，赞赏，认识到，确认，申明，铭记，满意地注意到，敦促，拒绝接受，注意到，表示深信，谴责，鼓励，支持，深表关注，赞赏地注意到，赞扬，要求，建议，声援，强烈谴责，重申毫不含糊地谴责，号召，促请，感谢，强调，在（……方面），表示严重关切，表示严重关注，极为担心地注意到，严重关切地注意到，承认，感兴趣地注意到，严重关切，关切，表示支持。

4.3.7 文件用语的例句

安理会的文件一般是"一项议题、两段陈述"。前半段称作"序言部分",主要介绍背景情况,后半截称作"执行部分",主要表明要做的事情。序言部分通常使用如下的措辞:"忆及什么什么""回顾什么什么""注意到什么什么"。如果内容多、语气强,还可以增加如下的措辞:"进一步忆及什么什么""又注意到什么什么"之类。然后再转入正题。

"执行部分"无非是"决定什么什么""谴责什么什么""敦促什么什么",最后是"要求秘书长如何如何"等。安理会对决议草案的磋商,有时就像一帮老头在玩小孩的"填字游戏"一般。传说有人在安理会工作一段时间后,便得了轻度"职业病",起草文件、谈话要点甚至写封家书也忘不了使用几句"忆及、回顾、注意到"等安理会惯用语!

——陈伟雄《亲历安理会——一个现役中国外交官的自述》

这位外交官生动地介绍了联合国文件的"八股"模式。这些词和用法确实很少在我们日常写作中用到,所以需要在会前进行练习。对中国学生而言,"模拟联合国"活动中的写作是最难的。尤其是在出国参会的时候,我们与母语为英文的学生同场竞技,在这方面还稍显逊色。但其实如果勤加练习的话,是可以将我们观点顺利表达出来的。代表们可以多参考联合国的决议。下文就是从联合国的文件中摘录的句子,代表们可以以此学习上文词汇的用法。

序言性条款例句

1. Recall(回顾)—*Recalling* General Assembly resolutions 60/32 A and B of 30 November 2005, on the situation in Afghanistan and its implications for international peace and security and emergency international assistance for peace, normalcy and reconstruction of war-stricken Afghanistan, in particular the references to the situation of women and girls,

Recalling also Security Council resolutions 1589 (2005) of 24 March 2005 and 1659 (2006) of 15 February 2006, on the situation in Afghanistan, and 1325 (2000) of 31 October 2000, on women and peace and security,

Recalling further its resolution 2005/8 of 21 July 2005, on the situation of women and girls in Afghanistan, (ECSOOC: 2006f)

回顾2005年11月30日大会关于阿富汗局势及其对国际和平与安全的影响和为饱经战祸的阿富汗的和平、正常状态及重建提供紧急国际援助的第60/32 A和B号决议,特别是提及妇女和女童状况的内容,

又回顾安全理事会关于阿富汗局势的2005年3月24日第1589(2005)号决议和2006年2月15日第1659(2006)号决议,以及关于妇女与和平与安全问题的2000年10月31日第1325(2000)号决议,

还回顾2005年7月21日经济及社会理事会关于阿富汗妇女和女童状况的第2005/8号决议,

2. And(并)—*Recalling and reaffirming* the commitments relating to youth employment

made at the major United Nations conferences and summits since 1990 and their follow-up processes,(ECOSOC:2006j)

回顾并重申1990年以来联合国各次主要会议和首脑会议所作有关青年就业的承诺及其后续行动进程。

3. Further(进一步)—*Recalling* its resolution 2000/27 of 28 July 2000, in which it reaffirmed the importance of national efforts to build statistical capacity in all countries, including through statistical training, and of effective international support in this context for developing countries and countries with economies in transition,(ECOSOC:2006e)

Further recalling its resolution 2005/13 of 22 July 2005, in which it noted the critical importance of the 2010 round of population and housing censuses for meeting data needs for the follow-upactivities to the international conferences and summits, including the Millennium Summit,

回顾其2000年7月28日第2000/27号决议,其中重申各国包括通过统计培训努力建设统计能力的重要性以及国际上在这方面对发展中国家和经济转型国家提供有效支持的重要性。

进一步回顾其2005年7月22日第2005/13号决议,其中注意到2010年人口和住房普查对满足各国际会议和首脑会议,包括千年首脑会议的后续行动的数据需要至关重要。

4. Having(表示已经完成、过去)—*Having considered* with appreciation the report of the Secretary-General on the situation of and assistance to Palestinian women,(ECOSOC:2006g)

赞赏地审议了秘书长关于巴勒斯坦妇女状况和向巴勒斯坦妇女提供援助的报告。

5. Re(再次)—*Re-emphasizes* that the discussions of humanitarian policies and activities by the General Assembly and the Economic and Social Council should be continuously revitalized by Member States with a view to enhancing their relevance, efficiency and impact;(ECOSOC:2006d)

再次强调会员国应继续激活大会和经济及社会理事会对人道主义政策和活动的讨论,以便提高其实际意义、效率及加强影响。

6. Affirming(申明)—*Affirming* that without a coordinated effort to enhance and sustain statistical capability in many developing countries and countries with economies in transition, effective monitoring of progress towards national as well as internationally agreed development goals, including the Millennium Development Goals, is being compromised,(ECOSOC:2006e)

申明许多发展中国家和经济转型期国家由于没有开展加强和维持统计能力的协调努力,很难有效监视国家及国际商定目标,包括千年发展目标的进展情况。

7. Bearing in mind(铭记)—*Bearing in mind* that African countries have primary responsibility for their own economic and social development, that the role of national policies and development strategies cannot be overemphasized and that their development efforts need to be supported by an enabling international economic environment, and in this regard recalling the support given by the International Conference on Financing for Development 5 to the New Partnership,(ECOSOC:2006k)

铭记非洲国家对其本身的经济和社会发展负有首要责任,对于国家政策和发展战略的作用,怎样强调也不为过,这些国家的发展努力需要得到一个扶持性的国际经济环境的支持,并在这方面回顾发展筹资问题国际会议向非洲发展新伙伴关系提供的支持。

8. Commending(赞扬)—*Commending* the valuable contribution that the United Nations Integrated Office in Sierra Leone (UNIOSIL) has made to the recovery of Sierra Leone from conflict and to the country's peace, security and development,(Security Council:2006e)

赞扬联合国塞拉利昂综合办事处(联塞综合办)为塞拉利昂冲突后复原及该国的和平、安全与发展作出宝贵贡献。

9. Committed to(致力于)—*Committed to ensuring* that fair and clear procedures exist for placing individuals and entities on sanctions lists and for removing them, as well as for granting humanitarian exemptions,(Security Council:2006g)

采取行动确保订立公正而明确的程序,便于将个人和实体列入制裁名单和将其从名单中删除,以及给予人道主义豁免。

10. Concerned about(关切)—*Concerned* about the grave situation of Palestinian women in the Occupied Palestinian Territory, including East Jerusalem, resulting from the severe impact of ongoing illegal Israeli settlement activities and the unlawful construction of the wall in the Occupied Palestinian Territory, including in and around East Jerusalem, as well as the severe consequences arising from Israeli military operations on and sieges of civilian areas, which have impacted detrimentally their social and economic conditions and deepened the humanitarian crisis faced by them and their families,(ECOSOC:2006g)

关切包括东耶路撒冷在内被占领巴勒斯坦领土上的巴勒斯坦妇女,因以色列不断非法进行定居活动,在被占领巴勒斯坦领土上,其中包括在东耶路撒冷内和周围,非法建筑隔离墙造成严重影响,而面临严峻局势,并关切以色列对平民区实施军事攻击和围困所产生的严重后果,攻击和围困危害了她们的社会和经济状况,加剧了她们和她们的家人所面临的人道主义危机。

11. Cognizant(认识到)—*Cognizant* of the link between priorities of the New Partnership for Africa's Development and the United Nations Millennium Declaration, in which the international community committed itself to addressing the special needs of Africa, and the need to achieve the internationally agreed development goals, including those set out in the Millennium Declaration,(ECOSOC:2006k)

认识到非洲发展新伙伴关系中的优先事项同《联合国千年宣言》之间的联系,其中国际社会承诺满足非洲的特别需求,以及需要实现国际商定的发展目标,包括《千年宣言》中列出的目标。

12. Continuing(继续)—*Continuing* in its resolve to ensure that sanctions are carefully targeted in support of clear objectives and implemented in ways that balance effectiveness against possible adverse consequences,(Security Council:2006g)

继续决心确保谨慎确定制裁对象,有的放矢,并且在实施制裁时,既顾及效力,又考虑到可能产生的不良后果。

13. Deeply concerned(深切关注)—*Deeply concerned* that (a) there still exists in many countries a lack of adequate data to (i) assess national trends in the context of monitoring pro-

gress towards the realization of all the internationally agreed development goals, including the Millennium Development Goals, and (ii) inform and monitor the implementation of national development policies and strategies, and (b) in many countries where data do exist, there is lack of capacity to use them and, in certain cases where country data are available, they are not used to the extent possible,

深切关注(一)许多国家仍然缺乏充分的数据,不足以(1)根据监视国际商定发展目标,包括千年发展目标的实现进展情况评估国家趋势,(2)通报和监视国家发展政策和战略的执行情况以及通报和监视对建立全球发展合作伙伴的承诺的落实情况;(二)许多国家即使有数据,但没有尽可能地利用这些数据。

14. Deploring(谴责、痛惜)—*Deploring* the persistence of violations of human rights and international humanitarian law in the Democratic Republic of the Congo, in particular those carried out by these militias and foreign armed groups and by elements of the Armed Forces of the Democratic Republic of the Congo (FARDC), and *stressing* the urgent need for those responsible for these crimes to be brought to justice,(Security Council: 2006c)

谴责刚果民主共和国境内持续发生侵犯人权和违反国际人道主义法的行为,尤其是这些民兵和外国武装团体以及刚果民主共和国武装部队[刚果(金)武装部队]一些成员的此种行为,强调亟须将应对这些罪行负责的人绳之以法。

15. Determined(决心)—*Determined* to give effect to its decisions by adopting appropriate measures to persuade Iran to comply with resolution 1696 (2006) and with the requirements of the IAEA, and also to constrain Iran's development of sensitive technologies in support of its nuclear and missile programmes, until such time as the Security Council determines that the objectives of this resolution have been met,(Security Council: 2006b)

决心采取适当措施落实安理会各项决定,以劝服伊朗遵守第1696(2006)号决议和满足原子能机构的要求,阻止伊朗发展敏感技术来支持它的核和导弹计划,直至安全理事会认定本决议的各项目标已经实现。

16. Determining(认定)—*Determining* that, despite significant progress having been made in Liberia, the situation there continues to constitute a threat to international peace and security in the region,(Security Council: 2006f)

认定尽管在利比里亚取得了重大进展,但利比里亚局势继续对该区域的国际和平与安全构成威胁。

17. Emphasizing(强调)—*Emphasizing* that operational activities for development of the United Nations system should be valued and assessed on the basis of their impact on recipient countries as contributions to enhance their capacity to pursue poverty eradication, sustained economic growth and sustainable development,(ECOSOC: 2006i)

强调评价和评估联合国系统发展方面业务活动的依据应当是这些活动是否发挥作用,协助受援国加强其消除贫穷、实现持续经济增长和可持续发展的能力。

18. Drawing(提请)—*Drawing* the attention of all States to the full range of justice and reconciliation mechanisms, including national, international and "mixed" criminal courts and tri-

bunals and truth and reconciliation commissions, and *noting* that such mechanisms can promote not only individual responsibility for serious crimes, but also peace, truth, reconciliation and the rights of the victims,(Security Council：2006a)

提请各国注意各种司法与和解机制,其中包括国家、国际和"混合"刑事法院和法庭及真相与和解委员会,指出这些机制不仅可以推动追究个人对重大罪行的责任,而且可以推进和平、真相、和解和受害人的权利。

19. Expressing its concern(对……表示关切)—*Expressing its concern* about the validity of the use by international agencies of imputed data, particularly when there is a lack of transparency in their methodology,(ECOSOC：2006e)

对各国际机构使用的估算数据的有效性表示关切,尤其是当其方法上缺乏透明度。

20. Expressing its condemnation(表示谴责)—*Expressing its condemnation* of all acts of violence, including all acts of terror, provocation, incitement and destruction, especially the excessive use of force against Palestinian civilians, many of them women and children, resulting in injury and loss of human life,(ECOSOC：2006g)

表示谴责一切暴力行为,包括一切恐怖、挑衅、煽动和破坏行为,特别是对以妇孺居多的巴勒斯坦平民过度使用武力,造成人员伤亡。

21. Expressing the urgent need(表示迫切需要)—*Expressing the urgent need* for the full resumption of negotiations within the Middle East peace process on its agreed basis and towards the speedy achievement of a final settlement between the Palestinian and Israeli sides,(ECOSOC：2006g)

表示迫切需要按照中东和平进程的商定意见,在该进程内全面恢复谈判,在巴勒斯坦和以色列之间迅速达成最后解决办法。

22. Looking forward to(期待)—*Looking forward to* the Secretary-General's proposals, after close consultations with the new Congolese authorities, regarding MONUC's future mandate, including a review of the Mission's military strength,(Security Council：2006c)

期待秘书长与刚果民主共和国新任当局密切协商后,就联刚特派团今后的任务提出建议,包括重新审查特派团的兵力。

23. Noting(注意到)—*Noting* with serious concern that, as confirmed by the IAEA Director General's reports of 8 June 2006 (GOV/2006/38), 31 August 2006 (GOV/2006/53) and 14 November 2006 (GOV/2006/64), Iran has not established full and sustained suspension of all enrichment-related and reprocessing activities as set out in resolution 1696 (2006), nor resumed its cooperation with the IAEA under the Additional Protocol, nor taken the other steps required of it by the IAEA Board of Governors, nor complied with the provisions of Security Council resolution, 1696 (2006) and which are essential to build confidence, and *deploring* Iran's refusal to take these steps,

严重关切地注意到,原子能机构总干事2006年6月8日报告(GOV/2006/38)、2006年8月31日报告(GOV/2006/53)和2006年11月14日报告(GOV/2006/64)证实,伊朗既没有按第1696(2006)号决议规定全面持续暂停所有浓缩相关活动和后处理活动,也没有按《附加议定书》

恢复与原子能机构的合作,亦未按原子能机构理事会的要求采取其他步骤,也未遵守安全理事会第 1696(2006)号决议的规定,而这些步骤是建立信任不可或缺的,痛惜伊朗拒绝采取这些步骤,

与之相近的:Noting with deep concern, Noting with regret, Noting with satisfaction, Noting further, Noting with approval.

24. Paying tribute(赞扬)——*Paying tribute* again to the citizens of the Democratic Republic of the Congo for the remarkable commitment they have demonstrated to the democratic process,(Security Council:2006c)

再次赞扬刚果民主共和国公民对民主进程显示出非凡的决心。

25. Reaffirming(重申)——*Reaffirming* General Assembly resolution 46/182 of 19 December 1991 and the guiding principles contained in the annex thereto, and recalling other relevant General Assembly and Economic and Social Council resolutions and agreed conclusions of the Council,(ECOSOC:2006d)

重申大会 1991 年 12 月 19 日第 46/182 号决议及其附件所载的指导原则,回顾大会其他有关决议和经济及社会理事会有关决议和商定结论。

26. Recalling(回顾)——*Recalling* General Assembly resolutions 45/264,48/162,50/227 and 57/270 B regarding the role of the United Nations in the economic, social and related fields,(ECOSOC:2006c)

回顾大会关于联合国在经济、社会和相关领域的作用的第 45/264、48/162、50/227 和 57/270 B 号决议。

27. Recognizing(认识到、确认)——*Recognizing* that eradication of hunger and poverty is a fundamental objective that must be at the centre of integral development initiatives and programmes of the United Nations system, including those aimed at the achievement of internationally agreed development goals, including the Millennium Development Goals,(ECOSOC:2006c)

认识到消除饥饿和贫穷是一项根本性目标,必须将其置于联合国系统各项整体发展倡议和方案的中心,其中包括旨在实现各项国际商定发展目标——包括千年发展目标——的发展倡议和方案。

28. Reviewing(审查)——*Having reviewed* the measures imposed by paragraphs 2,4, and 6 of resolution 1521(2003) and paragraph 1 of resolution 1532(2004) and the progress towards meeting the conditions set out by paragraphs 5 and 7 of resolution 1521(2003), and concluding that insufficient progress has been made towards that end,(Security Council:2006f)

审查了第 1521(2003)号决议第 2、4 和 6 段和 1532(2004)号决议第 1 段规定的措施,以及在满足 1521(2003)号决议第 5 和 7 段所列条件方面取得的进展,得出结论认为没有为此取得足够的进展。

29. Welcoming(欢迎)——*Welcoming* the fact that at the humanitarian affairs segment of its substantive session of 2006, the Economic and Social Council considered the theme "Strengthening of the coordination of United Nations humanitarian assistance: implementing improved humanitarian response at all levels, including strengthening capacity, with particular attention

to recent humanitarian emergencies including severe natural disasters",(ECOSOC：2006d)

欢迎经济及社会理事会在其2006年实质性会议人道主义事务部分会议审议了"加强联合国人道主义援助的协调：在各级采取更好的人道主义应对措施，包括加强能力，特别注意最近的人道主义紧急状况，包括严重自然灾害"这一主题。

30. Welcoming(欣见)—*Welcoming* the report of the United Nations High Commissioner for Human Rights 6 on the issue of Palestinian pregnant women giving birth at Israeli checkpoints owing to denial of access by Israel to hospitals, with a view to ending this Israeli practice,(ECOSOC：2006g)

欣见联合国人权事务高级专员就巴勒斯坦孕妇因以色列不让她们前往医院而在以色列检查站分娩的问题提出报告，以期终止以色列这种做法。

行动性条款例句

1. Acknowledges(确认)—*Acknowledges* the various important initiatives of Africa's development partners in recent years, including those of the Organization for Economic Cooperation and Development, the Africa Action Plan of the Group of Eight, the European Union, the Tokyo International Conference on African Development, including the Africa-Asia Business Forum, the report of the United Kingdom Commission for Africa entitled *Our Common Interest*, and the Africa Partnership Forum, and in that regard emphasizes the importance of coordination in such initiatives on Africa；(ECOSOC：2006k)

确认非洲发展伙伴近年来的各项重要举措，包括经济合作与发展组织、八国集团非洲行动计划、欧洲联盟、非洲发展问题东京国际会议，包括"非亚商业论坛"的重要举措，以及非洲委员会题为"我们的共同利益"的报告，及非洲伙伴关系论坛，并在这方面强调协调这些非洲举措的重要性。

2. Adopts(通过)—*Adopts* the de-listing procedure in the document annexed to this resolution and *requests* the Secretary-General to establish within the Secretariat (Security Council Subsidiary Organs Branch), a focal point to receive de-listing requests and to perform the tasks described in the attached annex；(Security Council：2006g)

通过本决议所附文件中的除名程序，请秘书长在秘书处（安全理事会附属机关事务处）内确定一个协调人，接收除名申请和执行附件开列的任务。

3. Affirms(申明)—*Affirms* that it will address the issue of protection of journalists in armed conflict strictly under the agenda item "protection of civilians in armed conflict"；(Security Council：2006a)

申明安理会将严格在"武装冲突中保护平民"的议程项目下，处理武装冲突中保护新闻记者的问题。

4. Authorizes(授权)—*Authorizes*, from 1 January 2007 until the expiry of MONUC's current mandate on 15 February 2007, an increase in the military strength of MONUC of up to 916 military personnel, to allow for the continued deployment to MONUC of the infantry battalion and the military hospital currently authorized under the ONUB mandate and expresses its

intention to examine this issue further before 15 February, in the context of the Secretary General's forthcoming proposals, with a view to ensuring that MONUC has adequate capabilities to perform its mandate;(Security Council：2006c)

授权从 2007 年 1 月 1 日至 2 月 15 日联刚特派团当前任务到期之日,将联刚特派团的兵力增加至多 916 名军事人员,以便目前在联布行动任务规定下核定的步兵营和军医院继续编入联刚特派团,并表示打算根据秘书长即将提出的建议,在 2 月 15 日之前进一步研究这个问题,以确保联刚特派团有足够的能力履行任务。

5. Calls for(呼吁)—*Calls for* an acceleration of the development and implementation of a comprehensive accountability framework for resident coordinators, as well as performance appraisal tools and procedures for resident coordinators；(ECOSOC：2006i)

呼吁加速制定和执行驻地协调员综合问责框架以及驻地协调员考绩工具和程序。

6. Calls upon(呼吁)—*Calls upon* Member States to intensify their efforts to strengthen national statistical capacity in order to produce reliable and timely statistics and indicators for the monitoring of：

(ⅰ) National development policies and strategies；

(ⅱ) The implementation of commitments and the achievement of all development goals at the national, regional and international levels；(ECOSOC：2006e)

呼吁各会员国加紧努力以加强国家统计能力,以便编制可靠和及时的统计和指标,监测：

(一) 国家发展政策和战略；

(二) 履行承诺和实现国家、区域和国际各级所有发展目标的情况。

7. Condemns(谴责)—*Condemns* intentional attacks against journalists, media professionals and associated personnel, as such, in situations of armed conflict, and calls upon all parties to put an end to such practices；(Security Council：2006a)

谴责在武装冲突局势中故意攻击新闻记者、媒体专业人员和相关人员的行为,并呼吁所有当事方终止这种做法。

8. Confirms(确认)—*Confirms* that the requirements in paragraph 1 (a) of this resolution apply to economic resources of every kind；(Security Council：2006d)

确认本决议第 1(a)段适用于每一种经济资源。

9. Decides(决定)—*Decides* to abolish the Commission on Human Rights with effect on 16 June 2006.(ECOSOC：2006b)

决定于 2006 年 6 月 16 日取消人权委员会。

10. Demands(要求)—*Demands* that Israel, the occupying Power, comply fully with the provisions and principles of the Universal Declaration of Human Rights, the Regulations annexed to The Hague Convention Ⅳ of 18 October 190711 and the Geneva Convention relative to the Protection of Civilian Persons in Time of War of 12 August 1949, in order to protect the rights of Palestinian women and their families；(ECOSOC：2006g)

要求占领国以色列全面遵守《世界人权宣言》各项规定和原则、1907 年 10 月 18 日《海牙第四公约》所附条例和 1949 年 8 月 12 日《关于战时保护平民之日内瓦公约》,以保护巴勒斯坦妇女及其家人的权利。

11. Directs（指示）—*Directs* the Committee to encourage the submission of names from Member States for inclusion on the Consolidated List;(Security Council：2006d)

指示委员会鼓励会员国提交供列入综合名单的提名。

12. Emphasizes（强调）—*Emphasizes*, in this regard, the importance of strengthening health sector humanitarian response capacity, and calls upon the relevant entities of the United Nations and all States to cooperate in this regard;(ECOSC：2006d)

就此强调必须加强卫生部门人道主义反应能力，并呼吁联合国相关实体和所有国家就此进行合作。

13. Encourages（鼓励）—*Encourages* Member States to continue their efforts in preparedness and disaster risk reduction, and encourages the international community and relevant United Nations entities, within their respective mandates, to support national efforts in this regard;(ECOSOC：2006d)

鼓励会员国继续努力进行备灾和减少灾害风险的工作，并鼓励国际社会和联合国相关实体在各自任务授权范围内支持各国在这方面的努力。

14. Endorses（核可，批准）—*Endorses* the request of the Committee for Development Policy to be informed by the Secretary-General during the transition period on the implementation of the transition strategy of graduating countries and on their development progress, as laid out in General Assembly resolution 59/209 in order to enable the Committee to carry out the function assigned to it in paragraph 12 of that resolution;(ECOSOC：2006a)

核可政策发展委员会的请求，即请秘书长在过渡时期按照大会第59/209号决议的要求，通报毕业国家过渡战略的执行情况和这些国家的发展进度，以使委员会能够履行该决议第12段为其规定的职能。

15. Expresses（表示）—*Expresses* the conviction that the suspension set out in paragraph 2 above as well as full, verified Iranian compliance with the requirements set out by the IAEA Board of Governors, would contribute to a diplomatic, negotiated solution that guarantees Iran's nuclear programme is for exclusively peaceful purposes, *underlines* the willingness of the international community to work positively for such a solution, *encourages* Iran, in conforming to the above provisions, to re-engage with the international community and with the IAEA, and stresses that such engagement will be beneficial to Iran;(Security Council：2006b)

表示深信，上文第2段所述的暂停以及伊朗全面、可核查地满足原子能机构理事会提出的要求，将有助于通过外交途径，谈判解决问题，保证伊朗核计划完全用于和平目的，强调国际社会愿积极致力寻求这一解决办法，鼓励伊朗按上文的规定，与国际社会和原子能机构重新接触，并强调此种接触将对伊朗有益。

Expresses its appreciation（表示赞赏）

Expresses its hope（表示希望）

16. Invites（邀请）—*Invites* the regional commissions, in cooperation with other entities of the United Nations system, regional organizations and other regional processes, where appro-

priate, to further contribute, within their respective mandates, to the implementation and review of the outcomes of the major United Nations conferences and summits in the economic, social and related fields, including, inter alia, sustained economic growth for social development, including the eradication of poverty and hunger;(ECOSOC:2006c)

邀请各区域委员会与联合国系统其他有关实体、区域组织和其他有关区域进程展开合作,在各自授权范围内进一步促进联合国经济、社会和相关领域各次主要会议和首脑会议成果的执行和审查工作,其中包括持续经济增长促进社会发展,包括消除贫穷和饥饿。

17. Notes(注意到)—*Notes* that the increased use of restrictively earmarked non-core resources reduces the influence of the governing bodies and can lead to the fragmentation of operational activities for development of the United Nations system and can thus constrain their effectiveness;(ECOSOC:2006i)

注意到增加使用严格指定用途的非核心资源削弱了理事机构的影响力,会导致联合国系统发展方面业务活动支离破碎,从而限制这些活动的效力。

18. Notes with appreciation(赞赏地注意到)—*Notes with appreciation* the continuation of the annual parliamentary meetings organized by the Inter-Parliamentary Union, as well as the programme of side events held on the occasion of the sessions of the Commission;(ECOSOC:2006h)

赞赏地注意到各国议会联盟继续举行年度议会会议以及在委员会会议期间开展的会外活动方案。

19. Reaffirms(重申)—*Reaffirms* that the resident coordinator system, within the framework of national ownership, has a key role to play in the effective and efficient functioning of the United Nations system at the country level, including in the formulation of the common country assessment and the United Nations Development Assistance Framework, and is a key instrument for the efficient and effective coordination of the operational activities for development of the United Nations system, and requests the United Nations system, including the funds and programmes, the specialized agencies and the Secretariat, to enhance support to the resident coordinator system;

重申驻地协调员制度在国家自主权的框架内,对于联合国系统在国家一级有效力和高效率的运作,包括订立共同国家评价和联合国发展援助框架,非常关键,也是有效力和高效率地协调联合国系统发展方面业务活动的重要工具,并请联合国系统,包括各基金和方案、专门机构和秘书处,加强对驻地协调员制度的资助。

20. Recalls(回顾)—*Recalls* the need for country-level evaluations of the United Nations Development Assistance Framework at the end of the programming cycle, based on the results matrix of the framework, with full participation and leadership of the recipient Government;(ECOSOC:2006i)

回顾须在方案周期结束时,按照框架成果总表,由受援国政府充分参与且发挥领导作用,在国家一级对联合国发展援助框架进行评价。

21. Recognizes(认识到)—*Recognizes* the need to improve understanding of the complex

interlinkages between economic growth and social development, and requests the Secretary-General to encourage the organizations and bodies of the United Nations system, with the involvement of all stakeholders, where relevant, to undertake studies and analytical work at all levels on the social impact of the realization of the internationally agreed development goals, including the Millennium Development Goals;(ECOSOC:2006c)

认识到必须更好地认识经济增长和社会发展之间错综复杂的相互关系,请秘书长鼓励整个联合国系统的各组织和机构在所有利益相关者的参与下,在各个层次针对实现包括千年发展目标在内的各项国际商定发展目标所产生的社会影响开展研究和分析工作。

22. Recommends(建议)—*Recommends* that the General Assembly, in order to have a more focused discussion on humanitarian issues, explore the possibility at its sixty-first session of reallocating to the plenary of the General Assembly the sub-items of its agenda related to the strengthening of the coordination of humanitarian and disaster relief assistance of the United Nations currently considered by the Second Committee;(ECOSOC:2006d)

建议大会为更有针对性地讨论人道主义问题,探讨能否在其第六十一届会议上将现在由第二委员会审议的涉及加强联合国人道主义和救灾援助问题的议程分项目重新分配给大会全体会议。

23. Reiterates(再次请)—*Reiterates* its request to the Secretary-General to report to the General Assembly through the Economic and Social Council on progress achieved in developing and improving mechanisms for the use of emergency standby capacities;(ECOSOC:2006d)

再次请秘书长通过经济及社会理事会向大会报告在建立和改进应急备用能力的利用机制方面所取得的进展。

24. Renews(重申)—*Renews* the invitation contained in General Assembly resolutions 57/165 of 18 December 2002 and 58/133 of 22 December 2003 to the International Labour Organization, in collaboration with the United Nations Secretariat, the World Bank and other relevant specialized agencies, within the framework of the Youth Employment Network, to assist and support, upon request, the efforts of Governments in the elaboration and implementation of national reviews and action plans;(ECOSOC:2006j)

重申大会 2002 年 12 月 18 日第 57/165 号决议和 2003 年 12 月 22 日第 58/133 号决议中的邀请,即请国际劳工组织与联合国秘书处及世界银行和其他有关专门机构合作,在青年就业网范围内,应要求协助和支持各国政府努力拟订和落实国家审查和行动计划。

25. Requests(请)—*Requests* the United Nations system to conduct common country assessments and the United Nations Development Assistance Framework processes under the leadership of national Governments in such a way as to optimize their harmonization and alignment with national development strategies and priorities as well as efforts to improve the support for national development priorities and policies, and stresses that full national ownership, participation and leadership are required at all stages of those processes;(ECOSOC:2006c)

请联合国系统在各国政府领导下展开共同国家评估以及联合国发展援助框架进程,从而在最大限度上使其与国家发展战略和优先事项保持协调和一致,以此改善对国家发展优先事项和政策的资助,并强调必须由国家全面主持、参与和领导这些进程的各个阶段。

26. Stresses(强调)—*Stresses* that the United Nations system should make efforts to enhance existing humanitarian capacities, knowledge and institutions, including, as appropriate, through the transfer of technology and expertise to developing countries;(ECOSOC:2006d)

强调联合国系统应努力增加现有的人道主义能力、知识和体制,包括酌情向发展中国家转让技术和专门知识。

27. Takes note of(注意到)—*Takes note of* the report of the Committee for Development Policy;(ECOSOC:2006a)

注意到发展政策委员会的报告。

28. Underlines(强调)—*Underlines* that non-formal and informal learning are complementary elements to the formal educational process and are useful instruments in facilitating the transition from education to employment;

强调不正规和非正规学习是正规教育过程的补充要素,是协助从受教育过渡到就业的有用工具。

29. Underscores(强调)—*Underscores* the importance of reducing the administrative and procedural burden at the country level in the design and delivery of development assistance, on the entities of the United Nations system and recipient countries in order to optimize the impact of such assistance on the development process of countries;

强调在安排和提供发展援助方面必须减轻联合国系统实体和受援国在国家一级上的行政和程序负担,以期充分发挥此类援助对国家发展进程的影响。

30. Urges(吁请、促请、敦促)—*Urges* the United Nations system to enhance its assistance to developing countries, upon their request, in facilitating the realization of the internationally agreed development goals, including the Millennium Development Goals, and efforts towards the eradication of poverty and hunger through comprehensive and multidimensional approaches;(ECOSOC:2006c)

吁请联合国系统根据发展中国家的请求,增加对它们的援助,促进包括千年发展目标在内的各项国际商定发展目标的实现,并促进以全面、多方位做法消除贫穷和饥饿的工作。

小结

看到这里你是不是有些眼花缭乱了？文件写作往往是代表们最不容易把握的地方,除了这些联合国用语和"死板"的格式之外,不亲自经历一场会议很难有动力动笔去写,同时,从递交文件到讨论文件,再到表决文件,这一过程的规则也要通过会议的实战来得到锻炼,请你将这一节的介绍和前文规则流程关于文件部分的内容结合起来,看看是否对会议提交文件之后的流程有更深刻的理解。

不过,做好充分的准备就是以不变应万变,把握住一些基本的词汇和句式,相信你会在"模拟联合国"的会场上游刃有余。

4.4 "模拟联合国"活动中的欧洲议事规则

欧洲议事规则,是广泛应用在欧洲范围内"模拟联合国"活动的规则流程,简称"欧规"或"海牙规则"。这一规则源自1968年创办的海牙国际"模拟联合国"大会(The Hague International Model United Nations,THIMUN),该大会是欧洲地区参与人数最多、最有影响力的"模拟联合国"活动。参会学校大部分是全世界各地的国际学校,国际学校教师跨国任职交流较为频繁,使得这套规则传播范围广泛。另外,海牙国际"模拟联合国"大会基金会建立了较为完整的附属会议体系和标准,基金会在新加坡、卡塔尔授权建立了分会,辐射南亚、东南亚和西亚、北非地区。各国的国际学校举办的具有一定规模的"模拟联合国"会议,可以申请成为海牙国际"模拟联合国"大会的附属会议,附属会议在会议培训、规则执行、组委会人员构成和分工方面,严格遵循"海牙规则"。

从地理范围来看,欧洲规则传播的范围更为广泛,尤其是欧洲曾经殖民的亚非地区,但是,海牙国际"模拟联合国"大会及其附属会议,大部分是邀请制,主要限定在国际学校之间,这在一定程度上限制了欧洲规则向当地普通公立或私立学校的传播和普及。例如,北京顺义国际学校自1993年开始举办北京"模拟联合国"大会(Beijing Model United Nations,BEIMUN),由于参会学校性质的限制,这套规则并没有在中国得到广泛的普及和发展。

相对于美国规则注重演讲和辩论的特色,欧洲议事规则更注重对草案的讨论与辩论,此种规则流程有时又被称作"文件导向型"的议事规则。

4.4.1 欧洲议事规则的特点

在委员会设置方面,"欧规"的会议严格遵循联合国官方的委员会和机构设置来进行模拟,如联合国大会、安全理事会、经济及社会理事会、人权理事会等,不会像"美规"的会议那样,设置很多创新、有趣甚至是现实中不存在的特色委员会。

在议题选择上,"欧规"的会议每年会确定一个主题(Theme),如2022年海牙国际"模拟联合国"大会的主题是"同一个地球、同一个世界,辩论、决定、现在开始行动(ONE PLANET ONE WORLD, DEBATE, DECIDE, ACT NOW)"。各个委员会设置的议题,尽可能地与大会主题相关。一般每个委员会设置四个议题,根据议题的数量确定主席的数量。每个主席负责一个议题,并在相关议题讨论阶段全权负责会议进程,组织代表讨论。

在"模拟联合国"活动的一些术语和称谓上,"欧规"与"美规"略有不同,对比见表4.4。

表4.4 美国议事规则与欧洲议事规则对比

美国议事规则	欧洲议事规则
委员会(Committee)	论坛(Forum)
议题(Topic)	问题(Issue)
主席(Chair/Director)	学生官员(Student Officer)
指导教师(Faculty Advisor)	带队教师(MUN-Director)
自由磋商(Un-moderated Caucus)	非正式会议(Lobbying, Merging and Informal Meetings)
立场文件(Position Paper)	政策说明(Policy Statement)
背景材料(Background Guide)	背景材料(Research Report)
意向条(Page)	意向条(Note Paper)

"美规"的会议,主要依靠"动议(Motion)"来推动进程。而"欧规"的会议讨论的重心放在决议草案的具体内容,会议主席对于会议进程、代表发言时间、次序等有较大的决定权。"欧规"的会议推荐每个代表在开会之前对于自己委员会的议题分别形成一份决议草案,以方便后续在会议的进行中汇总观点,更好地讨论决议草案。

通常,海牙国际"模拟联合国"大会(简称"海牙会")和其附属会议并不会评选"美规"会议中常见的"最佳代表""杰出代表""最佳立场文件"等奖项,这也是"欧规"强调集体协商和共识的一种体现。虽然没有奖项,但是每年海牙国际"模拟联合国"大会通过的决议都会被结集成册,送交联合国图书馆保存,这也体现了该会议对"决议"的高度重视。

主席的功能在"海牙会"中较为突出。主席组织会议召开、代表发言、文件讨论,把握会议进程。在会议的实践中,主席会根据会议进程,打断代表发言。

"海牙会"将志愿者称为事务官(Administrative Officer)。代表传递意向条的方式是将意向条举起,志愿者取走代表手中的意向条,将其放至会场前的意向条盒中,其他的志愿者再从意向条盒里随机拿出,进行传递。

4.4.2 欧洲议事规则的会议进程

我们以海牙国际"模拟联合国"大会为例,来说明标准"欧规"的会议具体如何操作。

会前阶段

(1)发布背景文件(Research Report)

背景文件在会议开始前1—2个月在官网上进行发布。代表需要根据自己所分配到的国家以及委员会研读背景文件。

(2)确定是否要进行开幕词(Opening Speech)

这一点是"海牙会"之中尤为特殊的。在"美规"的规则流程中,所有的代表将有机会在发言名单(Speakers' List)中阐述国家立场。然而,在"海牙会"中,组委会一般会在会议开始前1个月左右的时间发布需要进行开幕词陈述的国家/机构,以及该国家/机构所在的委员会。一般来说,需要进行开幕词准备的国家一般为联合国大会或经社理事会中的代表。这些国家/机构的代表需要在会议开始的第一个阶段进行不超过一分钟的立场性发言。

(3)进行立场分析,形成政策说明(Policy Statement)

在"海牙会"中没有"立场文件"的称谓,与"立场文件"性质相似的,是一份300英文单词以内的政策说明。该政策说明是代表针对要讨论的议题,在思路、调研基本方向和解决建议方面的一份汇总,更多侧重的是总结所代表的国家/组织/机构的针对性政策。

(4)撰写决议草案(Draft Resolution)

"海牙会"注重讨论决议草案,所以代表在会前不仅要撰写政策说明,更重要的是,需要在会前撰写决议草案。建议代表们对每个议题都要撰写决议草案。除了遵循决议草案文件写作的基本模板之外,可以着重在决议草案中突出你代表的国家/机构/组织对于该议题的解决建议;通过会议中与其他代表进行沟通、磋商,最终广泛集结众多意见,形成更加丰富、有质量的决议草案。

会议当中

（1）游说（Lobby）

在第一天的会期中，代表们会在主席的协调下进行相对自由的游说。主席按照议题的数量，将会场简单分成若干区域，便于开启议题的自由讨论。代表可以根据国家和议题偏好，选择座位并与其他代表进行讨论。

这种区域安排，是帮助代表们开启讨论，之后的游说过程非常灵活，代表可以自由更换座位，如果觉得不适应目前区域讨论问题的内容、方式或节奏，可以参与其他区域讨论。或者一个议题讨论完了，加入另一个议题讨论。

（2）决议草案合并（Merge）

游说讨论的主要内容，要围绕该委员会的议题，并落实在决议草案的具体条款和内容上。代表重点介绍自己认为决议草案应该包含的内容和观点。整个游说的目的，就是尽可能地与更多的代表形成一致意见和共识，并将代表各自准备的决议草案整理合并。一般说来，游说会持续较长一段时间。游说结束后，各议题下的决议草案将会被陆续提交。

"欧规"会议的决议草案，提交条件要求有且只有 1 个主提案国（Main-submitter）和 20 个联合提案国（Co-Submitter），填写正式的提案单（Submission Sheet）并签字。需要注意的是，每个国家代表针对同一个议题，只能签署提交一份决议草案，这就十分考验主提案国的游说能力。

（3）提交决议草案至审查委员会（Approval Panel）

游说环节进入尾声时，提案国将决议草案提交至各委员会的主席。经过委员主席初审，决议草案提交条件达成后，委员会主席汇总提交至大会（决议草案）审查委员会。该委员会由模联专家、学者、大会组委会指导教师组成。审查委员会将对主提案国一对一地开展指导，修改完善决议草案的内容、结构、逻辑、语言等。这一环节是其他会议没有的，尽显了"海牙会"的专业、严谨。

（4）审议决议草案并接受质询问题（Point of Information）

经审查委员会审核过的决议草案将会被分发到各个会场。委员会主席按照议题顺序，组织代表们审议决议草案，邀请主提案国对决议草案进行介绍。

首先，主席邀请主提案国逐句朗读决议草案中的所有行动性条款。接着，由主席设定该决议草案讨论的总时长，启动对决议草案实质性内容的讨论和质询。主提案国介绍决议草案的整体思路、撰写和合并过程、内容和建议等。然后，主席询问主提案国是否接受质询问题。此时，主提案国可以有三种选择：一是接受特定数量的质询问题并做出回答，通常是 3—5 个问题；二是不接受任何质询问题；三是接受所有的质询问题。

质询问答结束后，如果依然有时间剩余，代表可以选择将剩余时间让渡给主席或其他代表。

（5）提出并审议修正案

主提案国介绍决议草案和接受质询问题的过程中，其他代表可以随时向主席提交修正案。提交修正案的代表可以在主提案国接受完质询问题后，举起自己的国家牌。若主席点到该代表，则代表应当在被点到名字之后，首先说出："xxx 代表已经提交了修正案。（The delegate has submitted an amendment）。"

主席会根据会议进展情况来组织审议修正案。修正案审议与决议草案审的流程一致。首先，主席设置修正案的讨论时间；修正案提出者将对修正案做出陈述；吸收并接纳质询问题。结束对于修正案的讨论后,主席会组织全场代表对于该修正案进行投票,并按表决情况对原决议草案进行修改。

修正案分为两种类型:一种是单个修正案(Amendment to the first degree),另一种为附随修正案(Amendment to the second degree)。附随修正案是针对单个修正案里面的瑕疵提出的,辩论方式同上。若附随修正案投票表决通过,则其原单个修正案也会被自动通过。若未通过,则将回到对单个修正案的投票表决。

(6)对决议草案投票表决

决议草案进入投票环节,需要场下代表动议 Move to the Previous Question 或 Move Directly into Voting Procedures。需要说明的是,在"海牙会"中,当某一代表提出了动议之后,需要场下大声说出"Second"(附议)。若场下没有代表说出 Second 或有一位代表喊出"Objection"(反对),则该动议无效。

4.4.3 会前准备文件

"海牙会"会前准备的各项文件,与"美规"的会议有所不同,主要有以下三种文件。

政策说明(Policy Statement)

政策说明中的内容,主要分为五大部分:第一部分解释并定义议题,并找出其中的关键词;第二部分整理国际社会在此议题下的行动;第三部分整理并列举本议题涉及的关键性文件;第四部分阐述你所代表国家/机构/组织的基本立场;第五部分立足国情,提出针对性的解决措施。

这五部分,归结起来,又可以形成三个基础性的问题以及一个延伸性问题:

(1)你代表的国家/机构/组织的基本立场形成的基本背景是什么?

(2)你代表的国家/机构/组织的目前立场是什么?

(3)你在本议题中想要达成什么目标?

(4)其他与我立场相近的国家在(本议题)的领域中采取过什么措施?

开幕词(Opening Speech)

开幕词的整体陈述时间应当不超过 1 分钟。首先,开幕词应当以"尊敬的主席,敬爱的代表"(Honorable President,Distinguished Delegates)开始。结束之后,应当再次对主席表示敬意(如:Thank you,Mr/Ms. President)。在整个开幕词中,代表应当以合乎外交礼仪的正式的语言进行开幕词的陈述。

便签/意向条(Note Paper)

不同于美规会议,"海牙会"中需要自己准备意向条。意向条须自己设计,尺寸为 A5 大小,其中需要包括代表国家的旗帜、代表国家的名称(见图 4.12)。

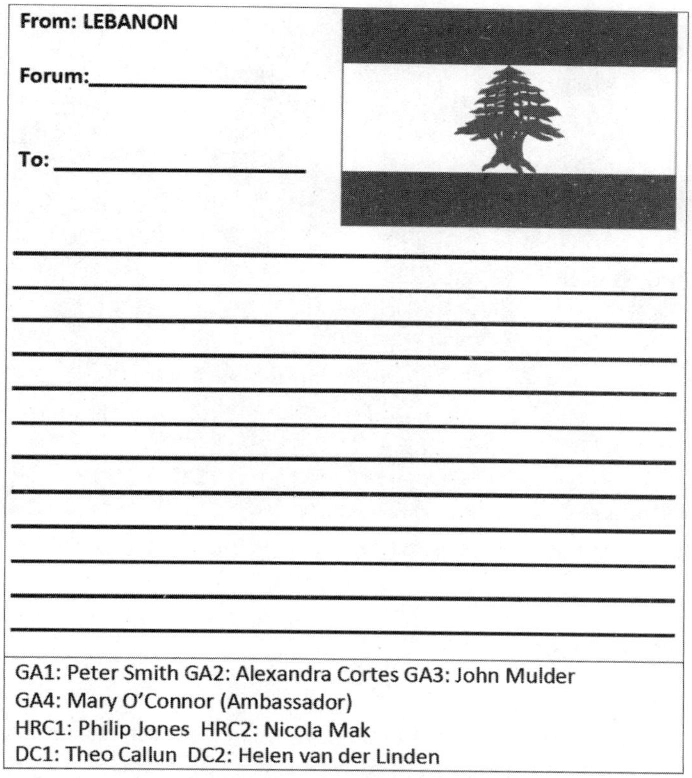

```
From: LEBANON
Forum:_____
To:_____

_____
_____
_____
_____
_____
_____
_____
_____
_____
_____
_____
_____
_____

GA1: Peter Smith  GA2: Alexandra Cortes  GA3: John Mulder
GA4: Mary O'Connor (Ambassador)
HRC1: Philip Jones  HRC2: Nicola Mak
DC1: Theo Callun  DC2: Helen van der Linden
```

图 4.12 "海牙会"意向条示意图

4.5 "模拟联合国"议事规则的新趋向——UN4MUN 规则说明

总的说来,"模拟联合国"活动模仿的是联合国系统内不同机构的议事规则及其商讨国际事务及议题的流程。但随着"模拟联合国"活动的形式、内容不断演进,其规则流程也发生了不同程度的变化,纷繁复杂,为保持"模拟联合国"真正回归联合国系统,保证其模拟本质,彰显联合国决议过程的精髓和实质,联合国新闻与信息部(UN Department of Public Information)于 2013 年开始普及 United Nations For Model United Nations 规则流程,即 UN4MUN 规则,中文语境中,被简称为"联合国规则",为方便表述,本书统称为 UN4MUN 规则。

在世界范围内应用 UN4MUN 规则流程的主要是联合国协会世界联合会(World Federation United Nations Association,WFUNA)举办的"模拟联合国"大会。大会每年在日内瓦和纽约举办,吸引了越来越多的各国学生参与。2017 年,上海中学国际部、蔚蓝国际、联合国协会世界联合会共同举办 UN4MUN China Seminar(UN4MUN 中国独立会议,见图 4.13),将该规则首次引入中国。从 2018 年开始,在全球青年"模拟联合国"大会中专门设置了 UN4MUN 规则的委员会,推动了该规则在中国本土化的发展。

图4.13 2017年在上海中学国际部举行的UN4MUN China Seminar上代表们进行讨论

4.5.1 UN4MUN规则流程特点

UN4MUN规则在建立之初,注重的是对联合国大会(General Assembly)组织架构、决议形式的全维度仿真模拟,旨在引导整体的"模拟联合国"体系向联合国系统靠拢。如果用关键词来形容,可以是"联合国仿真模拟"和"共识精神"。为了更好地展现UN4MUN规则流程的特点,我们将该规则与美国议事规则和欧洲议事规则进行对比。

一是领导结构与身份职责与其他规则流程不同。在常见的美国议事规则会议中,代表出席是记录与会代表数量、参考投票数量的一个标准。然而在UN4MUN规则的会议中,代表们往往体现出了更为"重大"的作用。"重大"体现在代表的出席、与会反映了联合国大会与联合国秘书处的各种联系。

二是议事规则与真正的联合国大会规则更为相近。美国议事规则的会议渗透了很多美国"议会制"的规则特点,如问题(Point)、磋商(Caucus)、让渡时间(Yield time to)等。但是,UN4MUN规则不存在"有主持核心磋商""自由磋商""友好修正案""非友好修正案"这些规则和用词。

三是达成决议的方式为"共识"而非"机械"投票。联合国产生决议的方式大体上经历了三个阶段,分别为"(绝对)一致原则""投票"以及如今的"共识原则"。"投票"原则适用于联合国创立初期,成员国数量较少的阶段,而如今联合国有193个成员国,为切实保护各成员国的权利,兼顾"少数"和"多数","共识原则"逐渐演变为联合国产出决议的办法。UN4MUN规则采取的就是"共识原则",而没有投票的过程。

概括说来,UN4MUN规则更注重会议中的合议以及沟通过程,其次才是会议的产出结果。

> **UN4MUN 规则可参考的网络信息资源**
> 1. https://www.un.org/en/mun/model-un-guide
> 2. https://wfuna.org/wimun
> 3. https://www.un.org/youthenvoy/2013/09/dpi-and-youth/
> 4. https://archive.shine.cn/feature/education/A-remodeled-United-Nations-getting-things-done/shdaily.shtml

4.5.2 共识原则

在"模拟联合国"活动常见规则流程中,"投票表决"(Voting)是形成合意、达成一致的主要操作方式,然而在真正的联合国大会中,成员国投票表决而达成合意的方式是很少的,主要是采取"共识(Consensus)"的原则和方式推进会议进程,展开有效沟通。在联合国大会的决策过程中,一般都会经历三个阶段:辩论(Debating)、协商(Negotiating)和采取行动(Taking Actions)。UN4MUN 规则的核心在于达成共识。那么,如何将"共识原则"贯彻到 UN4MUN 规则的会议实践中呢?

联合国安全理事会的决议对于会员国具有强制约束力。但是,联合国其他机构的决议并没有强制力,为了确保动员各成员国对决议内容进行有效的贯彻落实,就要尽可能地争取所有成员国对于产出的会议结果达成普遍的一致,这就凸显出"共识"的重要性。整个会议规程,就是通过充分的协商,甚至说"妥协",形成相对一致的意见,保证了即便最终的决议不像安理会决议那样具有强制约束力,但依然能够对成员国产生约束的作用。

在决议产生的过程中,成员国对于决议草案上的内容逐字审阅、仔细查看,必须确保联合国全部 193 个成员国都认可并肯定文件中的内容,才能说达成了"共识"。这也就是为什么在真正的联合国大会中,对于决议草案的讨论要持续很久。

值得注意的是,"共识原则"与前文提出的"(绝对)一致原则"有所不同:达成共识并不意味着各成员国对于决议中的每一字每一句都赞同。成员国仍可以对决议中的部分持保留意见。因此,共识的核心在于成员国都一致认为决议中的任何问题、任何部分,都是可以进行协商的,并以"温和"的方式来沟通解决。

4.5.3 会议进程

UN4MUN 规则会议是对联合国系统尤其是对于联合国大会的全面仿真模拟,需要重点理解会议的时间和流程设置。UN4MUN 规则的会议,大体上分为两个部分:正式进程部分(Formal Proceeding)与非正式进程部分(Informal Processes)。具体的会议时间安排,通常分为三大阶段:即首场正式会议(First Formal Meeting)、非正式协商(Informal Consultation)、最终正式会议(Final Formal Meeting)。

首场正式会议部分,审议会议日程(Adoption of Programme of Work 或称 Adoption of The Organization of Work)并开展一般性辩论(General Debate)。这里的"辩论"并不是像大家通常理解的辩论比赛那样——攻辩双方唇枪舌剑,一般性辩论指的是成员国代表的官方发言。我们可以将一般性辩论中的发言内容理解为我们所代表国家的开场陈词。

UN4MUN 规则的会议中最精彩、最激烈的部分就是非正式协商,这部分占用的时间,高达整体会议时长的 70%。在非正式协商部分,原有的程序性的规则流程都可以暂停。在这个阶段中,代表们更为"自由",这也是 UN4MUN 规则的特点。根据现实世界的地域(Regional Group)或政治立场(Political Group),代表们被分成不同的"小组",以小组为单位展开非正式协商。

由于各个会议设置的委员会(或机构)不同,非正式协商的具体实践也有所不同。如在联合国人权理事会的非正式协商中,代表们首先要决定讨论的焦点和话题,然后,按照小组开始撰写决议草案。在联合国经社理事会人口与发展委员会中,代表们则不用主动撰写文件。该委员会的讨论内容由秘书处提供,称为零草案(Zero Draft)。接下来,在形成了具体文件(或在原有文件)的基础上,各国代表对文件内容逐行审阅(Line by Line Review),对于决议草案的文本提出修改意见,提出对于文本的部分修正案,后续对修正案进行辩论(Debate of Amendments)。

在会议的最后一个阶段,代表们又回归到最终正式会议,可以对非正式协商中讨论的文件或者达成的共识进行阶段性的回顾,或者对于文件中的内容提出本国特有的观点或者意见,最终达成阶段性共识,完成整个会议讨论流程。

4.5.4 辩论过程

此处的辩论过程,我们将它限定在非正式协商中的两个环节:逐行审阅(Line by Line Review)和修正案辩论(Debate of Amendments)。这两个环节的核心在于仔细回顾、讨论决议草案中的每一条条款(Paragraph),在逐个文本审阅中寻求最大程度的共识。这两个环节是 UN4MUN 会议中的精髓部分。通常情况下,逐行审阅和修正案辩论有序、交替进行。

在逐行审阅这一过程进行之前,现有的成文决议草案将会按照其性质编码:序言性条款 1、2、3……(Preambular Paragraph 1,2,3…)和行动性条款 1、2、3……(Operative Paragraph 1,2,3…)。在简单编码完成之后,主席团成员将会从第一条序言性条款开始询问各位代表是否要改变该条内容,这一环节即为逐行审阅。代表可以对该条款的措辞、内容进行增加、删减或者替换。如此反复,直到最后一条行动性条款讨论完毕。当所有代表对于某一条款并无任何意见时,该条款被标记为"Agreed Ad Ref",即拉丁文的"全体一致"。

说到这里,你可能心存疑惑:难道在整体的辩论过程中仅仅提出对于每条条款的修改意见就足够了吗?当然,逐条审阅远远不足以支撑 UN4MUN "共识原则"。在提出对决议草案条款的修正意见后,各国随即进入修正案辩论。修正案辩论,按照字面意思进行理解,即对逐行审阅过程中针对决议草案中各条款提出的修正案进行讨论与沟通。在代表互相沟通的过程中,以"共识"的方式来最终确定上一环节中提出的修改意见是否合理。

修正案辩论,往往有两种结果:一是提出修正案的条款全体达成一致,最终落实到各个条款的全体一致(Agreed Ad Ref);二是经过长时间讨论,对于某些条款无法达成一致,鉴于会议效率的考量,则该条款会被暂时"框住"(Bracketed),只有在其他条款都达成了全体一致后,我们才会回到对于协商未果的条款的讨论。

修正案辩论,是共识精神体现得最突出的一个环节。在这个环节中,代表们需要思考对于决议草案文本修正的初衷,以及修正后的文本是否能够最大程度体现决策的合意性。由此可见,UN4MUN 的辩论过程既温和,又充满策略。

4.5.5 参会技巧与注意事项

无论你是初入"模拟联合国"活动的新人,还是驰骋已久的"老手",我们都推荐各位尝试 UN4MUN 规则,亲身体验对于联合国系统最精确的模拟,体验"共识"对于国际社会、对于每个国家的意义。参与这一体系的会议,有以下几点注意事项。

一是做好规则的普遍性与特殊性的良好结合。通常情况下,使用 UN4MUN 规则的会议,在开会前,会对代表进行系统的培训,根据 UN4MUN 基本规则来确定具体委员会的规则流程。代表既要掌握 UN4MUN 规则的普遍特点,即正式会议与非正式协商相结合,同时,也要关注所参加的委员会的部分特殊规则,从而把握整个会议的动向以及流程。

二是要把握 UN4MUN 的共识精髓。会前准备时多思考设计非正式协商的各个环节,例如要明确所在的委员会,是否需要按照地域分组自行进行决议草案的撰写?委员会已经有零草案,如何去理解这一份零草案?如何在逐行审阅中提出有质量的修正案?如何在修正案辩论中试图与其他国家达成最大程度的共识?

三是不必过分强调决议草案的撰写。UN4MUN 规则并不强调一国对另一国(或国家集团)的说服,而在于如何去真正将联合国系统的决策过程进行仿真模拟。该规则对于文件写作的要求并不是很高。因此代表们在会议中大可不必对于文件写作过于担心和忧虑,只要掌握好"模拟联合国"中基本行动性和序言性条款的写作方式和注意事项,进行常规撰写即可。

4.6 会议发言及游说

4.6.1 会议发言技巧

通过对规则流程的学习,现在你知道了在会议中都会获得哪些发言的机会。通过对演讲技巧的学习你也知道了怎样的演讲才能给听众留下深刻的印象。那么现在我们来介绍一些技巧,可以让你在获得发言机会的时候最大限度地发挥它的作用。

练习。这可能是最老套的建议了。但是我们还是要说,永远不要让你在会议中面对其他代表的发言成为你第一次的发言。在会议前一定要练习,不管是面对你的家人还是朋友。

你一定要清楚你所拥有的实力。只有你对自己的发言充分自信和肯定的时候,它才会对台下倾听的代表们产生作用。因此,当你获得发言机会的时候,向其他代表们展示你丰富的知识和独到的见解吧。

  注意演讲的风度和仪态。这不是表演，准确传达意图即可，不要过分激动或者大吵大喊，这可能会给主席团和其他代表留下不好的印象。

  简短精炼。要知道，在"模拟联合国"会议中，一次发言你最多可以得到两分钟的时间，你需要充分利用这两分钟，这就要求在你的发言中不能有任何废话。简短、流畅的发言可以最好地传递你的观点。发言要清晰，语速尽量缓慢，直到你觉得你说得太慢了。一次发言中选择两三个相互关联的要点，并把它们简明扼要地表达出来，最好以一个别具特色的语句开头，引起其他代表对你观点的兴趣。你们会有更多的机会用意向条和自由磋商来交流观点，因此不要试图在短暂的发言时间中涵盖所有的细枝末节。

  一次发言虽然只有两分钟，但是也要争取像普通的演讲一样做到首尾呼应，在开头和结尾反复强调自己的观点。当然要注意使用不同的词汇和表达方式，简单的重复并不能达到效果。

  发言中注意强调你所代表的国家。每当提出观点的时候前面一定要带上你所代表的国家名称，这样有利于其他国家记住你所代表国家的观点。

  如果你可以自信地站在台上，那么你就可以自信地发表演讲。作为母语非英语的代表，不要怕犯错误。你并不是唯一犯错误的人。

  发言的时候注意你的手势，避免一些下意识的小动作。人一紧张就会做一些小动作，例如把手插在口袋里、玩弄头发、来回晃动。因此，注意控制手上的动作，不要让下意识的动作显示出你的紧张。

  和其他代表要有眼神交流。偶尔环顾四周，别只盯着一个地方，要让人觉得你是真的在和他们交流。同样，如果你看到其他代表在你发言时频频点头，你也会感到大受鼓舞，会对你的发言产生正面的激励。

  关于即兴发言。即使在会议之前进行了发言的准备，在会议中可能也只有刚开始的一两次发言可以用到。随着会议的进行，会议的讨论可能被引向不同的方向和不同的问题，这时需要你对新的问题和新的讨论有快速的反应，针对问题进行即兴的发言。记住最简单的发言往往是最有效果的。如果你一次发言只说一句话并准确地表达了意思，那么其他代表们会对这句话印象深刻，也就是说会对你的观点印象深刻。利用会前准备的发言提示卡上的一些论据和事实，你就可以发表一个连贯有力的发言。当然，不管怎么说，成功的发言总是建立在反复练习的基础上，即兴发言更是如此。

A SAMPLE OPENING SPEECH

DELEGATION: France

Honorable President, Distinguished Delegates,

France recognizes the need for multilateral efforts to achieve a greater balance in terms of development between the nations in the world. However, France also believes that any hope of achieving an acceptable economic balance in terms of global standards of living must take into consideration the environmental impact of such efforts.

France applauds the recent changes in tone apparent in the North—South dialogue and calls for greater attention to be paid to the interrelatedness of development planning and environmental security. Environmental threats from industrialization must be eliminated from development planning. This is why France stands firmly behind the idea that aid and investment should occur at the local level, where traditional knowledge about the environment can play an important role in the development.

Thank you, Mister President.

这是一位代表简短的发言稿,控制在30秒—60秒的发言时间内应当恰到好处,很明确地表明了法国的观点。我们再来看一段领导人真正的发言稿。下文是加拿大总理克雷蒂安在"千年峰会"上的致辞。

Address to the UN Millennium Summit
By Prime Minister Jean Chretien
September 7, 2000

Mr. President,

I will begin by expressing Canada's outrage at the murder of innocent, unarmed humanitarian personnel in West Timor. Those who attack UN staff attack this Organization... and undermine the purposes and principles we have all come here to reaffirm. It is incumbent on the Indonesian Government to bring the perpetrators to justice.

Mr. President,

As we mark a new millennium, the United Nations is the world's indispensable institution. And Canada is unshakably committed to its common goals and shared vision. I am pleased that the Secretary General is using this millennium watershed to focus our attention on reforming the UN. I wish to assure him that Canada will be a creative partner in this effort.

Canada's embrace of the UN reflects our common values and shared experiences. An incredibly diverse nation, we are deeply committed to freedom, tolerance, justice and equality. We know the sense of community that comes from sharing prosperity and opportunity. We have experienced what human ingenuity and creativity can achieve when they are free from want, free from fear and free from war.

In the new century, Canada's vision is of a world in which all people enjoy these same blessings. The UN is our best hope to marshal the common sense of purpose needed to realize this vision. But it must meet the challenge of change.

Extreme ethnic nationalism, in places like the Balkans or Central Africa, is a stain on our humanity. It also greatly complicates the task of peacekeeping, which must now include mandates to protect civilians under threat. And these mandates must be matched with commensurate resources.

As one of the original architects of peacekeeping, and one of its foremost practitioners, we urge all member states to be guided by the recommendations of the Secretary-General's panel on UN peace operations.

This month, Canada will host an International Conference on War-Affected Children. I am also pleased to announce that Canada, with the support of interested foundations, is leading the establishment of an independent International Commission on Intervention and State Sovereignty. Our Foreign Minister will shortly outline the rationale and mandate of the Commission.

Alleviating world poverty is our common cause. We must share the benefits of globalization. We must give it a human purpose and a human face. The poorest countries require access for their goods to export markets. Faster, deeper and broader debt relief should be pursued vigorously through the Heavily Indebted Poor Country Initiative. We must ensure that development does not degrade the global environment.

And we must bridge the digital divide. We must ensure that the benefits of the information revolution are shared by all. That is why Canada endorses the creation of a United Nations Information Technology Service.

As former Canadian Prime Minister Lester Pearson used to say: "The UN must be a symphony orchestra, not a string quartet". For that to happen, it has to be supported in all respects. Politically and financially. All members must pay their bills.

Mr. President, with the will and the resolve, the United Nations will remain the world's indispensable institution in the 21st century. And Canada is committed to being an indispensable partner.

这篇演讲从谴责对联合国工作人员的暴力事件谈起，强调联合国的重要性，提出加拿大"关注联合国改革""愿意促进联合国维和事业""支持扶贫工作"三个主要任务。演讲稿的遣词造句非常出色。2000年联合国召开的"千年峰会"，世界上大部分国家的元首都出席了，在联合国网站上很容易就能够找到这些国家的发言稿,代表们不妨学习一下,并且还可以将它们作为演讲的练习材料。

4.6.2 游说

游说是"模拟联合国"会议中最重要也最难以掌握的技能之一。游说的关键在于一定要主动采取行动。你需要利用掌握的论据和事实积极主动地向其他代表介绍你的草案,以期达成一致意见。

在会议正式开始以前,你需要通过和其他代表讨论赢得他们对你提出的草案的关注和支持。在此过程中,你可能会发现其他代表草拟的工作文件或草案与你的有相似之处,可以合并为一个更全面更完善的草案,当然,是在不损害各自国家利益的基础上。这样的草案才更有可能在正式会议中被讨论并引起更多代表的关注。在讨论的过程中可以不断为自己的草案寻找支持者,将草案不断深入和完善。有的代表可能会放弃自己的草案转而支持一个更好的草案,你所要做的,就是确保在会下的游说中争取到这些代表支持自己的草案。

要想让自己的草案处于讨论的中心,必须通过引导会议的讨论点使得草案不断有所改进,并且不断加入新的支持者,为草案提出更多的建议。为了达到这些目的,会下的游说至关重要。草案的核心国家经常会利用自由磋商时间讨论下一步的策略和讨论题目,以及需要再争取哪些国家对草案的支持和肯定。投入更多的时间去游说才能产生出更完备、更有力的决议草案。

通常,在决议草案的形成过程中,主席团成员会指导并协调代表们的观点和文件,避免产生不切实际的或者不符合逻辑的草案,并且建议把一些相似的草案尽可能地合并。因此在会议过程中与主席保持沟通,了解主席希望会议进行的方向,主席希望讨论的问题和领域,和主席对你草拟的文件的意见和评价,是非常重要的,也是游说的重要组成部分。

4.6.3 会议发言词句

虽然我们很认真地做了准备,挫败感还是不可避免地袭来。第一次把自己置于这样一个不说英文不行的环境中,周围人诡异的"唧唧歪歪",在无组织磋商中被不可避免地忽略。那么信心百倍地朝气蓬勃地来了,却是如此糟糕的开局。多亏身边有杨溪,在无比沮丧的时候和她对视一眼,也能聊以自慰吧。我们有些郁闷地回到了宾馆,一路牢骚,一路安慰。她在给家里打电话的时候哭了鼻子,我也忍不住掉了眼泪。还好朋友们都很体贴,"忍受"着我语无伦次的抱怨,她们平缓的宽慰让我稍稍恢复了信心,真的很感动。

那天晚上躺在房间里,静静地告诉自己挫折是难免的,想要真正融入,必须放开自己,勇敢地表达想法。于是按照今天收集到的点滴信息重新写了一份 speech,暗下决心,期待着明天。

——北京师范大学附属实验中学 2009 届学生　朱晓丹

英语能力准备

没开会前听上届的老队员感慨道:"我们的英语和他们相比简直是相差万里。"当时对"万里"毫无概念,心里还在估量:这说得夸张点了吧。结果,不去不知道,一去吓一跳,那帮发言积极的美国人无一不像铁齿铜牙纪晓岚,说起英语来结都不打一个,开会第一轮发言着实是给了我们当头一棒。因此,我们在这里想就英语能力说几点。

1. 日常听说能力的准备。

在会前一个多月的时间里尽量多听多练英语日常对话。

不要小看这一块。在国内课本上学的日常对话到了美国有可能变得很不地道,在国内听的口语发音与美国当地的真实口音也有一定的差距。刚到那里的每一个人起初都会有一些不适应,例如速度、语调等,所以提前做好准备,比如说听听托福的听力,对尽快适应语言是很有帮助的。我的经验就是对一些日常口头语和小词搭配要有所准备,而且对日常起居的知识要有所了解,以便在一些小意外事件发生时也能有思路去逢凶化吉。比如这次我从拉斯维加斯飞回纽约时,我的行李托运就出了点小差错,人到了纽约但行李不知哪去了。这时就需要你对整个航班的工作流程有所了解,该找谁问,怎么说明情况,如何解决,都需要有一定的经验和语言能力。希望师弟师妹们不会遇到这样的麻烦事情。

2. 正规学术语言的准备。

需要多看英语报纸和刊物。尤其是要提前查阅一些本议题的专业词汇。例如在WTO委员会中,除了了解背景材料上面所涉及的有关劳工标准和农产品补贴的专业词汇以外,还需要主动翻阅有关的政策、法律文件的表达方式,例如乌拉圭回合达成的农业协议中有关粮食净进口国家的国际公约,农产品补贴中的绿箱、黄箱和蓝箱政策等。这些东西在会议讨论和起草决议中需要大量地被引用。

(上文是参与过"模拟联合国"活动原代表总结的经验。)

英语对中国学生来讲确实是一大挑战,"模拟联合国"当中讨论的问题涉及政治、经济、文化、社会等多方面。

有些议题概念艰深,如大规模杀伤性武器、农产品补贴、自然灾害应急机制等,即便对大学生来讲都是很大的挑战。不过也恰恰是这些挑战,使得"模拟联合国"更加吸引人们的目光。

对英语听、说、读、写的练习,相信代表们可以从大量相关书籍中获得信息,本书只是为代表们罗列一些在"模拟联合国"中常用的词汇或句式,帮助代表们更好地准备会议。

在"模拟联合国"中,学生们要模拟外交官,那么发言的时候也要使用一些外交辞令,下边的表格列举了一些规则当中会使用到的英文语句,代表们要熟读这些句子,加强练习。对这些语句的掌握是参与"模拟联合国"会议的基本要求,想象一下如果你在会场上对"动议进行有主持核心磋商"这样的语句都说不清楚,又怎么期待得到主席的好评,怎么期待和代表们深入交流呢?(见表4.5)

表 4.5 "模拟联合国"中的问题

一般我们会说	在"模拟联合国"中应该说
I have a question. 我有一个问题。	Point of inquiry 咨询性问题
What did you mean by that? (to the chair) 主席出错误了,和程序不符合。	Point of order 程序性问题
It's too cold/hot in here. 房间太冷/太热。 I can't hear the speaker. 我不能听到代表的声音。 I can't see the screen. 我看不到大屏幕。	Point of personal privilege 个人特权问题

提出动议(Motion)(见表 4.6)。

表 4.6 "模拟联合国"中的动议

一般我们会说：	在"模拟联合国"中应当说：
I think countries should talk for 2 minutes instead of 3. 我认为每个国家的发言时间应该从三分钟改为两分钟。	Motion to change the speaking time from 3 minutes to 2 minutes. (某某国)代表动议将发言时间从三分钟改为两分钟。
I'd like to talk informally with the committee. 我想中止正式发言，和一些代表私下谈谈。	Motion for an unmoderated caucus for 5 minutes. (某某国)代表动议进行一个五分钟的自由磋商。
I'd like to have a formal debate where each country gets to talk for 30 seconds. 我想就某一个问题进行一个正式的讨论，总时间是五分钟，每位代表发言三十秒。	Motion for a 5-minute moderated caucus with 30 second speaking time on the topic.... (某某国)代表动议就(某某)问题进行一个五分钟的有主持核心磋商，每位代表发言时间为三十秒。
It's time for lunch. 该到吃午饭的时间了	Motion to suspend the meeting/debate (某某国)代表动议暂停会议。
We have enough resolutions, let's vote. 已经讨论充分了，大家表决吧。	Motion to close the debate. (某某国)代表动议结束辩论。

代表们不妨用以下的这些词组造句，练习演讲，所谓熟能生巧，将你每次的发言时间限定在 1 分钟，让你的同伴随便提出任何议题，可以由易到难、由浅入深来练习英文演讲能力。

"Let me reiterate"

Usage：Used to indicate that you are about to repeat or summarize a point. May also be used to create emphasis on a point.

Examples："*Let me reiterate* the reasons why we have agreed to this"

"*Let me reiterate* the importance of our mission"

"In conclusion"

Usage：Similar to "In summary", it is used to show that you are at the end of your speech, and that you are about to summarize your points.

Examples："*In conclusion*, this is why our plan is an excellent idea"

"*In conclusion*, there are three reasons why our plan is a good idea; it is fast, it is better, and it is cheaper"

"Taking into account"

Usage：Similar to "With respect to" and "In observation of". Used to show that something else has influenced your plan or idea.

Examples："*Taking into account* the recent earthquake, we think that disaster response is important"

"*Taking into account* the fact that I have no money, I don't think I can go watch a movie today"

"With respect to"

Usage: Similar to "Taking into account" and "In observation of". Used to show that you are now talking about a certain subject. "In respect to" may also be used in the same way.

Examples: "*With respect to* the war in Iraq, French-US relations have suffered"

"*In respect to* my current financial situation, it is safe to say that I am quite out of money"

"In observation of"

Usage: Similar to "Taking into account" and "With respect to". Used to show that you are noting or drawing attention to a certain subject.

Examples: "*In observation of* the attacks on our country, we have no choice but to declare war"

"*In observation of* the recent stock market crash, I feel that we should buy cheap stock"

"Let me preface this"

Usage: Used to show that you are introducing a minor point ahead of your main point, that you will take a moment in your speech to address a minor issue.

Examples: "*Let me preface* this by saying that I am fully aware of the economic situation in Ghana"

"*Let me preface this* by pointing out that I have spent five years in the Amazon, so I am well-qualified to discuss environmental issues in Brazil"

"We demand"

Usage: Used to ask for something to be done, but in a very direct and strong manner. If something is urgent, use this to show that you are serious.

Examples: "*We demand* that Ghana apologize immediately, or risk war"

"*We demand* that this sentence be changed, or else we will veto the resolution"

"We respectfully disagree"

Usage: Used to show that you politely disagree with another person.

Examples: "*We respectfully disagree* with your opinion, and would like to propose our own"

"*We respectfully disagree* with your remark about how Italian food is better than Ghanaian food"

"We concede"

Usage: Used to show that you agree with an opponent on a minor point. Often it is used before discussion of a major point.

Examples: "*We concede* that we may have been wrong about the Italian economy, but we still feel that Italy is a strong country"

"*We concede* to our opponents that our plan is not perfect, but it is still the best option we have"

"We concur"

Usage: Similar to "We agree with the last speaker". Use to show that you agree or approve of something that someone else has said.

Examples: "*We concur* with the last speaker and believe that what she said is a grand idea"

"*We concur* with his speech, and would like to discuss it later"

"We agree with the last speaker"

Usage: Similar to "We concur". Use to show that you agree with something that someone else has said.

Examples: "*We agree with the last speaker*, especially about her comments regarding pollution"

"*We agree with the last speakers*, and congratulate them on their country's accomplishments"

"Allow us to remind the committee"

Usage: Similar to "Let us not forget". Use to emphasize a point, to show that it is very important. Also may be used to direct the committee to a previous point.

Examples: "*Allow us to remind the committee* of the poor situation of the refugees and our mission to help them"

"*Allow us to remind the committee* about the real situation at hand and return to the agenda"

"To illustrate this point"

Usage: Use to show that you are about to give an example.

Examples: "*To illustrate this point*, we should examine the economy of Ghana"

"*To illustrate this* point that we are overspending, here is a chart of how much money we will have left after five years"

"We recommend"

Usage: Similar to "We suggest". Use to show that you support an idea. Also use to introduce a new plan or idea.

Examples: "*We recommend* that this solution be used to resolve the problem"

"*We recommend* that humanitarian aid be sent quickly to the devastated regions"

"We offer"

Usage: Use to show that you are introducing an idea or plan.

Examples: "*We offer* this plan in hopes that it will solve the problem"

"*We offer* our deepest apologies about the incident"

"We believe"

Usage: Use to show that you support an idea or a plan. May also be used to introduce an idea or a plan.

Examples: "*We believe* that this option is the best"

"*We believe* that in order to solve this problem, all sides will have to compromise"

"We suggest"

Usage: Similar to "We recommend". Use to introduce a new plan or idea.

Examples: "*We suggest* that cooperation be the key to success"

"*We suggest* you immediately listen to us"

"We vigorously..."

"We strongly..."

"We highly..."

Usage: Use to show emphasis on your actions or ideas.

Examples: "*We vigorously* defend our right to bear arms"

"*We strongly* protest your actions against us"

"*We highly* criticize your recent military invasion in Iraq"

"My fellow delegates"

Usage: Use to address the other people in your committee. More formal beginning of a speech.

Examples: "*My fellow delegates*, we are gathered here today to discuss AIDS"

"*My fellow delegates*, can we not at least agree on this one point?"

"To the contrary"

Usage: Use when you are about to say something that is the opposite of what is commonly thought or what is expected.

Examples: "*To the contrary*, the economy of the United States is actually quite weak"

"*To the contrary*, dinosaurs are actually still alive today"

"With this in mind"

Usage: Use to make a new sentence while linking it with the previous sentence. Use to make a smooth transition

Examples: "*With this in mind*, let us move on to the next point"

"I think it is important to consider economics. *With this in mind*, how does economics apply to poor people?"

"With the intention of"
"In the interest of"
"For the sake of"
"In hopes that"
"For the purpose of"

Usage: Use to explain your major goal. Use to explain your main idea.

Examples: "*With the intention of* helping develop Africa, we should start with helping farmers"

"*In the interest of* preventing a stock market crash, we need economic reform"

"*For the sake of* saving the children, we need to give them medicines"

"*In hopes that* we can improve the world economy, we should reduce inflation"

"*For the purpose of* global security, we should stop terrorism"

"That argument is quite cliché"

Usage: Use to dismiss an opponent's argument as common and boring. "Cliché" may be replaced with "canned"

Examples: "I think *your argument is quite cliché*. We have heard it a thousand times before, and each time it makes no sense."

"Your logic is flawed"

Usage: Use to point out why your opponent's argument is incorrect.

Examples: "*Your logic is flawed* because your evidence in no way supports your conclusion."

"The ends justify the means"

Usage: Use to support an idea that may seem bad or unethical. It means that doing bad things for a good reason is acceptable.

Examples: "Although our plan calls for some sacrifices, it is a good plan. *The ends justify the means*"

"Think of the children"

Usage: Use to invoke feelings of sympathy to support your idea. Promotes your plan because it helps innocent children.

Examples: "While this plan may cost a lot of money, we should support it. *Think of the children*"

"Might is right"

Usage: Use to justify plans that use military force. Also use to support your position if you are a strong country.

Examples: "We need to act quickly to send peacekeepers to Iraq. After all, *might is right*"

"The USA is completely justified in invading Iraq for oil. *Might is right*, and the USA is mighty"

"Lesser of two evils"

Usage: Use to support a plan that is unpopular, because the alternative is even worse.

Examples: "While attacking Iraq is unpopular, it prevents them from getting nuclear weapons. Hence, it is the *lesser of two evils*"

"Win-win"

Usage: Use to show that everyone can gain from a certain plan.

Examples: "In this way, both the USA and Russia profit. It is *win-win*"

"It all comes down to"

Usage: Use to show that you are arriving at your main point or big idea.

Examples: "*It all comes down to* saving the children of Canada"

"*It all comes down to* creating a budget for the future"

"I want you to remember"

Usage: Use to emphasize a point or idea.

Examples: "*I want you to remember* why we are in this business"

"*I want you to remember* that what we are doing is very important"

"Have not... and will never..."

Usage: Use to emphasize that you or your country has never done something.

Examples: "We *have not* surrendered, *and will never* surrender"

"China *has not* been corrupt, *and will never* be corrupt"

"Anytime... anywhere"

Usage: Use to show that you are committed to a plan or an idea.

Examples: "Ghana will oppose genocide, *anytime*, *anywhere*"

"Case in point..."

Usage: Use to show that you are about to give an example.

Examples: "*Case in point*, Ghana committed genocide in 1994"

"*Case in point*, the US economy is collapsing"

以上只罗列了一些英语辩论中常用的词汇，代表们可以在参加国际会议的时候积累相关的英语表达方式，在平时加以练习，提高英语演讲和辩论水平。

这一章为大家详尽介绍了"模拟联合国"会议中的规则流程和文件写作，也许看起来相当复杂,但如果代表们掌握了其中的逻辑和规律,就会运用得如鱼得水。总之,勇敢地奔赴"战场"吧,登上舞台之后你就会对这些内容心领神会了。

> **扩展阅读**

草 案 风 波

那是波士顿"模拟联合国"大会的第二天下午,会议已经进行了大半,代表们都在为各自的决议草案做着最后的努力。我们四个来自中国的代表组成了一个国家集团,并且上交了自己的草案。按照规则,我们接下来要回答代表们的自由提问。

稳步走上台,我踌躇满志。在台下,我们的立场已经得到了绝大多数代表的支持与赞赏,自由提问这个环节自然不成问题。环视四周,心中充满了自豪。

"下面由我来发放一下由越南、丹麦、匈牙利、新加坡起草的关于人口贩卖问题的决议草案。"传来的是主席的声音。

想想在自由磋商时我们的游说和代表们的大力支持,我们对自己的草案胸有成竹。我微笑而自信地接过文件,先是一愣:"就这么一张吗?"

主席点点头。

我分明看到的是一份只有序言性条款而没有一条实质性条款的残缺的草案。我们便问她这是怎么回事。

"你们只给了我这么多啊……"

"我们一共给了您两张纸,一张上面是序言性条款,另一张上面是实质性条款,现在您只印了第一张纸。……我们确定给了您两张纸。"

"是吗,那你在我这堆纸里找找吧。"

没有。

主席眉头紧锁:"我很理解你们现在的心情,但是根据规则,你们现在只有两种选择,介绍还是放弃?"

一切变化得太快了,一个重要的抉择摆在我们面前。

顿时,大家都静默了。

我思考着。

盯着这份只有序言性条款的文件,回想起两天时间里我们做出的艰苦努力,我们没有理由去放弃。

"介绍还是放弃?"主席又问了一遍。

"一旦我们找到了那第二张纸,我们会立即介绍。"我们只有这样解释着。

"不,我只问你,是立即介绍还是放弃。"

其实我们都知道,按照会议的规则,我们只有这两种选择。而即使选择介绍也只能介绍印发的部分,对于我们,也就是只能介绍那些叫做序言性条款的套话,几乎没有任何意义。

也不知是谁，偷偷地，怯怯地，说了声"放弃"，然后，一片寂静了……

主席便站起来："丹麦、越南、匈牙利、新加坡决定放弃它们的决议草案。"

台下先是异常的安静，接着便一片哗然。主席拿小锤用力地敲着桌子，努力地维持秩序。

我们强烈要求对我们的退出进行解释。

"回去吧，先回去吧。"主席大概觉得应该让我们先冷静一下。

回到座位上，主席那句"介绍还是放弃"依然在我的耳边萦绕着。听着之后的代表一个个讲着自己的草案，我的心中百感交集，是失落？是遗憾？或是悲伤？似乎都不像。

身旁的那位代表问我："你觉不觉得真的太可惜了？"我没有回答，却清楚地看见她眼中噙着的泪。

会就这样开下去了。一个个草案被介绍了，又被否决了，我分明可以看出，他们的脸上同样刻着一种类似的悲痛。

我便拍拍身旁那位代表的肩膀："看见他们的样子了吗？"

她不作声。

我笑了笑："其实像咱们这样也挺好的，因为咱们比他们多收获了一种希望，一种因为没有结局而带来的永无止境的希望，和一片以为没有结局而变得宽广的内心空间……"

她却陶醉于遗憾与悲伤之中了，对我一副不以为然的样子；哪里还有希望，泪水已经悄悄地落下来了。

突然，她又抬起头来，眼睛圆圆的，愤然喝道："刚才主席问的时候，'放弃'是谁说的？"

四个人静悄悄。

"介绍还是放弃？"

也许，她没有错。也许我们这次模联的结局就是简简单单的两个字：放弃。

然而，结果真的如此吗？

我们向主席递条，再次要求对我们的"放弃"进行解释。主席同意了。

走到台上，脚步从容而镇定。将事情的原委向大家诉说过后，台下响起的是一片热烈的掌声。

自从这之后，我收到了许多朋友祝福的文字：

"加油啊，明天的议题你们要好好表现！"

"好样的，别灰心，真的希望你们明年能再来！"

…… ……

模联的故事到这里就结束了。在之后的日子里，我便常常去想，那究竟是什么——那究竟是一种怎样的风光，又究竟是一种怎样的抉择——或许，那就是人生。

——北师大附属实验中学 2008 届学生　何映天[①]

[①] 何映天于 2007 年 2 月赴美国参加第六届波士顿"模拟联合国"大会，代表越南，参与社会、人道主义和文化委员会讨论，当时共有 4 名学生参与了这一委员会的讨论。

第 5 章　特殊委员会的介绍

本章学习目的

1. 了解"模拟联合国"活动中的特殊委员会
2. 掌握特殊委员会的特点

在本书第一章介绍过,"模拟联合国"作为一种模拟教育的形式,其模拟的范围已经从联合国扩展为国际组织、历史上的会议,乃至一国的政府内阁。有丰富经验的代表,或是有意愿接受更大挑战的代表都可以申请参加这样的委员会。本章将精选若干特殊委员会为各位代表做一概要介绍,希望能够给办会及参会的同学们提供一些借鉴。

5.1　国际刑事法院

5.1.1　何为国际刑事法院

国际刑事法院(International Criminal Court,ICC)是根据1998年联合国"设立国际刑事法院全权代表外交会议"通过的《国际刑事法院罗马规约》(简称《罗马规约》)设立的永久性国际司法机构,总部设在荷兰海牙。

设立国际刑事法院的想法起初产生于第二次世界大战后的纽伦堡审判和东京审判时期。然而由于种种原因,真正成立的时机到了20世纪90年代才日臻成熟。1998年,《罗马规约》以120票赞成、7票反对(其中包括美国、中国等国)、21票弃权的无记名投票方式获得通过,在60个国家批准,后于2002年正式生效。与卢旺达刑事法庭(International Criminal Tribunal for Rwanda)和前南斯拉夫刑事法庭(International Criminal Tribunal for the Former Yugoslavia)两个早先成立的特别国际刑事法庭不同的是,国际刑事法院作为永久常设的专门司法机构没有特定的存在期限,更有利于快速反应,对战犯或凶犯起到更有力的威慑作用。同时,国际刑事法院与同为国际常设司法机构的联合国六大主要机构之一的国际法院(International Court of Justice)的重要不同在于,国际刑事法院的当事人为刑事案件的涉案个人而非国家主体。具体来说,根据《罗马规约》,国际刑事法院仅对灭绝种族罪、危害人类罪、战争罪和侵略罪四项罪名享有管辖权,其最高刑期为无期徒刑，工作语言为英语和法语。

众所周知，国家对本国内部司法的管辖权和审判权是一国主权的重要体现，不应受到他国的干涉。国际刑事法院的设立在一定程度上被一些国家视为对国家司法主权的一种限制。但是这种限制在大多数国家看来是必要和恰当的。由于战乱、政治因素等原因，一些国家的国内法院可能不能够或者不愿意审理某些刑事案件，尤其是国家高级官员在涉及重大的刑事罪行的时候往往会受到本国司法机构的特别照顾。在这种情况下，只有依靠超脱于国内司法系统又不同于"领事裁判"的国际刑事司法机构的参与才能公正地解决争端，这也是设立国际刑事法院的根本目的所在。同时，也必须注意到，《罗马规约》中规定的"补充性"原则意在强调国际刑事法院对国家司法的辅助性作用，也即只有在因为不愿或没有能力进行国内司法管辖的情况下才能由国际刑事法院介入，否则应排除其管辖，以保障国家司法主权的完整性和天然性。

国家、国际刑事法院检察官和联合国安全理事会都有权向国际刑事法院提交案件，法院的运作程序也设置了一系列的制衡手段，力求充分保证正当程序和审判公正。

5.1.2 "模拟联合国"中的国际刑事法院

由于国际刑事法院的特殊性质，"模拟联合国"大会在将它设置为特别委员会时，对委员会的成员会有一些特别的要求。

首先就是会议指导、主席、助理等委员会主席团成员必须有比较系统的法律专业训练背景，同时了解国际时政知识。对于主席团，尤其是会议指导来说，背景材料是委员会的基础材料和根本依据。虽然常常是一个虚设的案情，当事人和事件内容都是编出来的，但不是天马行空的任意捏造，仍然需要对法律原理、刑法理论、国际刑法、国际公法等法学学科有较深刻的了解。同时，由于国际刑事法院所审理的四类案件——灭绝种族罪、反人类罪、战争罪和侵略罪的特别重大性，涉案当事人往往是一国的现任或已离任的高级将领、高级官员甚至是国家首脑，因此国际社会中发生的重大践踏人权事件、地区冲突都可以也应该成为材料编写中的素材。相应的，代表们（以个人的检控官、辩护律师或法官身份而非代表特定国家）也往往拥有或者在读法学或国际关系学位。

其次就是基于上述能力要求之上的材料搜集和梳理能力。国际刑事法院的模拟需要大量的开庭前准备。在会期的短短几天时间中参与者模拟的只能是法庭辩论的过程，很多辅助性的事务，如初步审查、交换证据甚至调查取证等都没办法在委员会的会期中展现。背景材料的内容很大程度上弥补了这一点不足，一些基本事实资料往往已经给定。但是在会前准备的过程中，一些国际公约和司法案例都是必不可少的功课。重要的公约如《罗马规约》和1966年两个联合国人权公约、日内瓦条约法公约、卢旺达和前南两个特别审判庭的材料也是应该重点参考的对象。

此外，既然是"模拟联合国"大会，就不可避免地要求公开发言和私下协商的能力。国际刑事法院也不例外，法庭辩论中的唇枪舌剑和休庭期间的协商与辩诉交易对模拟参与者的上述能力要求更为严格。

"模拟联合国"中的国际刑事法庭形式与流程如下。

委员会主席团由一名会议指导和两个助理指导组成。会议指导除了前期写作背景材料之外，在开庭期间还要扮演法庭的组织主持者的重要角色，同时兼任首席大法官。两名助理指导除了会前的协助工作外,最重要的是要在开庭时分别扮演控辩双方的证人,同时协助会议指导推进委员会的进程。该委员会的代表构成也颇具特色。如前文提到的,与其称参与者为"代表"不如称之为法官(Justice)、辩护律师(Counselor)和检控官(Prosecutor)。所有这些专业人士是以自己的名义加入法庭的模拟中来的。委员会需要双数的代表组成,一般为6、7、8等数字的两倍数。

会议指导的背景材料中包括两个不相关的独立刑事案件,分别称为案件1和案件2,也就相当于普通的委员会中的两个议题。只不过每个案件都要在会期中完成审理,没有普通的委员会一开始设置议题的步骤。每一个案件中都有一半的代表扮演法官,另一半代表则根据事先分好的组分别代表控辩双方。案件1中扮演律师的在案件2中会扮演法官的角色,反之亦然。

会议的流程简单来说如下述。

案件1:

首席法官(会议指导)宣布开庭;

控方作出犯罪嫌疑人的开场检控陈述;

辩方作出开场的辩护陈述;

控方就案件事实部分做出陈述并对辩方开场辩护做出回应;

法官对控方提出疑问;

辩方就案件实施部分作出陈述并对控方的指控做出回应;

法官对辩方提出疑问;

法官之间的第一次讨论;

控方介绍控方的证人到场作证;

控方证人接受辩方律师的交叉质询;

控方证人接受法官的询问;

辩方介绍辩方的证人到场作证;

辩方证人接受控方检控官的交叉质询;

辩方证人接受法官的询问;

法官之间的第二次讨论;

控方的结案陈词;

辩方的结案陈词;

法官的第三次讨论;

法官宣读判决。

在这里需要说明的是,双方的证人往往不止一个人,在进行证人质证部分的时候要每个证人单独上庭作证,接受控辩和法官共三方的提问。另外,在法官进行内部讨论的三次时间段中,虽然控辩双方不能真正地参与讨论,但是双方都享有相等的给定次数的"提醒法官"机会,即双方在听取公开的法官内部讨论时可以提醒法官注意特定事项来扭转法官不利于己方的意见,当然法官是否认同、听取不需要向提出的一方回应。

在每一方的陈述中,总的时间是由会议指导事先给定的,但是组内可以自由分配时间,由一个或多个人来进行陈辞。不难发现,其实整个国际刑事法院的模拟与联大等一般会议的模拟流程几乎是完全不同的。没有设置议题的阶段,也没有有组织核心磋商、动议等其他委员会中的常规步骤,几乎相当于一个以英美法系为主体同时结合了大陆法系庭审特点的模拟法庭。流程的设置以公平、合理为目标,同时尽可能地使所有的参与者在庭审中的任何时刻都能全神贯注地投入其中。经历过国际刑事法院模拟的人都知道,不论是做法官、检察官、辩护律师还是证人,会议期间的气氛是相当紧张和激烈的。一切的结论都在审判庭的现场作出,每一个人的行为和语言都有可能直接影响审判的结果。

最后,还需要强调的是背景材料写作的特点和简单结构。越是成熟的会议,越是人数少的委员会,背景材料中体现的写作者的个人风格就越显著。ICC 也不例外,案件的基本材料如何展现完全取决于会议指导的个人想法。但是,其中包含的几个重要方面都是必不可少的。

案件的基本情况介绍是整个委员会运行的基础,事实部分的书写要尽可能中立,同时要体现可能的争议点。证人证言的基本材料也是背景材料中需要提供的,这一部分既要保证各个证人的证言之间基本不相冲突,又要分别体现辩方和控方的争点所在。案件的政治和法律的基础性背景材料也要提供给参会者,方便他们准备和查找资料。最后,对委员会运行的程序要进行清楚的说明,以使大家在会前充分了解每个人的角色和职责。

总的来说,国际刑事法院的模拟并不是一件轻松的事,拥有一个好的会议指导是成功的关键所在。这里所说的"好"包含了知识储备、书写表达能力、掌控能力、时间把握能力、协调团队的能力等很多方面。当然,所有的参与者在会前的沟通和准备也不可忽视。应该说,对于像 ICC 这样的人数较少的特别委员会来说,每个人的发挥和表现都对最终的会议效果起到举足轻重的作用。

5.2　世界银行(集团)委员会

世界银行的一份报告把当今世界形容为"既富裕又贫穷"(Both very rich and very poor)。事实的确是这样,人类在迎来科技日新月异以及经济快速发展的同时,又面临着诸多严峻的挑战。面对贫富差距不断拉大的现状,世界银行及其执行董事会与联合国的其他机构一样,以改善全人类的状况为己任。

世界银行(集团)委员会第一次被引进"模拟联合国"会议是在 2001 年的哈佛全美"模拟联合国"大会(HNMUN)上,发展至今它已经成为模联会议中最具特色和魅力的委员会之一。把世界银行引进"模拟联合国"会议的意义,在于让更多的青年更好地理解世界银行的运作机制、经济事务的重要性及其如何深刻地影响着各国的发展。

对于在模联会议中如何运作一个世界银行(集团)委员会,以及作为代表如何参加世界银行(集团)委员会等问题,本节将做一个总结,希望能够给对世界银行(集团)委员会感兴趣的读者一些帮助。

5.2.1　相关背景知识

5.2.1.1　世界银行和世界银行集团(World Bank & World Bank Group)

世界银行并不是一个银行,而是一个专门机构。它是联合国的专门机构之一,拥有 189 个成员国,由国际复兴开发银行(IBRD)和国际开发协会(IDA)两个机构组成,这两个机构联合向发展中国家提供低息贷款、无息信贷以及赠款,世行的贷款通常期限为 35 到 40 年,并有 10 年的宽限期。

国际开发协会主要向发展中国家发放无息信贷和赠款,它是世界上最大的面向发展中国家的优惠资助来源。

国际复兴开发银行主要面向较高收入的发展中国家,为这些国家的减贫、社会服务、环境保护以及其他有利于改善生活水平的项目提供贷款。

世界银行集团不仅指国际复兴开发银行和国际开发协会,还包括另外三个机构,即国际金融公司、多边投资担保机构和解决投资争端国际中心,它们分别侧重不同的发展领域,运用自身的比较优势,为共同的目标——消除贫困——而协力合作。

关于世界银行你不知道的10件事:
- 我们是世界上对教育项目资助最多的国际机构
- 我们是世界上对艾滋病防治项目资助最多的国际机构
- 我们是全球反腐败斗争的领导者
- 我们大力支持债务减免
- 我们是对生物多样性项目资助最多的国际机构之一
- 我们建立的合作伙伴关系超过以往任何时期
- 我们帮助贫困人口提供清洁的水、电和交通服务
- 公民社会在我们的工作中发挥了更大的作用
- 我们帮助战后国家重建
- 我们倾听贫困人口的呼声

(详细资料请参见世界银行发表的《关于世界银行你不知道的10件事》)

5.2.1.2 世界银行贷款计划

世界银行的一个主要业务就是为经过仔细挑选、切实评估、严密监督的具体项目提供贷款。世界银行向那些无法进入国际市场或进入国际市场条件很差的国家提供低息贷款、无息贷款或赠款。与其他金融机构不同,世界银行并不以追逐利润为目标。

世界银行提供给发展中国家的资金主要有两个来源:少部分来自世界银行在国际金融市场上出售的高信誉债券,其余大部分来自世界银行借出其资本所获得的资金。这些借出的资本主要包括世界银行多年的储备和189个成员国的会费。

世界银行的收入除少部分用于日常运作以外,其余的资金用于提供贷款和赠款。通过国际复兴开发银行和国际开发协会,世界银行提供两种基本类型的贷款:投资性贷款和用于发展的政策性贷款。投资性贷款主要用于物品和服务的投资,从而全面地促进经济和社会的发展;用于发展的政策性贷款主要用于政府的政策和体制性改革。借款国确定了项目并提出项目建议书后,世行即会着手审议其是否可行。贷款谈判期间,世行和借款国会就发展目标、项目内容、产出、绩效指标、实施计划和拨款时间表进行磋商。一旦世行同意提供贷款而且贷款协议生效,借款国即须根据双方达成的条件执行项目或计划。世行会对每笔贷款的实施进行监督并对其结果进行评估。

此外,世界银行还向各个国家提供分析和咨询意见,力图带来各项政策的长期改善,并帮助成员国提高自身实施脱贫措施的能力。

世行对贷款计划的评估主要包括项目的技术、机构、经济和财务四个重要方面。摆脱了冷战的影响之后,目前世行的贷款决定已经没有政治的因素。

一个好的项目是使贷款申请成功最重要的因素,世界银行目前将主要的资金集中于以下几个方面:经济政策,环境,城市发展,基础设施,教育。

一个标准的世界银行贷款项目是怎样运行的呢?图5.1可以给读者一个完整的展示:

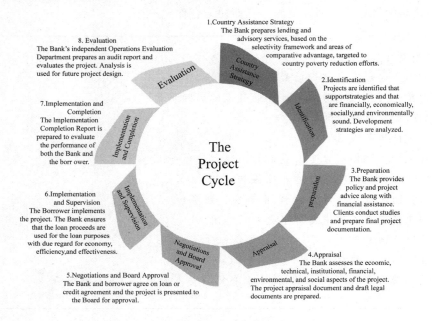

图 5.1　世界银行贷款项目示意图

图片来源:世界银行网站

通过图5.1,我们可以看出世界银行有着一个严密的贷款运行周期。每年,世界银行向100多个国家提供大约150亿—200亿美元的贷款。完成一个贷款项目的周期大致如下。

第一步,制定战略。世界银行帮助各国政府制定项目发展战略,以提出一个能够得到成员国支持的最有可能成功的贷款项目。

第二步,确定项目。世界银行帮助各国政府确定贷款项目。相关文件主要有 Project Information Document (PID)、Integrated Safeguards Data Sheets (ISDS),可以在世界银行的信息中心检索。

第三步,项目准备。这个过程可能要花费几个月到三年时间,将就项目中涉及的技术、制度、经济、环境、资金等问题进行细致的研究。相关文件主要有 Environmental Assessment Report (EAR), Indigenous Peoples Development Plan(IPDP)等。

第四步,项目鉴定。世界银行的工作人员将花费三至四个星期的时间到提出项目的国家进行鉴定。

第五步,谈判和审议。项目计划书将交付执行董事进行讨论和审议。相关文件主要有 Project Appraisal Document（PAD）、Program Document（PGD）等。

第六步，执行和监督。

第七步，项目评估。

贷款批准前，世行会在其对特定国家制定的援助方针的基础上，对贷款计划进行包括经济、社会、环境等多个方面的评估，并且在计划实施前与贷款国进行全面的交流和沟通；在贷款被批准后，世行的专门机构独立评估组（Independent Evaluation Group）会对项目的运行情况进行全面的监督和评估，确保项目顺利成功运行。

一般，如果一个贷款国在期限内没有能够偿还计划的金额，30天后世行会中断所有该贷款国新的贷款计划，60天后世行会停止向该国提供该项目的任何贷款，并采取其他相应措施。

5.2.2 "模拟联合国"世界银行(集团)委员会的构成和主要任务

世界银行(集团)委员会通常由一名会议主席（Director）、两名会议主席助理（Assistant Director）、若干参会代表（Delegate）以及会场服务人员组成。会议主席在会上负责主持会议，推动会议进程，审批并签署会议文件等工作；主席助理则需要协助主席完成整个会议，他/她的职责包括书写会议记录、记录时间、唱票、协助主席审议会议文件、帮助主席查阅相关资料，以及在主席忙碌时主持会议等；参会代表在世界银行(集团)委员会上则扮演世界银行中来自不同国家的执行董事，在会议中对委员会议题进行讨论并最后得出一份决议，或者对委员会的贷款计划书进行讨论和审议。

5.2.3 世界银行(集团)委员会议题

世界银行(集团)委员会的魅力就是它独特的议题。世界银行(集团)委员会的议题包括两种。一种是与其他委员会相同类型的议题，这类议题通常是目前国际社会上的热点问题。举例来说，哈佛世界模联会议中，世界银行(集团)委员会所讨论过的这类议题包括：

- Tradable Pollution Rights（可交易的污染许可证）
- Development Projects from Participating Countries（参与国的发展项目）
- Building IT Industry in Underdeveloped Nations（在欠发达国家建立信息产业）

这些议题都是当时全球普遍关注的问题，具有实际的讨论价值，并且在世界银行的关注范围之内。

世界银行(集团)委员会的另外一种议题，就是这个委员会所独有的：世界银行贷款计划（World Bank Loan Proposal）。在这个议题下，委员会的发展中国家代表向委员会提交贷款计划申请，全体代表在会议进程中对这些贷款申请进行讨论和审议，最后集体投票通过。

为什么这样一个贷款计划会有如此大的魅力呢？其中有很多原因，相信参加过模联会议世界银行(集团)委员会的人都应该有很深的体会。

首先，世界银行贷款计划的一整套游戏规则使每一个代表都有机会影响整个会议的方向，因为这样一个议题并不像其他一般意义的议题，在国家层面上与议题的关联有深浅之分。举个例子，一个讨论中东局势走向的议题，毫无疑问地会使委员会中非洲发展中国家代表感觉无法进入实质的讨论。而世界银行贷款计划则不同,在这样一个议题中,每一个代表扮演的不仅仅是一个国家的外交代表,还是世界银行的执行董事,他们对任何一个国家提出的贷款计划都有着同样的参与权。

其次,在世界银行贷款计划这样一个议题下,代表们提出的贷款计划必须是十分具体的、可操作的,这就使世界银行(集团)委员会的讨论变得十分具体。你可能会看见其他委员会的代表们正在宣称,只有美国开放相关药品的价格才有可能让一些贫困国家看到遏制艾滋病的希望,或者是只有建立一个新的国际机制才能够解决各国的贸易摩擦。然而与这些不同,你在世界银行(集团)委员会将看到的是,代表们正在围绕着地图讨论柬埔寨代表的贷款计划中建立高速公路的路线是否合理,以及在山区铺设高速公路的成本是否像柬埔寨代表提出的那样高昂,是否有更合理的路线;委内瑞拉代表提出的在全国小学普及电脑的计划是否会受到当地局势的影响,每人一台这样一个标准是否有点太高。最后你会惊讶地发现一直否定柬埔寨代表提出的计划的法国代表居然在最后投了赞成票,原因是柬埔寨代表与法国代表私下达成了协议,如果法国代表投赞成票,那么高速公路的铺设工程会在法国的建筑公司中进行招标。

相信在了解了这些之后,每个人都会或多或少地对世界银行委员会议题的独特魅力有所了解。没错,在这样的议题下,每一位代表都是受到重视的,每一位代表都能够把自己的创造力发挥出来。

5.2.4 世界银行(集团)委员会特殊的规则流程(仅针对"世界银行贷款计划"议题)

由于拥有着特殊的议题,世界银行(集团)委员会在规则流程上也存在一些与其他委员会不同的地方。必须说明的是,规则是为会议服务的,笔者也曾看到过世界银行很多不同的规则,而这些规则因为接近会议的实际情况,所以运行得都非常成功。所以以下说明的几点规则,仅仅是提供一个参考。

1. 代表分为发展中国家代表和发达国家代表。前者会前需要起草并向主席以及发达国家代表提交贷款项目计划书,而后者需要在会前起草并向主席提交贷款项目意向书,指出本国批准贷款项目的原则、标准。

2. 确定贷款项目讨论顺序。在点名之后即进入正式的议题讨论,而世行贷款计划议题是以"确定贷款项目讨论顺序"的讨论和投票开始的。

由主席公布委员会的总预算金额。为了更加符合客观实际,委员会设定一个预算额度。在每次会议开始前主席都要介绍或者强调委员会的总预算金额。这个预算是委员会贷款的上限,由主席根据代表提交的贷款总额设定。

提出贷款计划的代表按照英文字母的顺序每人做3—5分钟的简要陈述,内容突出计划的重要性以及金额。

代表动议一个讨论顺序,顺序内至少含有5个国家。针对该顺序产生发言名单,支持以及反对者均有90秒时间,该发言时间不可以让渡。在至少有一个赞成者和一个反对者发言之后,代表可动议结束辩论,此动议需要三分之二多数通过。

辩论结束之后,开始针对讨论顺序进行表决,此表决需要简单多数通过。如果动议未获通过,则由下一代表提出新的讨论顺序动议。

3. 确定发言名单。同大会规则完全相同。

4. 进行发言。包括发言时间、让渡、问题和动议、磋商、结束辩论、延迟会议或终止会议、延缓和恢复辩论等方面，具体规则参考大会规则。

5. 修正案。代表可以对贷款计划书提出修正案，一份修正案必须得到会议主席的批准和20%的在场国家（起草国＋附议国）签字，可由除项目申请国以外的任何国家起草，而附议国中可以包括贷款项目申请国，也可以不包括。修正案的结构要求请参见本书前文。注意，在世界银行委员会中，修正案是不区分友好或不友好的。

修正案的引入、介绍、讨论、投票等流程，请参加大会整体的规则。

6. 投票表决。最后针对贷款项目书的投票是唯一实质性的投票。进入该程序后，只允许代表提出问题和动议唱名表决。对于贷款项目书的投票表决是世界银行（集团）委员会一个十分特殊的地方——委员会按照"股份—权利"的原则决定投票权利（Voting Power），也就是说并不是每个国家的"一票"都具有相等的分量。在委员会中"股份"越多的国家，"一票"的分量越重。具体的股份比例请参照世界银行网站上的更新。贷款项目的表决至少需要出席会议的国家有投票权利的50%赞同才能得以通过。

7. 开始下一个贷款项目的讨论。

5.2.5 会议文件写作

5.2.5.1 关于贷款项目

世界银行（集团）委员会选择贷款项目作为委员会的讨论内容，代表将有机会深入了解本国的发展状况，做出自己的判断。发展中国家的代表将提出一个切实可行的、充满创造力和人文关怀的贷款项目建议书；发达国家的代表将权衡自身的利益出发点和世界银行的目标，提出本国贷款项目意见书，从而表明本国的政策立场以及审核标准。代表们需要认真研究现实情况，通过自身探索提出全新的贷款建议。

世界银行（集团）委员会审议贷款项目时遵循以下基本准则。

第一，可行性：提出贷款项目国家的历史和目前的经济政治状况如何？该国在国际上的贷款信誉如何？以前类似的贷款提案有没有获得通过，有没有达到预期目标？

第二，与该国政府立场的契合性：该项目是否站在该国政府的立场和利益上？是否符合该国政府的发展战略？

第三，与世界银行立场的契合性：该项目是否与世界银行的战略相一致？是否会明显改善该国的贫困状况？

第四，世界银行的参与性：这个项目中是否还包括了其他的外部伙伴，如国际货币基金组织、多边发展银行、双边发展银行、私人部门、NGO 组织等？这个项目中有没有具体的世界银行参与的角色？

第五，成本—利益原则：该项目建议书中是否很好地陈述了项目中包含的利益和潜在风险？成本是否超过了利益？风险是不是过大？

以上五点原则不仅是撰写贷款项目建议书时需要考虑的准则，同时也是大会进行辩论审议时的基本准则。除此以外，不同国家可能还会有自己的特殊准则和标准，在此不一一赘述。

模拟会议还有一些特殊规则。为了使会议的进行更加顺畅有序,委员会可能会对会议做出一些特殊限定。

第一,会议的所有贷款计划书都只对国际复兴开发银行(IBRD)提出,而非世界银行的其他机构。

第二,会议可能限定符合贷款条件的为"发展中国家",不符合贷款条件的为"其他国家",而不考虑特殊情况下贷款资格的认定。

第三,鼓励以下范围内的议题,这主要是基于避免与其他委员会议题范围冲突的考虑。如果有代表提出的贷款项目建议书不在以下议题范围之内,请在提交贷款项目建议书时另附一页议题说明。

议题范围:农业和农村发展,反腐败,教育,能源,环境,基础设施,法律与司法,宏观经济发展,消减贫穷,私有部门发展,公共部门管理,社会发展,社会保障,可持续发展,贸易,交通和城市发展。

5.2.5.2　如何撰写贷款项目建议书

模拟世界银行委员会贷款项目建议书的标准格式如下述。

基本信息

项目名称(Project title):项目名称要言简意赅地描述该项目,使与会代表迅速了解该贷款项目的主要内容,应避免含有感情色彩的词汇,并且不需要出现"项目建议书"的字样,例如:"通过高质量教育消减贫困","改善和发展柬埔寨的服装产业"等。

地区(Region):国家所处的地区范围。世界银行将全球划分为以下六个地区:非洲、东亚和太平洋、欧洲和中亚、拉丁美洲和加勒比海、中东和北非以及南亚。

国家(Country):列出所代表国家的国名,应采用世界银行的通用名称,代表可以在世界银行网站上查询到国家的标准名称。

议题范围(Sector):即会议规定的议题范围。

子议题(Sub-Sectors):在这个项目中,代表们可以列出议题中具体涉及的领域。例如,在"基础设施"这个议题下,这个基础设施可能是关于能源、交通或农业的基础设施,这样,子议题就是能源、交通或农业。

联系人(Contact):代表的姓名和学校名称。

需要注意的是,基本部分并不需要出现"基本信息"的字样,代表们直接以"项目名称:××××;地区:×××"开头即可。

背景介绍

在这一部分,代表们需要陈述该国和该领域的现状,使其他代表充分了解贷款的必要性,即说明为什么需要这笔贷款。

贷款目标

这一部分,要求代表们简练地概括出贷款项目所要达到的目标。这个目标可能是一个,也可能是多个。贷款目标的提出有两个作用。一是与背景介绍中的问题相呼应,即用这笔贷款我们要达到什么目标;二是后面部分提出具体方案的重要依据,每一个具体步骤的安排都是为达到目标而设计,目标的设定可以帮助代表们仔细核查自己项目中的具体步骤是否必要,重要性如何,等等。

世界银行的参与

代表们需要陈述世界银行参与该项目的理由。第一,该贷款项目如何与世界银行的目标相契合;第二,为什么是世界银行贷款,而不是其他组织如国际货币基金组织(IMF)、私人部门或NGO提供财政支持。或许这个项目由多个组织或部门提供财政支持,那么,代表们需要说明世界银行将在项目中起到何种作用。此外,如果代表们能够将该项目与以前在世界银行得到通过的类似项目进行对比,或许将更加具有说服力。

项目描述

这可能是整个贷款项目计划书中最重要的部分。在这一部分,代表要具体地描述这个项目是什么,它将如何运作,列出所有具体的执行细节,提出时间表,等等。如果必要,代表们可以将项目分成几个子部分来进行描述,从而使条理更加明确、清晰。

预算

代表们需要提供一个详细的预算清单。清单上应包括项目实施过程中用于技术、物品、人力、政府补偿和其他任何可以预料到的开支。此外,还要包括项目的总预算,IBRD承担部分的数额,本国政府承担的数额,如果还有其他组织参与贷款,还应包括其他组织承担的数额。

代表们提供的预算清单应尽量接近现实中的真实情况。这一工作非常具有挑战性,代表们需要在没有实际调研的情况下为模拟会议列出尽量真切的预算,并且接受其他代表的询问和质疑。为了能够更好地完成这一工作,代表们或许需要调查以往类似项目的预算并进行分析,对于可能模糊或引起争议的部分,可以单独列出进行解释。

世界银行每年的贷款金额约在150亿—200亿美元之间,我们的模拟委员会将在这个总额范围内根据代表们的提案设定总预算并在会议开始时宣布。总预算限定了贷款项目被批准的数目,导致项目之间的竞争更激烈。因而各个国家在考虑预算时,既要考虑项目的需要,也要考虑世行的总预算,从而在激烈的竞争中获得世行的最终贷款支持。

执行

代表们需要列出该项目的各个执行部门和监督部门,这些部门可能是本国的行政部门、民间组织、国际组织等,并说明它们参与该项目的细节。

可持续性

世界银行旨在促进人类社会的可持续发展。在这一部分你需要说明该贷款项目的可持续性,如说明将由什么组织或部门接管,或说明项目的自我持续性:项目将有能力进行自我市场运作,参与该项目的人员利用项目中得到的知识和技能作出贡献,等等。

收益

强调贷款项目的收益可以分为多个层次和多个方面,代表可以分成若干子项目进行陈述,如经济、政治、社会、环境等。这一部分可以概括陈述,如修建高速公路可以使两个城市的货物和劳动力流动更为便捷,可以使政府更好地提供公共服务,可以促进周边地区的兴起和发展等,当然也可以列举事实和数字进行陈述,以使其更具有说服力。

潜在不足与风险

这一部分非常重要。代表们应该对潜在的不足与风险做出详细而具体的陈述,例如,该项目会对某一行业产生严重冲击,需要大量转移和安置居民等。如果必要,可以将这一部分分成若干子项目进行介绍。代表们的如实陈述能够帮助委员会做出正确的贷款决定,符合申请国和世界银行双方的利益。

环境影响评估(如果存在环境影响)

许多项目都会对环境产生影响。在这一部分,代表们要对该项目的环境影响给予评估。在实际工作中,IBRD会派出专家组对该项目的环境影响给予细致的评估。在我们的模拟会议上,与会的各位代表可能会就这一问题给予质疑,扮演环境专家的角色。

以往项目的经验和教训(如果存在以往项目)

以往项目包含两个方面:一是本国以往申请的贷款项目,不考虑领域;二是以往类似的贷款项目,不考虑国别。研究这些项目的经验和教训有助于帮助改进和解决很多问题,也是代表们对建议书自我完善的重要方法。

最后强调的一点是,世界银行委员会要求代表独立完成新的项目建议书,而不是重复世行已经进行或正在进行的贷款项目。我们的撰写说明中要求项目建议书的各个部分尽可能详细,但同时出于会议时间的考虑,建议书的篇幅将被限制在5—8页之内,请代表们不要超出这个限制。这样,在有限的篇幅里清楚地阐述问题,是一个挑战。在完成这样一份贷款项目计划书的过程中,代表们将完成一次知识上和能力上的双重洗礼,或许,这份挑战便是世界银行委员会的独特魅力所在。

5.2.5.3 如何撰写贷款项目意向书

世界银行的贷款资金大多来自股份较多的非发展中国家,根据世界银行"股份与投票权对应"的决策形式,这些国家在最终的投票中享有比发展中国家更多的权力,主导投票的最终结果。因而,它们必须对贷款项目做出细致而深入的思考。

通常,不同成员国对贷款项目有不同的准则,这是由该国的利益立场和一贯政策所决定的,一些国家关注贫困问题,而另一些国家关注成本与收益,等等。因而,非发展中国家的代表需要精心地研究这些问题并撰写一份贷款项目意向书,与前文提到的世界银行的基本准则一并作为对贷款项目肯定或否定的依据。有些发达国家的大使馆网站上存放有相关文件,各位代表可以作为参考。

模拟世界银行委员会贷款项目意向书的标准格式如下。

基本信息

国家(Country):列出所代表国家的国名。应采用世界银行的通用名称,各位代表可以在世界银行网站上查询到国家的标准名称。

联系人(Contact):代表的姓名和学校名称。

请代表们注意的是,不需要出现"基本信息"或"贷款项目意向书"的字样,代表们直接以"国家:××;联系人:××"开头即可。

国家介绍

这一部分不是人口统计学或地理学上的国家介绍,在这一部分,代表们需要对本国的经济、政治和社会加以简要介绍,从而促进代表们对该国的了解。

本国与世界银行

在这一部分,代表们可能需要查阅以往的文献资料,从而阐述本国在世界银行集团中的地位、观点、参与程度、贡献以及其他代表们认为重要的信息。

本国贷款准则

准则是项目意向书最重要的部分,它表达了本国的贷款意向,将是代表们决定是否通过某个贷款项目的重要依据。事实上,不仅非发展中国家的代表需要考虑这些准则,享有投票权的24位执行董事都应该考虑这些准则。所有国家在最终投票时,应从以下这些方面考虑,从而做出最恰当的决策。

环境:本国签署了哪些国际环境公约?这个贷款计划是否符合这些公约的规定?

安全:项目是否威胁本国的国家安全?比如核动力工厂,敏感技术的研发,用于医疗或农业的化学制品的研发,特殊行业的发展,等等。

经济:是否有某些受到本国偏爱的产业?如IT产业,很多发达国家都致力于投资发展中国家的IT业。再比如,对于美国来说,石油开采是优先关注的产业。

社会:本国是否存在所关注的主要社会问题?如有的国家强调贷款用来改善男女平等教育的问题,有的国家强调种族和宗教问题,等等。这些基本的社会立场决定本国支持或反对某个项目。一些例子包括:欧盟的一些国家反对转基因食品(GMFs),反对克隆人类肝细胞的研究;美国反对堕胎和控制生育的政策,等等。

政治:许多国家禁止对某些国家提供贷款;有些国家认为向自己的合作伙伴提供贷款非常重要。通常,国家会支持自己的邻国和重要战略地区的合作伙伴。尽管政治不是世界银行所关注的问题,可是对于现实中各个国家的代表来说,他们不可避免地会考虑这些问题。

范例一

贷款项目建议书示例——墨西哥

项目名称:建立批发式小额信贷机构以完善普惠/包容性的农村金融体系

地区:拉丁美洲和加勒比海

国家:墨西哥合众国

议题:金融

子议题:公共金融部门、职业培训、信息技术

表5.1 主要缩略语列表

BdM	墨西哥中央银行	CNBV	墨西哥国家银行与证券委员会
CGAP	世界银行扶贫协商小组	MDGs	联合国千年发展目标
MFIs	小额信贷机构	MIS	管理信息系统
NAFIN	墨西哥金融发展银行	WMFI	批发式小额信贷机构

一、背景介绍

1.经历金融危机的墨西哥政府,近十年来在巩固本国金融部门的稳定上不断取得卓越的成绩。在日趋复杂的国际环境下,墨西哥仍保持了宏观经济的稳定。2005财年墨西哥通货膨胀率

为 5.7%,在有效控制范围内;2006 财年国内生产总值(GDP)增长率为 3.0%。福克斯政府和卡尔德龙政府都已将金融部门的改革作为一项长期的公共政策纳入政府议程。

2. 尽管作为拉丁美洲人均国民收入最高的中等收入国家,墨西哥城乡之间的差距却随着经济的发展在逐步拉大。墨西哥人均国民收入在 2005 财年已达 7310 美元(见图 5.2),但全国仍有超过 50%的人口处于贫困之中,其中 20%左右处于极度贫困状态[1]。在占全国总人口 1/4 的农村人口中,有占全国 64%的极度贫困者和 46.1%的中度贫困者[2]。据研究显示,本国估计工作年龄人口中没有银行账户的人口比例高达 76%。世界银行强调农村金融服务对农村发展和消减贫困具有极大的重要性[3]。而墨西哥金融体系的作用目前还很小。据近期研究估计,本国仅有 6%的农村人口能够获得金融服务[4]。

3. 2002 年,联合国发展筹资问题国际会议在墨西哥蒙特雷通过的《蒙特雷共识》(Monterrey Consensus)将小额信贷(Microfinance)视为发展金融的一个创新来源。大会指出:"为了加强金融部门的社会和经济影响,必须在包括农村在内的地方和针对妇女实行小额信贷和向中小企业的贷款,还需要全国性的储蓄机构。"[5]小额信贷是金融部门完善发展的组成部分。目前业界也已达成高度共识,如果小额信贷机构(MFIs)希望其为穷人所提供的金融服务能够长期稳定地进行,小额信贷产业就需要提升自身水平,走向规范化和商业化,从而整合入主流的金融体系中。

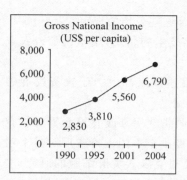

图 5.2 墨西哥人均国民收入趋势图(1990—2004)

4. 墨西哥具有小额信贷发展的良好基础,但本国 MFIs 在走向商业化的过程中,由于缺乏适当的管理机制而发展不均衡,因而影响到穷人贷款者的切身利益。早在 20 世纪 70 年代中期,墨西哥就已经开始形成小额信贷的潜在市场。但目前,这些小额信贷机构面临着资金供给无法满足小额信贷市场需求的主要矛盾。其原因主要在于,第一,目前各种资助小额信贷的资金,尤其是政府和捐助者资金的使用往往是低效率和低收益的;第二,MFIs 在其争取资金和管理资金上往往需要高额成本。

二、贷款目标

5. 创立国家级批发式小额信贷机构(WMFI),作为中介机构来推动本国小额信贷产业的发展。要解决本国 MFIs 所面临的普遍问题,最佳选择就是积极促使小额信贷机构融入金融和资本市场,同时增加该产业的透明度。WMFI 拟从资金分配、人力培养、技术指导和有效监管上,帮助国内已有的 MFIs 扩大客户群,加强区域间合作,以及逐步实现自负盈亏,减少技术支持、培训和后台部门活动的成本,使节约的资金能够有效用于小额信贷客户本身。

---

[1] World Bank,"World Development Indicators Database,"September 2004,www.worldbank.org/data/countrydata/countrydata.html.
[2] WB Staff estimates based on ENIGH.
[3] 《建立市场机制:2002 年世界发展报告》。
[4] Mexico-Country-Level Savings Assessment,CGAP,Third edition,March 2006.
[5] 《发展筹资问题国际会议的报告》决议 1,附件《蒙特雷共识》第 18 条,2002 年 3 月 18—22 日。

6. 增加贫困人口获得金融服务的渠道,赋予农村人口更多参与经济活动的权力,使更多人走出贫困,以进一步实现 MDGs。在墨西哥《国别伙伴战略》(CPS)中的国家发展计划的基本目标里也明确指出,要进一步提高公民参与机会的公平和质量[①]。因此,本次贷款希望通过提高地方小额信贷零售机构的发展能力,来帮助更多贫困者以金融手段成功脱贫。

7. 进一步开发墨西哥金融市场,稳定和完善本国普惠/包容性的金融体系,增加对基础设施的支持,改善投资环境,减少未来的金融风险,切实履行 CPS 中有关提升金融体系的多元化发展和加强其抗风险能力。联合国宣布 2005 年为国际小额信贷年,并将当年的主题定为"建立普惠经济部门"。联大强调提高对小额信贷在消除贫穷方面重要性的认识,进一步加强各国对可持续扶贫的小额信贷的支持力度。。

8. 进一步缩小城乡差距,解决社会的两极分化,以帮助实现政府 2007 年在内政方面的首要任务,即"创造一个安定、和平的社会环境"。墨西哥新政府正在努力参与到帮助农村人民脱贫的实际工作中,而凭借"2005 全球小额信贷年"的拉动,本国小额信贷已开始广泛引起世行和其他相关机构的关注,故如今建立 WMFI 正是政府为农民致富带来切实利益的最佳切入点和最佳时机。政府应通过适当的市场监管体制,深入农村金融系统,提高其公信力,以对社会环境的安定负责。

三、世界银行的参与

9. 促进小额信贷的发展与世界银行的脱贫目标相契合。本部设在世界银行的 CGAP 是全球性的小额信贷标准、运作手段、培训和建议服务资源中心。CGAP 承诺为贫困人口建立更具包容性的金融体制;世界银行通过贷款、研究、政策建议和技术援助解决小额信贷问题。成功的小额信贷机构已经证明,为贫困人口提供金融服务可以有效地减轻贫困并且盈利。故墨西哥希望世行为本次项目提供金融基础设施建设方面的贷款部分(详见"预算")。

10. 美国福特基金会(Ford Fund)和花旗集团(CitiGroup)已与墨政府签约,将合作为本项目提供 1500 万美元的捐赠,作为 WMFI 初期运作的准备金。

11. 墨西哥政府将发行 1500 万美元的 10 年期公债,作为还贷准备。

四、项目描述

12. WMFI 是国家级非营利性机构。它并不直接贷款给穷人,而是通过:① 从政府、银行和捐助机构/个人处动员贷款和资本金赠款,转贷或入股于基层 MFIs。② 将加强地方零售机构向穷人和极端贫困者提供可持续的金融服务的能力。③ 完善现有的 MFIs 的金融生态环境,来鉴别、评估、辅助和引导小额信贷的发展。据国际批发式 MFIs 的经验,本项目初定为期 9 年,每 3 年为 1 个阶段。其具体安排如下。

13. WMFI 办公室

(1) 主要职责

建立 WMFI 办公室是本次项目的核心部分。批发机构的成立主要是为了管理从一个或者更多的国际金融机构或者双边贷款中得到的小额信贷资金。故本国 WMFI 的主要建立目的为:由一个富有小额信贷经验的专业管理团队,针对本国需要小额信贷相关帮助的 MFIs(有执照和无执照

---

① Country Partnership Strategy of The World Bank Group with The United Mexican States,FY05—08.

的),通过对其进行认真评估和筛选,将资金投入合格的小额信贷零售机构,并对其后期工作施行有效的监管。

(2) 人事安排

办公室人员组成主要为:CGAP 人员、Compartamos[①] 代表、本国小额信贷行业协会和墨西哥金融发展银行(NAFIN)派遣人员,总人数不超过 15 人。

(3) 科技扶持——建立管理信息系统(MIS)

MIS 属于 WMFI 监管机制的一部分,旨在通过电算化的科技手段及时沟通所协助 MFIs 的信息,力争建立全国性的认证体系数据库,加强信息披露力度和信息处理能力,实现迅速转贷,并更好地解决逆向选择问题[②],以尽可能减少机构运作风险。此次建立的 MIS 将采用 IBM Informix NAG Financial DataBlade 系统,主要包括以下子系统:① 总账管理子系统 ② 财务联机分析子系统 ③ 现金流量管理子系统 ④ 报表管理子系统 ⑤ 工资管理子系统 ⑥ 预算管理子系统 ⑦ 成本管理子系统等。

(4) 地点安排

考虑到金融背景、交通的发达性和信息网络的通畅性,WMFI 将本部设立在墨西哥州的墨西哥城和新莱昂州的蒙特雷两地,均为面积为 1,000—2,200 平方英尺的办公室。

(5) 时间安排

① 建立办公室将安排在本次大会确定贷款数额后,立即进行实地考察工作;MIS 的准备和安装工作将与办公室基建同时进行。总耗时初定为 2—3 个月。

② 实地考察并选拔第一批合格的 MFIs 准备贷款支持[③](1—2 个月)。

14. WMFI 下设的专业培训中心

(1) 主要职责

向从事小额信贷扶贫的有关机构和人士征求意见和建议;请他们为培训中心的活动、为本国 MFIs 提供技术支持;并为国内小额信贷研究者提供研究平台。

(2) 人事管理

培训的组织管理机构由理事会、培训中心和学员三级组成。理事会 6—8 人,将由 CGAP 代表、墨西哥国家储蓄和金融服务银行(BANSEFI)代表、NAFIN 代表、Compartamos 代表、信贷合作组织 Caja Popular Méxicana 的代表、培训中心在本国其他合作 MFIs 的代表和花旗集团(CitiGroup)代表组成。理事长将由墨西哥中央银行(BdM)派遣人员出任。理事会[④]的主要职责为:① 审议批准培训计划;② 审议批准办公室的年度工作报告和决算;③ 决定培训中心活动的重大事项;④ 协调各部门之间的合作。

培训中心 10—15 人,主要由 CGAP 派遣人员、墨西哥 MFIs 相关研究人员、联合国资本发展机构(UNCDF)、泛美开发银行和花旗集团/墨西哥国民银行工作人员等组成。中心的主要职责为:① 制订和实施培训计划;② 负责培训资金的管理和使用;③ 开展与培训有关的其他活动;④ 负责年终工作总结和决算。

---

① Compartamos 是墨西哥最成功、最主要的小额信贷机构。
② 逆向选择,即指金融市场信息不对称特征中,存在于合约签署前后的逆向选择问题(Adverse Selection)。
③ 对申请 WMFI 协助的 MFIs 的考核标准,详见附录。
④ 为方便 WMFI 办公室与培训中心的信息沟通,以及出于节约人力成本的考虑,理事会成员将有 20%—30%的工作人员会同时参与培训中心的工作。

学员选拔将主要为下列四方面人员：① 高层管理人员；② 高层操作机构的管理人员；③ 各级机构的专业技术人员；④ 基层信贷业务人员。根据不同的需求举办不同内容的培训班，分别举办管理人员培训班、财会人员培训班、审计监督人员培训班、MIS 培训班、信贷业务人员培训班等。优先选择那些机构相对独立特别是有持续性发展潜力的专职工作人员和小额信贷业务运行正常的机构的工作人员参加培训。

培训内容主要包括：① 领导管理艺术；② 贷款质量管理,拖欠测定和管理；③ 内部控制：信贷风险、欺诈防范；④ 信贷推广：产品设计、计划扩展、运行监测；⑤ 财会管理：财务报告和分析；⑥ 信息系统的建立与管理；⑦ 审计内容与方法等。培训方式采用师生互动的参与式方法教学。在培训中将对学员的学习进行考核。

（3）地点安排

考虑到小额信贷的发展经验和发展潜力,以及交通位置的便利,培训地点初定为分设在墨西哥北部边界内陆地区,科阿韦拉州的蒙克洛瓦和奇瓦瓦州的德利西亚斯的两个中心。

（4）时间安排

① 人事选拔工作（与 WMFI 办公室的基建工作同时进行,1—2 个月）;

② 进行中心的基建工作（3 个月）;

③ 进行所有学员的分层次分业务培训（时间依具体情况安排）。

15. 对申请 WMFI 协助的 MFIs 须进行严格、适度的考核。

16. 关于监管机制：WMFI→MFIs

（1）基本原则

设计明确的发展路径,选择"正向激励效果"。WMFI 需要使那些经营业绩优秀、最初并不能吸收公共储蓄的小额信贷机构能逐步扩大资金来源。

区分审慎性监管和非审慎性监管,提高 WMFI 和 MFIs 的公信力。在支持新 MFIs 发展的较早阶段,WMFI 应对其进行非审慎性监管,MFIs 只需注册即可在业务范围内开展活动；而当 MFIs 开始吸收公众存款时,WMFI 就必须从保护存款人利益的角度出发,逐渐引入和应用审慎性监管的原则和方法。

（2）法律监管

WMFI 对 MFIs 有委托监管的责任,享受法定管辖权。

明晰所有权问题。把所有权真正放在那些视机构利益与个人利益息息相关的人的手里。如一旦 MFIs 濒临破产,WMFI 则首先主张实力较强的 MFIs 对其进行收购或兼并,从而尽量收回贷款,减少储户们的损失。

采用市场化利率而不严格对其进行控制。

公开 MFIs 的财务报表；规定其内容和提交格式的标准；制定会计和审计标准。

实施外部审计。作为监督者,WMFI 不能过于信任 MFIs 的内部审计或所谓独立的外部审计,而是要通过技术援助（如 MIS 等）来完成这一重要的工作。

关注权益回报率（ROE）。WMFI 应为 MFIs 的盈利空间提供宽松的政策框架。

没有授予 MFIs 经营许可证的权利。WMFI 可以帮助无执照的 MFIs 进行业务改善从而得到经营许可证,但目前 WMFI 自身并无这一权利。

(3) 技术监管

详见第 14 条"科技扶持——建立管理信息系统（MIS）"

17. WMFI 与其他相关组织、部门的友好协作

国内：小额信贷行业协会、国家银行与证券委员会（CNBV）、国家财政部（SHCP）；

国际：美国波士顿安信永国际（ACCION International）、美国华盛顿小微金融网络（Microfinance Network）、玻利维亚阳光银行（BancoSol）、孟加拉国农村就业支持机构会（PKSF）[①]。

建立合作的目的在于：国内合作组织主要负责监督协调工作[②]。国际合作组织则主要通过彼此之间的信息交流、技术互助等方式，向国外 WMFI 学习经验，促使本国 WMFI 高效运作，从而在本国建立起更多诸如 Compartamos[③] 的 MFIs，首先使本国更多地区的人民以自我就业等方式摆脱贫困，其次争取进一步完善拉美地区的小额信贷产业，并在国内外的金融市场上具有竞争力和可持续性。

五、预算

即为 WMFI 金融基础设施建设，分为 3 部分，总共为时 9 年。

18. WMFI 办公室：包含墨西哥城和蒙特雷两处的办公室建设。现均以一处做预算（见表 5.2）。

表 5.2　WMFI 办公室预算表

主项目名称	金额（美元）
办公室租金	103,680
装修费用总计	27,110
办公用品费用总计	54,160
其他管理费用总计	2,688,420
总计（一处）	2,873,370
总计（两处）	5,746,740

19. MIS 建设[④]：496,000 美元。

20. 培训中心：包含蒙克洛瓦和德利西亚斯的两个中心。现均以一个中心做预算（见表 5.3）。

表 5.3　培训中心预算表

主项目名称	金额（美元）
办公室租金	79,920
装修费用总计	20,650
办公用品费用总计	81,900
装修费用总计	15,180
其他管理费用总计	3,973,570
总计（一处）	4,171,220
总计（两处）	8,342,440

上述总额为：14,089,180 美元。合计其他风险抵御费用，则总额为 15,000,000 美元。

---

① PKSF 是国际上较为成功的批发式小额信贷机构。

② 关于国内组织实行监督的必要性请参见本文第 34 条"②完善风险分担机制"。

③ Compartamos 成立于 1990 年。2005 年荣获 CGAP 颁发的"财务透明奖"和泛美开发银行颁发的"小额信贷杰出贡献奖"；2003 年其权益回报率（ROE）居全球 MFIs 首位。

④ 关于 MIS 的具体设置，将于本次贷款议程结束后与 IBM 公司进行详细协商，预算仅涉及初步计划。

21. 本次项目共需资金：4500万美元（包含1500万美元捐赠和1500万美元发行公债）故需要IBRD资助的贷款额为1500万美元；借款期限为2007年4月—2016年4月。

六、执行

22. 关于WMFI办公室和培训中心的基建工程，将由墨西哥政府进行工程招标以确定施工单位；监督部门：BdM、墨政府。MIS的安装与维护，将由BdM与IBM公司合作进行，监督部门：墨西哥政府。

23. WMFI办公室和培训中心正式成立投入运转后，将由CGAP代表和培训中心理事会的理事长协同BANSEFI和NAFIN主要负责WMFI的转贷、培训等工作；监督部门：墨政府、BdM与墨西哥小额信贷行业协会。

24. 关于现金流。① 向IBRD申请的贷款2200万美元的资金投入详见"预算"。② 捐赠款1500万美元的投入：2年内投入不超过总额的80%至国内MFIs，综合其自身业绩和市场份额具体考虑；4年内投入剩余部分至国内或州一级地区的部分MFIs。监督部门：CGAP[①]、花旗银行小额信贷部门、BdM。

七、可持续性

25. 今日的MFIs本身即是以追求可持续发展为原则的。小额信贷在墨西哥已由福利主义发展到制度主义，这意味着更多多种形式的MFIs将建立。它们日益关注其商业发展的可持续性，并在此基础上努力扩大业务覆盖率，来为更多的低收入人口提供金融服务。对于一个批发机构来说，为了实现假定的规模经济（这个规模经济使设立该批发机构有了合理性），就必须有足够数量的有生存能力的零售机构客户为基础，而墨西哥目前正具备这个条件。WMFI的建立并不会抢走MFIs原有的资源和客户；相反，它的建立旨在促进国内小额信贷的发展，引导它们为国内甚至国外的贫困人民逐步带来富裕。

26. 毋庸置疑，参与者（培训中心管理者及学员）都能借此从中学习到有关小额信贷更贴近现实的操作经验。作为小额信贷基础良好的地区，能获得更丰富的经验无疑能为全球的小额信贷产业的发展作出宝贵的贡献，研究出更多金融创新的方法，帮助穷人更快地摆脱贫困，从而进一步接近甚至超越MDGs。

27. 在本项目结束后，墨西哥WMFI将拟由BdM接管。BdM今后的工作目标将是通过提供评定MFIs信用等级和为MFIs业务保险的方式，成为其资本市场的中介。

28. 还贷问题。墨西哥的还款能力正在逐年增强。审慎性的财政政策多年来为墨西哥避免了金融危机带来的威胁，风险指数仅为190个基点。具体操作过程中，墨西哥还将在把1500万美元捐赠款分配至基层MFIs的同时，通过增发1500万美元墨西哥政府10年期公债，用于贷款准备，以该项目现金收入作为偿还保障。

八、收益

29. 总体而言，WMFI的建立能带来的最明显收益在于，由于它制定或执行、监督统一的小额信贷行业业务衡量标准，因此它对MFIs的发展具有显著的法律意义。

30. 经济方面，WMFI的运作过程中其具体收益目前初步估算为：第1—3年，无收益或依靠部分债券融资收益，权益回报率为2%以下；第3—6年，通过债券融资等能使ROE提高到至少

[①] CGAP每年都设立"财务透明奖"以强调财务透明对于小额信贷的重要性并奖励优秀的MFIs。

3%;第6—9年,通过债券或其他组合融资方式使权益回报率维持在3%—4%左右。

31. 政治和社会方面,建立WMFI能够有效提高就业率,加强墨西哥普惠性农村金融体制的改革,有助于改善城乡二元化的结构;在逐步使农村经济正规发展的同时,也能够为"和平、安定的社会环境"创造有利的条件。

九、潜在不足与风险

32. 宏观而言,WMFI的风险主要存在于:① 利率风险。由于小额信贷的特殊性,本国MFIs尚没有从财务自立和可持续发展的角度制定一个合理的利率水平。② 经济方面。当宏观经济环境受其他因素影响而发生变化时,将会对金融体系产生迅速的影响。而墨西哥政府在经过历年的金融改革以来,已以其市场的整合和审慎的框架能够在很大程度上抵抗由于外力带来的冲击。③ 不可抗力。如遇到较大的自然灾害使农业生产受到很大影响,或由于社会动荡所引起的劳工纠纷、政变、战乱,其造成的损失必然有一部分转化为信贷资金风险。

33. 微观而言,WMFI自身存在的风险主要在于:① 监管风险。尽管有技术援助等,但仅仅作为一个批发机构,WMFI对MFIs的监管力度和实现的透明度是有限的。② 避免批发机构自身变成零售机构。一旦零售机构客户的数额无法达到理想状态或因为管理不善等原因,使得WMFI无法成为国家级的WMFI,则有可能迫使其演变为普通的零售MFIs。这不但遏制了WMFI自身的盈利和可持续发展,还将对全国的MFIs造成如降低公信力等诸多负面影响。

34. 风险防范:① 确定合理的小额信贷利率。必须考虑影响利率的几个因素:运营操作费用、贷款损失风险、借贷资金成本、获得与其他MFIs相似的利润水平、通货膨胀率等。② 完善风险分担机制。这就要求本国小额信贷行会、CNBV、BdM与WMFI密切配合,加强监管力度,真正发挥出WMFI作为批发机构的作用。③ 建立合理、严格的信用评级制度。贷前应加强MFIs的资信评定,贷后应加强管理和监督,以有效地防止道德风险的发生。

十、以往项目的经验和教训

主要借鉴国际现存WMFI经验,如合作伙伴孟加拉国PKSF。

35. 批发机构在选择小额信贷机构时难免受到政治压力,因而政府和捐赠者应尝试减轻对批发机构的强大压力。

36. 在协调捐赠者的过程中,要注意控制其中容易形成的成本,并尽可能少地影响MFIs的主观能动性和创新精神的发挥。

37. 注意协调捐赠资金的拨放和MFIs发展自身融资能力的机会,应在控制风险的前提下,积极鼓励并支持其进行自主融资的行为,实现MFIs真正的可持续发展。

十一、附录

对申请WMFI协助的MFIs的考核标准:

① 客户可持续状况:退出率、储蓄率、成员/借贷者比率、客户从事经营项目状况等。

② 机构可持续性:与其他MFIs业务重叠状况、客户渗透率、管理状况、资本基础状况等。

③ 项目运作:小组稳固性、贷款发放和回收率、信贷员素质、财务系统、高层管理能力等。

④ 人力资源:对工作人员的招聘、培训;完善的管理,对工作人员的激励和奖惩机制等。

⑤ 项目对缓贫的影响的定期评估。

⑥ 金融管理和内部控制:MIS、财会制度、内部审计、内部监督和预算执行。

⑦ 有形资产状况:建筑物、土地、规定价格以上的办公用具、车辆等。

⑧ 金融和经济可持续性：操作和金融自负盈亏率和业务资金质量。

范例二

贷款项目意向书示例——日本

国家：日本国

一、日本国概况

日本经济终于摆脱了长达十多年的停滞，踏上了探索新的增长模式的进程。日本长期保持着世界第二经济大国的地位，截至2005年国内生产总值达到5,029,053亿日元（约45,668亿美元），人均国内生产总值（2005年）393.7万日元（约35,751美元），国内生产总值增长率（2005年）2.6%。目前GDP约占世界总量的15%，占亚洲的60%。这样的成绩得益于多届政府奉行的改革政策，特别是小泉纯一郎首相执政以来，改变财政主导的刺激景气对策，推行全面彻底的经济结构改革，以解决不良债权为突破口，控制财政赤字规模，鼓励竞争，优化产业结构；对邮政事业、道路公团以及养老保险体系三大领域实施彻底改革，实现了以民间需求增加和企业经营改善为主、伴随着结构变化的均衡、稳定的经济复苏。

日本经济的复兴与繁荣，使日本在过去半个世纪中能维持巨额对外援助（政府开发援助ODA）的传统，并在20世纪末的十多年里，在严重的经济停滞和财政赤字的艰难时刻，成为发达国家中对外援助最多的国家。日本人民一直期盼着一个自由稳定的亚洲和世界，相信在克服了多重困难之后，日本的对外援助又将迈上新的台阶。一直以来，对外援助都是日本政府对外政策的重要组成部分。进入21世纪之后，环境恶化和贫困、恐怖主义、核扩散、独裁和蔑视人权成为国际社会面临的新挑战，日本政府和人民愿意在新时期坚持周边外交、价值外交的基础上，通过联合国并在更为广阔的国际舞台上发挥更大的经济、政治作用，承担更多的国际安全责任，共同打造"自由繁荣之弧"。

二、日本国与世界银行

世界银行成立以来，日本扮演过双重角色。作为受援国，日本1953年至1966年共接受了31项贷款援助，共计86,300万美元，建成了如新干线等优秀工程，并在贷款利用、工程建设等方面都深受世行好评。日本于1966年成为第十一个从世行"毕业"的国家，作为援助国在世界银行发挥重要作用。

作为世行第二大股东[7.86%（WB），13.38%（MUN）]、多个领域的重要合作伙伴，日本将继续支持世界银行在全球范围内为彻底消除贫困而努力。特别在亚洲地区，双方的合作一直以来就是强有力的。1970年东京办事处成立以来，世界银行和日本政府、国内私营部门、学术机构、非政府组织等结成了紧密的合作关系，以增进相互了解和支持。世界银行和日本政府长期以来共同分享着消除贫困、促进发展的价值观，为此，双方成立了日本政策与人力资源发展基金（PHRD）、日本社会发展基金（JSDF）、世界银行学院（WBI）、全球发展学习网络（GDLN）等多个合作项目，共同肩负着战胜贫困和提高发展中国家人民生活水平的使命，并继续通过提供资源、分享知识、培养能力以及在公共和私人部门建立伙伴关系，帮助人们进行自助和保护环境。与此同时，作为世界银行最大的双边合作机构，日本国际协力银行（JBIC）在共同融资、对外援助方面也发挥着不可替代的作用。在更广泛的层面上，日本和世界银行一起援助了科索沃、东帝汶、阿富汗、伊拉克等国战后重建,并且帮助受到自然灾害影响的居民,例如印度洋海啸后,日本国际协力银行(JBIC)会同世界银行进行了一系列援助。

相信扮演过双重角色的日本不仅能很好地理解借款国的感情和诉求,更能对世界银行的贷款发放、项目管理等做出负责任的决定。

三、日本国贷款准则

1. 世行使命

我们的理想是消除世界贫困。本着敬业精神与贫穷作斗争,以取得持久的成效。通过提供资源、分享知识、培养能力以及在公共和私人部门建立伙伴关系,帮助人们进行自助和保护他们的环境。

2. 基本方针

为达成上述的目的,日本应在以下的基本方针指导下,让世界银行的贷款及项目执行更具战略意义。

(1) 优先支持拥有良好治理的发展中国家自助的努力

我们现在知道,如果没有良好的治理,援助就不可能取得可持续的成果。从根本上说良好的治理是以下几个方面的结合,包括:透明和负责任的政府机构;有能力和称职以及愿意做那些可以有效率地给人们提供服务的事情;能为穷人创造良好的就业机会、创造脱离贫困的机会。

日本特别强调良好治理,支持拥有良好治理的发展中国家自助,并且鼓励发展中国家朝着良好治理的方向努力。协助该国建立良好的教育制度,赋予穷人能力;建立完善的法律制度,以保障社会公平;健全金融信贷体系,营造良好的投资环境,给私营、中小企业甚至个人创造良好的融资和发展可能,这是日本对发展中国家贷款项目的主要思考。拥有良好治理的发展中国家,才能使援助真正有效;正在努力的国家,也才具有使援助持续发挥效用的基本前提。

为此,日本优先支持的对象,应该是积极寻求社会经济的结构改革,并且致力于追求和平、民主与人权保障的发展中国家。

(2) 重视"人身安全"观点

为了应对国际纷争、天然灾害、传染疾病、贫困等对人类直接造成的威胁,处理相关事务时,除了以国际社会的角度以及国家与区域的角度思考外,更重要的是将每一个个人应被保障的"人身安全"视为解决问题的主要思考方向。千禧年发展目标的实现,应该是与确保全人类在自由与尊严中生存的尝试的成功相并存的。同时,从项目酝酿到执行的每一个阶段,人都应该被视为出发点和归宿,人类的尊严都应该被维护。

日本会将"人身安全"全部纳入项目的每个阶段加以考量,依此评估项目的价值,并提供协助以保护每一个个体的成长。

(3) 确保公平

对于世界银行贷款项目的制定与实施,必须充分考虑社会中相对弱势族群的状况,考量发展中国家所存在的贫富差距以及地区差异。同时更应特别注意项目执行对发展中国家的环境与社会所造成的影响,力图确保人类内部即性别、族群之间的公平与正义,更需重视人类与外部世界即人类与环境的公平。同时,须特别注意开发参与权以及因开发而取得的利益公平、开发利益损害均等的原则。

(4) 善用日本经验与专长

根据发展中国家的政策与援助上的需要,日本会全力提供在社会经济发展与经济协力等方面的经验,发展中国家应活用日本所拥有的先进科技、专业知识、人才以及相关制度。同时,在项目实施时,尽量与世行和日本的重要政策相结合,以确保整体政策的完整性。

(5) 与国际社会、私营部门、专业组织的协调及协力

在现在的国际社会中,以国际组织为核心,以相同的开发目标与开发策略进行合作的做法越来越盛行。协调各个不同的参与者,进行多边合作援助活动的方式更是目前的主流做法。日本在参与此类的国际组织和国际活动时,在尽可能地努力发挥建设性主导作用的同时,也希望项目的实施者能寻求联合国各机构、国际开发金融机构,以及其他足以提供援助的国家、非政府组织、民间企业、专业机构的合作。

3. 优先课题

基于以上所述的目的与基本方针,日本的优先课题如下。

(1) 消除贫困

消除贫困是世界银行和国际社会所公认的重要发展目标,也是排除国际恐怖活动等不安定因素的重要做法。为了达到此目标,日本希望世行有限的资金能实施在直接惠及贫困人口的项目上,或者塑造良好的治理环境,给贫困人口提供发展的空间和可能。例如,日本非常重视教育与保健医疗、社会福利、饮水与卫生、农业、小额信贷等能够使贫困人口感受到关怀的项目,或者通过改善治理、公正司法、保障人权、改善投资环境、健全经济制度和信贷体系等能力建设,为贫困人口消除自助和发展的体制性、结构性障碍。这不仅能有效地消除贫困,更重要的是,此类协助能让发展中国家的经济持续发展,增加工作机会,并且改善贫困人口的生活品质,为发展中国家自助创造基础。

(2) 环境保护

环境问题是 21 世纪人类面临的最大的挑战,也是考验人类智慧的终极问题。尽管所有国家都受到环境变化的影响,但近来的报告强调,最贫困的国家及其最贫困的人口是最易受到影响的。然而,这些国家不应承担也承担不起向低污染经济转型的额外成本和治理环境污染的高昂代价。世界银行和日本有义务支持改善环境的一切努力,特别是气候变暖、温室气体排放等全球性环境问题更是值得所有国家关注。

环境问题导致地区生存与发展的自然条件的恶化,出现大范围的生态失衡,加剧了贫穷、灾害风险和生态危机,使经济难以持续增长并引发社会不稳定。当前环境问题同社会经济发展紧密相连,社会经济发展既对环境产生持久的压力,又是改善环境的驱动力。环境保护和可持续发展应该从解决末端问题逐步转向改变驱动力,也就是通过促进社会经济的环境导向的变革来谋取发展与环境的"双赢"。

日本会将环境因素全部纳入项目的每个阶段加以考量,依此评估项目的价值。

(3) 教育自由

赋予贫困人口能力、保障其受教育的自由是减贫战略最佳也是最有效的选择。投资于人民并赋予他们能力,使其过上富裕的生活,做出关于未来的合理决策,以及保护环境,对于贫困人口来说是最大的关怀。对人类发展的投资改善了人们的生活质量,促进人们参与那些推动国家发

展的经济活动,增加了人们获得的服务,并减少了不平等。

初等教育、中等教育、职业教育不仅能够通过对生活的基本知识和生活技能的学习,提高就业率和消除贫困,同时也能通过健康和环境的教育,来改善相关人群的健康状况,有效地保护环境。平等地享有教育权利,是人作为个体的基本尊严,保障教育自由是对生命追求知识的本能的尊重,而不是开发受过教育的资本增值工具。从另一个方面来说,先进的教育制度,也的确是一个国家赖以脱贫、永续发展的根本。

(4) 金融和私营部门发展

合理的、包容的金融体系对于实现千禧年发展目标非常关键。改进获得金融服务的途径如储蓄、信用、保险和汇款对于贫困人口利用经济机会和预防不确定性是非常重要的。增加贫困人口获得金融服务的渠道,有助于增加其对未来的信心。优秀的金融体制不仅对贫困人口的实质帮助提供了可能,更为私营部门、中小企业融资创造了条件,拓展了发展空间。私营部门的发展又能为发展中国家经济提供健康持久的增长方式,同时创造就业机会,创造减贫的动力,为发展中国家和贫困人口的自助提供帮助。

(5) 关注全球性议题

全球气候变暖与其他环境问题、传染疾病、人口、食物、能源、天然灾害、恐怖活动、毒品、国际性组织犯罪等,都是所谓的全球性议题,同样也是国际社会必须立刻进行协调并采取合适对策的严重问题。

(6) 和平建构

为了预防欠发达国家和地区所发生的冲突与纷争,对于形成纷争的种种原因,采取全面的对策是非常重要的。其中的对策之一,即是前面所提到的消除贫困、缩小贫富差距的协力活动。除了这一类预防纷争的协力活动与紧急人道救助之外,日本将持续且弹性地通过世行和其他国际组织协助加快结束冲突的进程,协助巩固和平与建构国家。

举例而言,世行的资金可以在以下领域里发挥作用:协助促进和平进程;人道与重建协助,例如协助难民返乡,以及基础设施维修或重建;协助保障社会稳定与安全,例如解除武装、解散部队、协助退伍军人重新融入社会,武器收缴与处理,包括地雷清理等;重建协助,包括社会与经济发展,提升政府行政能力的各项协助。

4. 优先地区

按照前述目的,与日本具有紧密的关系、对日本的安全与繁荣可能带来极大影响的亚洲,当然是日本优先考虑的地区。但是,由于亚洲各国经济社会发展多元分化,因此必须随时充分留意当地的状况,并将重点放在战略性领域,尤其是近年来东南亚联盟的经济相互依存关系正在不断扩大与强化,同时也为了维持地区经济持续增长,加强区域整合,努力提升区域整体的竞争力,日本应该强化与东亚地区的经济合作,致力于强化与同一区域国家的关系,并积极设法有效缩小此区域内不同国家的差距。协助东亚地区共同发展历来是日本不可推卸的责任。

南亚拥有十分广阔的发展空间,也承受着巨大的人口压力,如何处理好人与自然的关系,改善卫生医疗条件,普及初、中等教育,缓解人口压力,使个人拥有平等的发展权,是南亚各国和日本的共同课题。而在协助南亚地区缓解大量贫穷人口的压力之时,也应将中亚地区纳入考量,对于这些地区的能源开发、民主化与市场经济活动应该给予全力支持。

至于世界其他地区，则根据基本方针与优先课题，留意各地区的援助需求以及发展状况，厘清行动的优先次序。

具体而言，世界上最贫穷的国家大多集中在非洲，那里几乎每一个国家都有冲突或者是严重的发展问题，日本有责任给予实质性援助。

从能源供应的观点，以及国际社会和平与安定来看，中东是非常重要的区域。但是这个地区有许多不安定因素，包括中东和平进程的现况，可以给这个地区提供促进社会安定与巩固和平的援助。

拉丁美洲地区既有相对较为发达的国家，也有经济体制脆弱的岛屿国家，但却是自由市场的充分实践者，日本会充分考量区域内的这一现状，在反腐败、体制改革、健全自由市场及与之相配套的政治法律制度、稳定金融体系等方面给予强有力的协助，继续支持拉丁美洲追求自由市场的实践。

5. 执行原则

基于上述的理念，以及联合国宪章、世界银行规则，并且在以下各要点之基准上，日本将依据发展中国家的援助需要、经济社会条件、双边关系等进行综合性判断，从而审议贷款及执行项目。

(1) 必须重视人的尊严和自由。

(2) 强调环境保护与开发平衡。

(3) 强调资金的投入与产出比、项目过程可控性、项目结果有效性和可预期性，并加以强有力的监督。

(4) 优先给予私营部门、非政府组织、个人以充分参与权。

(5) 避免贷款直接或间接被误用于军事或是助长国际冲突的用途。

(6) 在维持与巩固国际和平与安定、防止恐怖活动与大规模毁灭性武器之扩散之同时，也应从发展中国家运用自有国内资源，优先且适当地用于本国之经济社会发展的观点出发，日本将会对发展中国家的军事支出、研发与制造大规模毁灭性武器与导弹、进出口武器等动向给予一定的、持续的关注。

(7) 对于发展中国家的民主化进程、导入自由市场的努力，以及维护与保障基本人权与自由等，亦须予以关切与鼓励。

5.3　联合国教科文组织世界遗产委员会

5.3.1　世界遗产委员会简介

1972 年 11 月 16 日，联合国教科文组织大会第 17 届会议在巴黎通过了《保护世界文化和自然遗产公约》（以下简称《公约》）。根据该《公约》，设立了世界遗产委员会和世界遗产基金。世界遗产委员会由 21 个成员国组成，由缔结公约的会员国大会选举。委员会每年召开一次会议，主要决定哪些遗产可以录入《世界遗产名录》（以下简称《名录》），对已列入名录的世界遗产的保护工作进行监督指导，并负责《公约》的实施。委员会成员每届任期 6 年，每两年改选其中的三分之一。委员会内由 7 名成员构成世界遗产委员会主席团，主席团每年举行两次会议，研究世界遗产委员会的工作。主办会议国家的代表（21位代表之一）即为该年度会议的主席。

签署《公约》的缔约国要负责其本国遗产的提名、保护和管理，同时有权享受世界遗产基金的资助。世界遗产委员会的工作由三个国际专业顾问机构提供支持：世界自然保护联盟（The International Union for Conservation of Nature and Natural Resources，IUCN）、国际古迹遗址理事会（The International Council On Monuments and Sites，ICOMOS）和国际文化财产保护与修复研究中心（The International Centre for the Study of the Preservation and Restoration of Cultural Property，ICCROM）。这三个机构对世界遗产的保护工作提供各种建议和指导，对所提名的遗产进行评估、报告，同时在相关国际公约的制订和执行方面也发挥着重要的作用。

5.3.2 "模拟联合国"中的世界遗产委员会

从参会代表的数量来说，世界遗产委员会（World Heritage Center，WHC）与其他联合国委员会比如联合国大会（General Assembly，GA）及其下属的大部分委员会、经社理事会（Economic and Social Council，ECOSOC）等相比规模要小。从工作内容上来说，WHC更倾向于学术性而非政治性。而且WHC的很多决定，比如是否接受新的世界遗产的提名，深受上述三个顾问机构和世界遗产中心的影响，一个提名从诞生到接受要经过很长时间的各方努力。而在"模拟联合国"的会议中，整套关系和程序被简化。所有关于世界遗产的讨论，都被限定在"提名国家"和WHC的21个成员国范围内。会议由主席团主持。21个成员国代表针对所提名的世界遗产进行讨论、评价，最终通过投票表决的形式决定是否将其列入《名录》。WHC和"模拟联合国"中的WHC（简称MWHC）的对比详见表5.4。

表5.4　WHC与MWHC的对比

	WHC	MWHC
人员与机构	21个代表 本国负责提名遗产的专家团队 3个国际顾问机构 世界遗产中心	21个代表 主席团
日常工作	提名 审查 资金应用 其他	提名 其他
提名程序	A. 预备名单 B. 申请 ① 从世界遗产中心获得帮助 ② 申请主体：本国专家/官员 C. 评估（3个国际顾问机构） D. 投票	A. 预备名单/其他 B. 申请 ① 依靠自己，咨询主席团 ② 申请主体：代表本人（团队合作尤其重要） C. 评估（委员会其他代表） D. 投票
评审标准	《世界遗产公约执行指导方针》	《世界遗产公约执行指导方针》

每年委员会会议中的21个国家都是从《公约》的缔约国中选出来的，因此不同的年份会有变动。模拟该委员会时，可以参照当时实际在任的相关国家。

事实上，《公约》的缔约国都可以提名本国的自然与文化遗产，然后由 WHC 的 21 个成员国代表表决决定。但在模拟会议中，为了不造成人力资源的浪费和公平起见，实际参会的 21 个代表国家代表需要扮演"双重身份"代表的角色。一方面，他们是 WHC 的代表，负责会议的讨论和表决；另一方面，他们也是"提名国"。他们需要扮演另一个申报遗产的国家，在会上进行遗产申报提案报告并配以 PPT 等多媒体手段向委员会其他代表全方位展现所提名遗产的历史、现状和价值。这有点像国际奥委会的奥运会举办地竞标。所不同的是，奥运会竞标只有一个赢家，但是提名到 WHC 的遗产理论上都有通过并列入《名录》的可能。

这两个角色所代表的国家并不一定一致。因此在会上当轮到一组代表做报告的时候，他(们)将暂时脱离 WHC 代表的身份，而变成"提名国"；报告结束后回答委员会其他成员（某种程度上可视为评委）的提问。问答阶段完毕后，该代表（们）暂时不能恢复到原来的 WHC 代表身份，所以正式辩论和投票表决这两个环节，他们无权参与。

5.3.3 会前准备和会议进程

5.3.3.1 会前准备

在代表名单基本确定后，主席对代表进行分组，每组大概 2—3 个国家（单代表或双代表），并确定各组选址范围。每一组成员在会议召开之前充分调研、讨论、合作撰写同一份书面申请材料（10 页左右），并准备多媒体报告等相关事宜；按时把初稿、终稿、PPT 提交给会议主席团，由其审阅、整理。在此期间，代表之间必须有效地沟通和合作，有问题主动及时地向主席团成员咨询。

真正的 WHC 不仅仅负责对所申报遗产进行评价、表决，还要针对世界遗产保护等相关问题进行讨论，评估各种年度监控报告，最终形成一系列决议（Decision 而不是 Resolution）。在"模拟联合国"的 WHC 中，目前最常用的也是最有特色的模拟是申报世界遗产，当场由委员会评估并表决。除此之外，主席团可以根据需要另外设定一个具体的议题，比如自然文化遗产如何应对城市化，《处于危险的世界遗产名录》上某个项目的年度报告，《世界遗产名录》上的某个项目是否需要列入《处于危险的世界遗产名录》，等等。这类议题的规则流程和其他委员会类似，经过代表的辩论磋商，产生决议草案（Draft Decision）进行表决（工作文件这一步骤可以省略），进而形成决议（Decision）。

代表在参会之前要以"提名国"的身份详细地做申报准备，其中最重要的是提名报告的撰写。一般来说，一份合格的遗产提名报告既要满足特定的格式和内容要求，比如要包含遗产名称、地理位置、具体描述、价值体现、保护和监控等，又要有一定的独特性和创新性，以更好地展现其自然与人文价值。为了及时了解代表在撰写报告时存在的问题和困难，代表需提前向主席团提交报告提纲（初稿），如果满足要求，代表则可以进行后期的细化、充实工作，在规定时间内完成终稿的写作，并及时完成 PPT 申请文件。

主席团在会议之前要准备好相关材料，完成背景文件的撰写，必要时更新议题。背景文件需包括做申请报告的分组名单，每个小组（working team）选址的范围，可以参考联合国教科文组织的分区（非洲，亚太，阿拉伯国家，北美和欧洲，拉丁和加勒比海地区）。在这一分配过程中要注意兼顾代表在委员会中的另一个国家角色扮演：世界遗产委员会倾向于学术性，每位代表的身份都被认定为学者或学者型官员，所以国家立场并不鲜明，但并不意味着代表们可以忽略角色扮演。拿到确定的代表名单之后要与代表进行有效的交流，在代表上交提纲（初稿）后就产生的问题进行答疑和指导，收到终稿并督促代表做出必要修正后,将所有遗产提名报告整理成册,在会议进行之前分发给每一位与会代表。加强代表与主席团的互动交流,可以让代表对委员会的工作有更清晰的了解。提名报告的合集要提前发给代表(电子版/纸版)以保证代表有足够的时间了解消化其他代表的申请文件,进而保证每个申请文件在会议上能够得到充分细致的讨论。

代表们的研究、撰写工作可以参照如下建议。

1. 对遗产的了解。主席团事先对代表分组并指定每个小组"选址"的范围,每个小组采用合作的方式来完成一份申请文件。主席团和组委会相关成员要尽量保证被分在一个小组的代表来自同一个国家、地区或省份,这样就可以让代表们更方便地针对被分到的地区有价值的遗产一起调研、讨论。代表可以对该地区已有的世界遗产进行研究,主要针对其历史、现状、文化价值、保护力度、管理措施,以及当时的申报过程、文件等方面。在这一过程中,要突出遗产所承载的自然与文化价值。如果条件允许也可以联系甚至走访当地的有关机构,以获取有利的资源、信息和建议。一个很好的信息源是联合国世界遗产委员会的官方网站(http://whc.unesco.org),代表可以在上面找到《公约》和《名录》的原件。

2. 选定申报的遗产。选址时可参考世界遗产委员会官方网站的预备名录(Tentative List)。代表们在准备时要集思广益,关注细节,尤其是申报理由、保护管理状况和监控,因为在会上做完报告之后,他们必须接受 WHC 其他代表的提问,因此一定要提前准备。

3. 提交提纲(初稿)。要起码包含下列信息:

遗产名称;

遗产地理位置;

遗产简要介绍;

遗产价值;

保护措施和监控。

4. 提名报告撰写。实际的 WHC 会议会有顾问机构参与,因此申请国会从这些机构中得到很多来自相关领域专家的意见。但是在模拟 WHC 中只有 21 个代表,因此在模拟的委员会中最终的表决很大程度上取决于提名报告的内容。这就要求代表将所提名的遗产系统、清楚地在报告中表达出来。2005 年 2 月,WHC 颁布了新的撰写标准格式。我们在下面给出一个简化、修正的版本。代表可以以此为骨架,充实自己的内容。

5. 制作 PPT 演示报告。除了遗产提名报告以外,代表事先还要准备约 20 分钟的 PPT 演示报告文稿,并配合图片、视频等辅助信息。报告不必面面俱到,但要保证提名报告终稿的框架,突出所申报遗产的价值和闪光点,保护和监控的计划和措施令人信服。重要的是要让下面的 WHC 代表无论是在感观还是实质内容上加深对此申请报告的印象,为在答辩阶段"说服"委员会打下坚实的基础。另外要注意的是在准备的过程中做好分工,代表之间的合作始终是最重要的。

世界遗产提名报告框架

1. 遗产定位

　1) 国家

　2) 州/省

　3) 遗产名称

4）地图上的位置
　　5）遗产区域、边界及缓冲区
2. 遗产描述
　　1）总体介绍
　　2）历史、发展及现状
　　3）有关遗产保护、宣传的政策、项目
3. 申报理由
　　1）符合《方针》标准（至少一项）
　　2）突出价值
　　3）对比案例（可无）
　　4）真实性和可信性
4. 保存状况和影响因素
　　1）发展压力（如遗产开发对其他行业的压力）
　　2）环境压力（如污染和气候变迁）
　　3）自然灾害及应对措施
　　4）旅游业及其带来的压力
　　5）常住民
　　6）缓冲带
5. 保护和管理状况
　　1）产权
　　2）法律地位（能够保护所申报遗产的宏观指令，如相关法律、制度）
　　3）目前已有的保护措施
　　4）相关机构及其日常工作（如当地政府、政府某部门、非政府组织等）
　　5）目前已有的保护和发展计划
　　6）财政支持
　　7）技术支持（如专家团队、员工培训）
　　8）旅游设施及统计数据
　　9）此次项目申请支持（相关政策、机构、具体计划）
　　10）工作人员
6. 监控
　　1）保护状况的衡量标准/指数（如人口、物种数量、沙漠化速度）
　　2）负责监控的机构
　　3）以往的监控报告
7. 引用文献
　　1）图片、视频（在终稿中给出索引即可，具体实证放在PPT演示文稿中）
　　2）遗产管理计划文本附件（可无）
　　3）参考文献及网址

> 8. 联系方式
>   1）提名人（代表姓名及联系方式）
>   2）当地机构（申报遗产所在国的相关机构）
> 9. 成员国签名（申报遗产所在国）

5.3.3.2 会议进行

1. 遗产申报提名

在这一部分中，我们将结合具体的规则流程讨论一下 WHC 会议进行中的情况，行文顺序与会议进程保持一致。限于篇幅，我们主要介绍 WHC 较为特殊、重要的规则，和其他委员会通用的规则将略去。完整的规则流程请参阅相关文件。

（1）设定议程。默认的申报提名顺序按照申报国家英文名首字母排列或者按照申请地英文名首字母排列，由主席在会议开始前通知代表。没有特殊情况，这一顺序不予更改。如果有代表（21 位代表中）希望改变这个顺序，则需向主席团提出申请（口头或书面，但不能在会议进行中提出，无主持核心磋商除外），需要提供恰当的理由，主席同意后向全场宣布，不需附议和辩论，直接投票，2/3 多数赞成通过（"弃权"计入投票）。在特殊情况下（如申报提名的代表国成员暂时缺席，或其他紧急情况），由主席决定新的顺序（一般是暂时跳过这一申请提名直接进入下一个申请，依次进行，原来缺席的代表国出席后或"危机"解除后，由主席安排其申报顺序，一般情况下自动排到所进行的申请提名的下一个）。

（2）申请陈述及答辩。按照已经设定好的顺序进行申请陈述，不需动议引入。此时申请提名的小组成员将到前面展示他们合作的成果，时间大约 20 分钟。报告结束后自动进入答辩环节，代表在台上针对下面代表的提问予以回答，时间大约 20—30 分钟。

（3）正式辩论和评审申报提案。随后，委员会成员将针对刚才的这个报告进行辩论，并且表决是否将其列入世界遗产。首先建立正式发言名单，此时主席团中的报告人（Rapporteur）可以在黑板上记录下所要发言的国家顺序，以及每个代表的发言时间。代表发言剩余时间可以让渡。正式辩论当中可以穿插由动议发起的非正式辩论，即有主持核心磋商和自由磋商。这和其他委员会辩论的形式相同，此处不再赘述。有主持核心磋商可以针对前面代表报告中的一个特定问题展开讨论、深入分析，这会对最后的表决产生影响。无主持核心磋商可以让代表和做申请陈述的小组有另一个"亲密接触"的机会，解决答辩阶段的遗留问题或在正式辩论中产生的问题。

代表通过听取提名报告和答辩环节，会对该提案是否通过产生自己的意见，在正式辩论中可以直接阐明观点，与其他代表交流商榷。评审的标准依据当年的背景文件。

（4）结束辩论。有两种情况：第一，正式辩论时间已尽，由主席宣布辩论时间结束，自动进入下一环节；第二，由代表动议结束辩论，需要附议，之后进行投票，2/3 多数（"弃权"计入投票）赞成通过。辩论结束后，进入提名表决阶段。

（5）表决。主席将按照国家名英文字母顺序进行点名表决。每名代表都有"赞成""反对"和"弃权"三种选择，2/3 多数赞成通过，需要注意的是"弃权"在这一环节不计入投票，也就意味着该提名文件通过的条件是"赞成"票要大于等于"反对"票的两倍。

（6）提名通过。如果提名表决通过，则表明该遗产被纳入《世界遗产名录》。WHC 随后按顺序讨论下一个申报提名。

（7）提名被否决。被否决的提名有三种情况。

A. 推举(referral of nomination)。委员会把该申报提案推举给该会员国，该会员国按照WHC的指导在加入新的信息后在下一年会议交给委员会重新审核。

B. 延期(deferral of nomination)。与推举类似，但属于这种情况的申报文件缺少的不是信息，而是深入的研究和评估，该会员国需要对申报文件进行实质性的修改，完成后在下一年会议上交给委员会重新审核。

C. 不予收录(not to inscribe)。如果委员会决定该提名不予收录，那么该提名一般情况下将不能被重新送交至委员会进行审核，但以下情况例外：关于该遗产有新的发现、新的数据、资料，或符合不同于原来申报提案中所列出的新标准。

提名被否决后，就该申报文件的归属范畴（以上三个）自动进行新一轮投票（非点名表决），每国一票，多数胜出。

（8）其他。其他方面的规则，比如问题（point）、动议（motion）、休会（adjournment of the meeting）等与其他委员会类似，在此不做赘述。

2. 决议草案(Draft Decision)

每个申报文件的结果需要用决议草案(Draft Decision)的形式写出。针对申报文件，共有四种决议草案：收录，推举，延期，不予收录。详见下表。

决议草案——收录

遗产名称：威兹卡亚大桥

编号：C 4.*

国家：西班牙

符合标准：C (i)(ii)(iii)(iv)

决议草案：C 4.*

世界遗产委员会，

1. 已经审查世界遗产委员会 C 4.* 文件，
2. 收录西班牙威兹卡亚大桥，该申请地主要符合标准(i)和(ii)：

标准(i)：威兹卡亚大桥是一处……，反映了……。

标准(ii)：威兹卡亚大桥创造了建筑新形式，对世界桥梁建筑产生了巨大影响……。

3. 推荐会员国重新考虑在缓冲带建立大型停车场的计划……。

决议草案——推举

遗产名称：康沃尔和西德文郡矿区

编号：C 4.*

国家：英国

符合标准：C（ii）（iii）（iv）＋CL

决议草案：C 4.*
世界遗产委员会，
1. 已经审查世界遗产委员会C 4.*文件，
2. 推举英国的康沃尔和西德文郡矿区给该会员国，希望该会员国能够：
a) 重新界定……；
b) 提出合适的法律保护；
c) 在受保护区域之外设定缓冲带；
……
3. 推荐重新开矿的建议需要递交至世界遗产委员会讨论审查；
4. 推荐文化景观的自然价值应该完全整合在未来的管理计划中……。

决议草案——延期

遗产名称：希尔勘森林
编号：N 4.*
国家：阿塞拜疆
符合标准：N（i）（ii）（iii）（iv）

决议草案：N 4.*
世界遗产委员会，
1. 已经审查世界遗产委员会N 4.*文件，
2. 延期对阿塞拜疆希尔勘森林的审查和收录，主要依据标准（iv），会员国将考虑就该处自然遗产与伊朗希尔勘林区合并作为跨国自然遗产；
3. 推荐会员国同时考虑有关该自然遗产完整性的一系列问题：
a) 扩大该自然遗产的面积……；
b) 需要建立正式的缓冲带……；
c) 需要落实并贯彻管理计划并确保……；
d) 需要认识到……。

决议草案——不予收录

遗产名称：尼喀国家公园
编号：M 1.*
国家：马拉维

> 符合标准：C（iii）N（iii）（iv）
>
> 决议草案：M 1.*
> 世界遗产委员会，
> 1. 已经审查世界遗产委员会 M 1.* 文件，
> 2. 决定不予收录马拉维的尼喀国家公园，主要依据自然遗产标准（iii）（iv）；
> 3. 决定不予收录马拉维的尼喀国家公园，主要依据文化遗产标准（iii）；
> 4. 赞赏马拉维对尼喀国家公园文化价值的肯定；
> 5. 鼓励会员国对该处进行更详尽的调查以给予必要的保护；
> 6. 鼓励会员国要充分认识国家公园与当地的宗教联系。

［注］：编号的参数。字母代表该申报遗产的属性——文化遗产（含文化景观），自然遗产，自然文化双重遗产。数字代表该会员国所在的地区。

C——文化遗产，包括文化景观（Cultural Property, including CL—Cultural Landscape）；

N——自然遗产（Natural Property）；

M——自然文化双重遗产（Mixed Property）；

1——非洲

2——阿拉伯国家

3——亚洲太平洋地区

4——欧洲和北美

5——拉丁美洲和加勒比海地区

以 C 4.* 为例：该遗产是来自欧美地区的文化遗产，在该地区的具体编号是 *，* 按照会员国英文名的首字母排列。

以上是就申报文件产生的决议草案。如果委员会在申报项目之外另有议题，这些议题的讨论形式和一般委员会相似，决议草案（Draft Decision）的格式也与其他委员会的决议草案（Draft Resolution）相同，其具体过程请参照大会的会议手册。

5.3.4　总结

与其他委员会相比，世界遗产委员会的规则流程有很大不同，代表们所做的前期准备也非常多，他们不但要模拟各国专家和相关机构的官员准备、申报世界遗产，还要模拟世界遗产中心、顾问组和世界遗产委员会的专家进行评审，这就需要他们有很强的资料搜集、整合能力，很强的理解能力，表达能力，团队合作能力，敏捷的思维和创新精神等。

保护世界遗产是联合国教科文组织最有影响的旗舰计划之一。世界遗产保护是人类共同的事业，自联合国教科文组织1972年通过《保护世界自然和文化遗产公约》以来，已经形成有广泛代表性的国际文化和自然遗产保护运动，这对促进人类的可持续发展具有重要的意义。

无论是中国还是世界上其他国家和地区，已经有越来越多的人开始关注世界遗产的申报和保护，但我们做得还远远不够。在模联里设立世界遗产委员会，能够使更多的年轻人了解世界遗产,近距离接触世界遗产委员会的工作,让更多的人去自发地、理性地保护这些无法更新的财富。

参加世界遗产委员会的会议是一次愉快而难忘的经历。无论是代表还是主席团,都可以分享到其他代表的研究成果,遗产委员会具有强烈感观性的工作内容,也是它的魅力之一。通过会前的研究,会上的报告、讨论,我们会加深对世界遗产的理解,会更加热爱在这个星球上属于我们全人类的共同的财富。

5.4 危机委员会

5.4.1 什么是"危机"

危机(Crisis)就是"模拟联合国"会议进行当中各国代表所遇到的突发事件,这些事件通常与代表们讨论的议题紧密相关,是推动会议讨论深入进行的手段之一。它的形式有若干种,可能是突发事件的新闻报道,可能是国际组织的文件,可能是相关人员的视频资料,也可能是外交官派出国政府发来的外交指令等。

在代表讨论议题的时候,主席团会不定时地给代表们发放危机材料,其中既有发给全体代表的材料,又有针对当事国的密函。一旦危机出现,代表应当立即停止原来的讨论,把注意力转移到危机上来。

面对每一次新形势,代表都应当思考国际社会应当采取的行动,适时起草指令草案(Draft Directive)。指令草案的内容是代表认为面对危机的发展该委员会或者国际社会应当立即采取的行动。

根据代表们的不同反应,危机会按照主席团设计的不同线路进行。待危机完全结束,代表们回到原议题的讨论。

危机都是和议题相关的,建议代表在最终的决议草案中应当反映出通过危机所获得的启示和各国形成的共识。

这些突发事件是由代表所在的委员会工作人员设置的,工作人员在对该委员会议题的研究和对时事掌握的基础上,发挥一定的想象力,构建出一套场景,代表们需要基于他们对所代表国情况的掌握,对这些突发事件做出及时的回应,寻求解决办法。

5.4.2 处理危机

在会议中,危机大概会有几个阶段:危机前奏、危机发展、危机爆发、代表深入讨论、提出解决方案、危机事件得到解决或恶化、新的危机产生。不论危机处于什么阶段,代表们都要不停地进行讨论。

这些危机通常都不会令人愉悦,甚至会让相关国家极为头痛,代表们要进行一场头脑风暴,及时讨论出解决方案,达成共识,通过决议,实施行动。如果各国不尽力合作,将会延误、错过处理时机,使危机恶化,代表们对危机的不当处理甚至会带来更糟的结果。

比如在禁止化学武器组织的会议中,会有这样的危机场景产生:据美国中央情报局(CIA)透露,在霍尔木兹海峡正行驶着一艘约旦籍的货船,该船上运载了不明数量的化学武器。

代表们就会讨论这个问题应如何解决,约旦可能会发表声明(派出国的外交指示由委员会工作人员安排),美国可能会要求其盟友拦截该货船等。

此时代表们会得到一些背景材料,介绍世界上武器交易的情况,哪些国家有可能对外出售化学武器。代表们就会根据这样的背景进行种种猜测。

危机继续发展,日本政府发表声明,日本一个化学武器库发生了失窃事件,而韩国警方两天前在朝韩海域交界处发现可疑船只。该船被韩国警方发现后向朝鲜海域逃逸。日本初步怀疑此事与武器失窃案有关。

代表们可能就会根据这种情况展开激烈的讨论,做出种种判断,书写指令草案,提出国际社会应当采取的行动,比如针对武器的国际交易提出要求限制,催促安理会采取行动,要求相关国家采取行动,等等。

危机的结果可能是待船只靠岸后发现船里并没有武器,危机暂时得到平息,或者是其他状况又发生了。

这只是一个范例,来说明危机大概是什么样子,代表们应当如何解决。不论危机是什么,代表们都应该仔细思考危机背后隐藏的是什么信息,会和哪些国家有关系,我的国家和这个危机有什么联系,我的国家和相关国家的关系怎么样,所在的委员会就这个问题应该做些什么,能做些什么,等等。危机的样式和内容多样,对危机的处理方式和手段也可以由代表们充分发挥。

值得一提的是,危机尽管对代表们的应变能力、游说能力有很高的要求,但是对所有问题的讨论与解决不是天马行空,任凭想象,要建立在对自己代表的国家、对整体国际形势以及议题的了解和掌握之上。代表们在准备议题的时候,要把重心放在对议题本身的知识储备上,用充分的准备来面对各种突发的问题。

5.4.3 危机委员会的文件

Draft Directive 翻译为"指令草案",是安理会等委员会在处理危机时形成的一种文件类型。它和决议草案在格式和功能上都很相近,只有一点不同,指令草案不需要序言性条款,直接书写行动性条款就可以,因为指令是解决危机的,既然是危机就要采取最简洁、最明确、最直接的处理办法,防止长远规划。指令草案只与危机相关,与决议草案没有必然联系。

指令草案的范例

Draft Directive 4.1
Committee: Executive Council of Organization of Prohibition of Chemical Weapons
Sponsors: United Kingdom, USA
Signatories: Japan, Republic of Korea, Malaysia, Italy
The OPCW,

1. Requests the governments of India and Pakistan to fully cooperate with the OPCW in the following:

   a. Find our the modus operandi of the terrorist groups; such as JeM in acquiring chemical materials;

　　b. Allowing full-fledged inspections of the region of Kashmir, where chemical materials are suspected to have been tested.

　　2. Urges cooperation among security and intelligence related bodies to prevent terrorist attacks that involve chemical agents.

5.4.4　危机委员会的范例

　　为了让代表更好地理解危机委员会，下面将给出两则东盟10+3委员会设计的危机，这份材料是危机工作组的工作人员所书写的危机策划方案，其中穿插了工作人员的安排和建议，代表可以从这份"内部资料"来理解危机委员会运作的机制。

委员会危机策划方案[①]

　　事件1（3月15日下午）：一份来自泰国环保组织"绿色呼吸"（Green Breath）的信件被递交到主席台，强烈要求在东盟10+3部长级会议上宣读。主席在获得与会代表多数同意通过后宣读了信件内容。

　　信件如下：

尊敬的主席，各国代表：

　　我们是来自泰国的民间环保组织"绿色呼吸"。非常感谢各位允许我们的意见能在这里呈示。

　　3月14日下午，我们组织的中国云南省西双版纳州的派遣分队在考察当地植被状况时吃惊地发现，位于西双版纳州境内新建的跨国联合企业可密克大型化工厂正在发生严重的泄漏事件，排放到湄公河（中国境内称澜沧江）的泄漏物质正快速地沿着河道扩散。

　　我们向当地政府及该企业要求进入事故点考察但遭到拒绝。通过河水取样分析，初步判定泄漏物质里含有大量的苯、硝基苯和其他有毒化学物质。而这些物质的化学结构十分稳定，在自然环境条件下不易降解，对土壤、水体和大气能够造成持久而严重的污染，尤其对动物及人类的危害不容忽视，流域地带的植被也将严重受损。

　　通过流速分析，初步估计污染物将随河流在4日后（约3月18日）到达缅甸，8日后到达泰国及其他湄公河流域国家。预计随着泄漏的加剧，污染量将会进一步扩大。

　　我们恳请参加这次东盟部长级会议的各国代表对此事加以关注，并采取措施在污染进一步扩大之前制止源头的泄漏，并对污染地区的植物覆盖加以恢复。

　　　　　　　　　　　　　　　　　　　　　　　　　　"绿色呼吸"植被保护组织

　　　　　　　　　　　　　　　　　　　　　　　　　　　　　　　　2007-3-12

　　同时该组织随信附录一份苯、硝基苯对人体危害的分析及临床表现，由工作人员分发到各代

[①] 危机材料选自2007亚洲国际"模拟联合国"大会，东南亚国家联盟及中、日、韩三国部长级会议，讨论的议题为"改善湄公河流域水资源利用状况"。本方案的作者为北京大学国际关系学院2007届本科生刘桁。

表手中。附录如下：

苯是致癌物，硝基苯污染皮肤后的吸收率为 $2 \text{ mg/cm}^2 \text{ h}$，其蒸气可同时经皮肤和呼吸道吸收，在体内总滞留率可达 80%。硝基苯的转化物主要为对氨基酚，还有少量间硝基酚与对硝基酚。生物转化所产生的中间物质，其毒性常比其母体为强。硝基苯在体内经转化后，水溶性较高的转化物即可经肾脏排出体外，完成其解毒过程。

硝基苯的主要毒性作用：

a. 形成高铁血红蛋白的作用：主要是硝基苯在体内生物转化所产生的中间产物对氨基酚、间硝基酚等的作用。

b. 溶血作用：发生机制与形成高铁血红蛋白的毒性有密切关系。硝基苯进入人体后，经过转化产生的中间物质，可使维持细胞膜正常功能的还原型谷胱甘肽减少，从而引起红细胞破裂，发生溶血。

c. 肝脏损害：硝基苯可直接作用于肝细胞致肝实质病变。引起中毒性肝病、肝脏脂肪变性。严重者可发生亚急性重症肝炎。

d. 急性中毒者还有肾脏损害的表现，此种损害也可继发于溶血。

随后委员会主席建议搁置当前讨论，进入危机讨论阶段。此时，危机工作组将可密克公司的介绍私下递交给中、日、新三国代表，公司资料附录如下：

可密克集团有限责任公司由日本三菱重工集团投资 6 亿美元，新加坡仁恒投资有限公司投资 4.2 亿美元，西双版纳州政府投资 1.8 亿美元，三方共同组建。其中日方控股 50%，新方控股 30%，中方控股 20%，由中方负责生产运营。始建于 1998 年，2003 年建成投产，是中国首批引进国外成套设备建成的几家大型氮肥企业之一，2005 年被评为云南省第一家国家一级企业，2006 年被国家经贸委确认为全国 512 户重点企业之一。

经过近 4 年的发展，可密克集团已从一个产品单一的氮肥生产企业，发展成为以化肥为主业，以有机化工、玻纤新材料、精细磷化工、盐和盐化工为重要发展方向的母子公司体制的企业集团。

目前，集团主要控股、参股子公司共有化肥、有机化工、玻璃纤维、精细磷化工、盐和盐化工五大系列数十个产品，相继形成了以可密克股份有限公司为主体的版纳化肥、有机化工生产基地；以重庆复合材料有限公司及重庆天维新材料有限公司为主体的重庆玻璃纤维生产基地；以云南红磷化工有限责任公司及云南江川天湖化工有限公司为主体的开远、江川磷复肥生产基地；以云南盐化股份有限公司为主体的昆明、一平浪盐业和盐化工生产基地。正在建设以云南富瑞化工有限公司为主体的安宁高浓度磷复肥生产基地；以云南天安化工有限公司为主体的合成氨生产基地；以云南天创科技有限公司为主体的嵩明精细磷化工生产基地。

可密克集团现共拥有总资产 31 亿美元，净资产 17.4 亿美元，2006 年销售收入已达 11.2 亿美元。拥有全资、控股和参股子公司 30 多家，已形成了跨地区、跨行业、跨所有制经营的大型综合性企业集团。

在接下来的讨论中，各国代表的观点初步如下。

中国：在国内调查结果出来之前，不发表正式声明。并对事实表示质疑，称中国所有的化工厂都是严格按照安全标准生产,可密克作为国家参股大型企业,不可能发生这种严重泄漏事件。

日本、新加坡:对事态表示关注,表示在不停工影响生产的情况下愿意配合事件调查。

缅甸、老挝、泰国、柬埔寨、越南:强烈谴责当地政府不负责任的行为,要求立即停止化工厂生产并采取有效措施制止污染进一步扩大。

印尼、马来西亚、菲律宾、文莱、韩国:表示应该在框架内秉承对话沟通的原则协商解决,并敦促中国采取恰当的手段制止污染。

在各种观点基础上,各国争吵不休,但无法落实解决。关键集中于:
(1) 中方代表需要确认国内的官方信息方能做出回应;
(2) 两个投资方国家坚持不能停工。

接下来发生事件2:(3月15日最后期间,或是3月16日早)中国政府正式通报此事,并做出正面回复。由危机管理人员私下递交给中国代表两份新闻,在征求他的意见后递交主席台。以下是采自中国新华社的两篇报道。

环保总局通报受可密克联合化工公司泄漏影响澜沧江水域污染事件

2007年3月16日 06:14:33　来源:新华社

新华社报道:国家环保总局有关负责人向媒体通报,受中国云南可密克联合化工公司泄漏事故的影响,澜沧江发生重大污染事件,云南省人民政府启动了突发环境事件应急预案,采取措施确保群众饮水安全。

这位负责人说,可密克联合化工公司爆炸事故发生后,监测发现苯类污染物流入澜沧江,造成水质污染。苯类污染物是对人体健康有危害的有机物。接到报告后,国家环保总局高度重视,立即派专家赶赴云南省现场协助地方政府开展污染防控工作,实行每小时动态监测,严密监控澜沧江水环境质量变化情况。

他说,污染事件发生后,云南省有关部门迅速封堵了事故污染物排放口;加大丰满水电站的放流量,尽快稀释污染物;实施生活饮用水源地保护应急措施,组织环保、水利、化工专家参与污染防控;沿江设置多个监测点位,增加监测频次,有关部门随时沟通监测信息,协调做好流域防控工作。云南省财政专门安排1000万元资金专项用于污染事件应急处理。

他介绍,3月15日22时30分开始,环保部门对可密克公司东10号线周围及其入江口水环境进行监测。15日23时,东10号线入江口水样有强烈的苦杏仁气味,苯、苯胺、硝基苯、二甲苯等主要污染物指标均超过国家规定标准。澜沧江断面水类指标全部检出,以苯、硝基苯为主,从三次监测结果分析,污染逐渐减轻,但右岸仍超标100倍,左岸超标10倍以上。随着水体流动,污染带向南转移。3月16日凌晨3时到达澜沧江和缅甸交界段,硝基苯最大超标倍数为29.1倍,污染带长约120公里。

他表示,环保总局将继续密切监控澜沧江及其下游河段水质变化,协助地方政府及湄公河流域下游国家做好污染防控工作,并及时向媒体通报有关情况。他提醒湄公河流域的下游国家提前做好污染防治工作。

温家宝总理就澜沧江水污染事件致信东南亚五国政府首脑

2007年3月16日 09:33:21　来源：新华社

新华社北京3月16日电 外交部发言人秦刚16日在记者会上表示,国务院总理温家宝15日就澜沧江水污染事致信东南亚五国政府首脑。

温家宝总理在信中强调,中国和五国人民同饮一江水,保护跨界水资源,对各国人民的健康和安全至关重要。温家宝总理介绍了中方已经并正在采取的措施,表示中方对此次污染持负责任的态度,重申愿与各国进一步加强合作,消除灾害后果。

至此,事件进入升级阶段。此时各国态度渐趋明朗。

中国愿意合作控制污染,但坚持认为污染程度不严重,不需要各国插手干涉,避免破坏中国形象;不同意全面停工治理,只同意部分停工治理;在中国境外流域,中国愿意协助治理污染,但不承担其他责任。

日本、新加坡反对停工治理,日本方面愿意提供一笔费用来帮助治理污染。

韩国等国也敦促中国加强污染治理,并表示愿意提供部分费用协助治理。

缅泰等五国以更加激烈的态度要求中国全面停工治理,并要求中国政府对污染在境外造成的损失负全部责任并赔偿。

危机高潮阶段。事件3(3月16日上午,或是3月16日下午):泰国代表收到紧急消息,国内政府局势动荡,受污染影响,泰国股市震荡,出现金融崩溃前兆。接下来,由主席团命令,在各代表之间分发数份材料。

材料一

中新网3月16日电　据香港《文汇报》报道,受湄公河流域化学水污染事件影响,泰国各投资方纷纷撤出资金,拖累区内股市全线下跌。泰国证交所指数16日最多跌18%至596.3点,最后收报622点,跌108点,跌幅15%,是有史以来最大跌幅。

报道称,如此大的跌幅已抵消了泰股自2005年以来的所有升幅,更拖累东南亚其他股市如新加坡、印度尼西亚及菲律宾等下挫。

有专家指出,若一个市场的主要指数下跌超过5%,已算是股灾,16日泰股暴跌一成半,将令当地金融市场出现大幅动荡。

专家预期,若不及时制止污染继续扩大,大量资金会继续流出泰国,而有可能出现外汇管制的地区如大马、印度尼西亚等亦受影响,产生骨牌效应。更重要的是,此时的泰国经过政变后在外资管制上疲软无力,很有可能引发地区金融危机,泰国已成为亚太区内最危险的投资地方。

材料二

泰国股市暴跌14%拖累亚洲股市普遍收跌

2007年3月16日　13:09:04　　来源:联合证券

联合证券讯:受湄公河化学水污染事件影响,各国在泰国的投资方纷纷将资金撤出,导致泰国证券交易所股价大跌。政变后的泰国政府在金融控制上缺乏力度,对外资流失束手无策。受此影响,泰国证券交易所股指一度大跌20%以上,以622.14点收盘,下跌108.41点,全天跌幅为

14.84%,创十六年来单日最大跌幅,市值损失达225亿美元。

受此影响,东南亚股市昨日也纷纷大幅下挫,印度、印尼以及马来西亚股市跌幅均超过6%;香港恒指万九点失守,收市报18964.55,跌1228.36点;日经平均指数收市报16776.88点,跌185.23点,跌幅2.09%。

材料三

泰国3月16日股市走势图

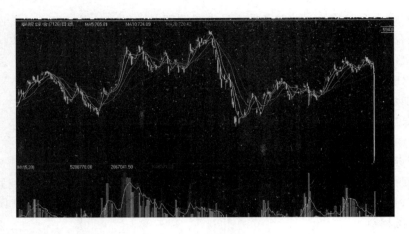

至此,危机进入全面爆发阶段。形成一个开放式结尾。

如果代表能够很好地推动会议进程,解决此次危机,可以建议或暗示日方代表对中方代表施压,要求停工协助解决,停工损失等由日方负责大部分,新加坡方负责部分,中方负责剩下部分。各国共同出资成立紧急金融风险库,以协同渡过难关。

从危机策划方案中代表们应该可以了解到危机工作组的意图,突发事件对代表各方面的能力都提出很高的要求。其实分析危机也有一定的框架,首先是找到利益攸关者;其次,危机当中一定存在困难和矛盾,抓住矛盾就抓住了核心;再有就是分析本国和这一危机有何关系,通常危机的设计都要顾及该委员会所在的国家,尽量让更多的国家卷入事件。

英文委员会危机实例[①]

接下来你将看到一组英文的危机材料,这组材料就是在会场上分发给代表的原始材料,没有任何主席团或者代表的评论。请你依照中文委员会危机策划方案,分析各国在危机之后应该有什么样的观点。

---

① 危机材料选自2007亚洲国际"模拟联合国"大会,东南亚国家联盟及中、日、韩三国部长级会议英文委员会,讨论的议题为"利用东盟10+3框架构建中、日、韩自由贸易区"。本方案作者为北京大学国际关系学院2007届本科生孙伟伦。

危机材料一

ASSOCIATION OF SOUTHEAST
ASIAN NATIONS
Central Intelligence Bureau

Re: Escalation of Violence in the Southern Provinces of Thailand
15 March 2006, 0954h

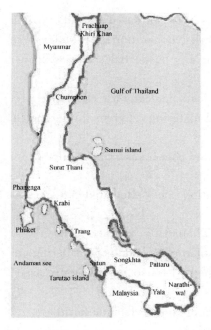

In the evening of 14 Mar, the Thai Army stormed into Krue Se Mosque in Pattani, and detained five imams. They were suspected of being sympathetic to Pattani separatist insurgents.

Later the same night, eight decapitated bodies of Buddhist monks were found in Pattani and Narathiwat. Nobody has claimed responsibility for these killings yet.

Ever since extending martial law on 9 Mar to the southern Thai provinces of Songkhla and Satun, violence in these southern five provinces has escalated. This is an "added precautionary measure" taken by the Council of National Reform (CNR) in quelling the violence in these provinces. Previously the junta has only instated martial law in Pattani, Narathiwat and Yala.

The marked increase in drive-by shootings and small bombings has resulted in deaths of civilian, policemen and army personnel. Schools have been closed. Hospitals are facing manpower shortage. Nobody has claimed responsibility for the bombings yet. There has been a continuous exodus of civilians into northern Malaysia.

12 Mar saw the highest death toll since imposition of state of emergency, with 8 civilian deaths, 4 army personnel, 7 policemen dead in random drive-by shootings and small bombings.

Human Rights Watch and the Asian Centre for Human Rights have condemned the Thai Army's armed response to the exodus and call for the lifting of the state of emergency.

Ref: CIV/TH/03/2006

危机材料二

ASSOCIATION OF SOUTHEAST
ASIAN NATIONS
Central Intelligence Bureau

Re: Countries' Positions in Response to Document Ref CIV/TH/03/2006
15 March 2006

Thailand reiterates that this is a domestic affair, and seeks only continued and unwavering diplomatic support from fellow ASEAN members. Thailand seeks cooperation with Malaysia in monitoring Thai-Malaysian border crossings and to hand over any suspected sectarian insurgents to the Thai government.

Malaysia strongly condemns the mistreating of Muslim priests and calls for greater respect for human rights in light of the increased sectarian violence and fostering religious intolerance in south Thailand.

Singapore and Vietnam call for greater ASEAN solidarity and consensus, and will look into an immediate investigation into the bombings.

USA threatens military and economic sanctions if the situation is not alleviated and stresses the importance of human rights.

China is considering pulling out investments in southern Thailand.

Australia and New Zealand call for a greater respect for human rights and is considering extricating diplomats and nationals from southern Thailand. They will also provide more assistance in collecting intelligence with regards to the perpetrators of the bombings.

Indonesia expresses dismay at the insensitivity towards people of the Islamic faith.

Myanmar sympathises with Thailand and will provide material assistance, if necessary, in quashing the violence. Myanmar also seeks to forge closer ties with the Thai CNR.

Ref: CIV/TH/03a/2006

危机材料三(1)

ASSOCIATION OF SOUTHEAST
ASIAN NATIONS
Central Intelligence Bureau

Re: Statement Made by the Thai CNR
15 March 2006, 1512h

Thailand is disappointed by the progress that this Committee has made with regards to the aid to Thailand in alleviating the violence in southern Thailand.

Thailand hereby announces that, should this meeting session prove incapable of producing a satisfactory resolution to the crisis, Thailand will seriously consider the option of closing her borders with her neighbouring countries and temporarily withdrawing her membership from ASEAN.

Ref: DIP/TH/02/2006

危机材料三(2)

ASSOCIATION OF SOUTHEAST ASIAN NATIONS
Central Intelligence Bureau

Re: Statement Made by the Thai CNR
15 March 2006, 1608h

Myanmar announces her recent decision to provide the Thai Army with US$500,000 worth of weapons and armaments in helping them quashing the violence in southern Thailand.

Myanmar regrets to inform her choice to follow Thailand's decision as stated in the statement earlier, that should this meeting session prove incapable of producing a satisfactory resolution to the crisis, Myanmar will seriously consider the option of temporary withdrawal of her membership from ASEAN.

Ref: DIP/MY/05/2006

通过阅读危机材料，相信你已经对"危机"的形成和发展脉络有了一定的理解。危机委员会的挑战性还需要代表亲身参与才能够感受到，代表们需要把握住一个基本原则就是：抓住利益攸关者，从而提出各方职权管理范围内的解决办法。

5.5　历史危机委员会——1679年英国枢密院会议[①]

5.5.1　委员会介绍

历史危机委员会是对历史上重大政治会议的模拟，在重现当时事件的基础上增加一系列的虚拟危机。我们仿照1679年查理斯二世执政期间的枢密院会议，以天主教阴谋和排斥法案为两大线索，展开这次会议作为鲜活的案例，让大家了解历史危机委员会的运作。在历史危机委员会里，参会者不再代表某一个特定的国家，而是扮演历史人物，以个人身份参与讨论。因此，角色扮演的程度和讨论的灵活度都有所增加。

---

① 本节作者为杨玥，北京师范大学附属实验中学模拟联合国团队成员，案例为2008年参与美国波士顿大学"模拟联合国"大会的真实经历。

在历史危机委员会中,主席团成员和工作人员都有了特定的角色。如主席是国王查理斯二世、副主席是王后。另外,危机指导和危机工作组人员也是会议的重要组成部分。

5.5.2 现场角色介绍

我所扮演的是托马斯(Thomas Fauconberg)子爵,是一个活跃在政治领域的贵族,也是政权空白期护国者奥利弗·克伦威尔的女婿,曾担任海军上尉和特派到威尼斯的大使。

在天主教阴谋中,作为枢密院调查组的一员,他在赏金的诱惑下没有冷静地处理危机,导致很多天主教徒被无辜判刑。对两个王位继承人约克公爵(Duke of York)和蒙茂斯公爵(Duke of Monmouth),他的立场很灵活,但最后还是跟随了玛丽和威廉。

5.5.3 会前准备建议

由于委员会和角色的特殊性,会前准备工作的难度较之一般委员会大大提高了。

首先是会议规程的变化。特殊委员会一般会根据各自的需求制定自己的会议规程,有些甚至完全推翻了我们刚开始接触模联时学习的那一套规则。如在英国枢密院中,会议就没有发言名单,代表们举牌被叫到,无须起立便可发言。虽然与普通大会相比灵活许多,但代表们需注意一些特殊的事项(如当时的英国礼仪),以符合特定的历史文化背景。会议规程在背景材料中有详细说明,建议代表仔细阅读,可用图表形式整理出它与一般规程不同之处,以加强理解。

其次是议题背景和人物资料的查找。拿到背景资料前,我对英国历史知识掌握有限,对这种外国政局尤其是古代皇室宗教纠纷的议题更是了解甚微。看完了长达24页的英文背景材料后,我大致了解了讨论主题,但是,对历史大背景的陌生驱使我四处找寻资料,以便对议题有更深入全面的认识。我通过上网、咨询历史老师等方式搜集有关信息,又在图书馆查阅了相关资料,理出了历史大背景和政派宗教间的复杂关系。但有关细节的文献极少,且这些资料对我所扮演的议员的记载几乎为空白。相信很多人都遇到过类似的难题,准备工作就此无法深入进行。这里建议大家直接向委员会主席团的成员寻求帮助,他们的联系方式一般会列在材料中。当时,我给危机工作组主席发了一封邮件说明我的窘境,很快便得到了她的回复,一同收到的还有关于托马斯子爵的详尽资料!委员会的主席们都很热情,一般会马上把资料给你,还会提醒你一些会议中的注意事项。这种方式既为你提供了一条获取信息的便捷渠道,又帮助你和主席团之间建立了友好的联系,值得借鉴。

另外,就是语言的问题。波士顿"模拟联合国"大会的参会对象以美国高中生为主,我所在的委员会更体现了这个特点——我是唯一的外国人。这就意味着我必须能够听得懂一群美国人快速流利的交流且与他们一同讨论英国历史。唯一的办法就是熟悉生词。阅读背景材料的过程中,我标注了所有的生词,将它们分类整理在本子上,个别单词还注上了英文发音。经过数遍背诵,我终于达到了听音知意的熟练程度。语言突击这个环节在准备过程中绝不可怠慢,否则交流障碍会使你所有的付出功亏一篑。

最后,建议大家依据上述内容制定一个完整高效的准备计划,列出自己需要一一攻破的环节,然后认真实施,最终形成立场文件。由于英国枢密院等一些委员会不需要代表上交立场文件,代表们可以有充分时间进行其他细节方面的研究。但建议最好形成一份人物研究报告,以便更加了解所代表的人物(见范例一:人物研究报告)。

5.5.4 过程

历史危机委员会的难点在于代表需要对现场和理论上的情况有比较全面的认识,最终做出决定。

第一个危机——瘟疫

伦敦城内发现了一种新型瘟疫,而公主玛丽离奇地被感染。她的私人医生说她不久就会脱离危险,但很多人议论她是如何感染上的。有人怀疑这是一个天主教阴谋,更多的人担心,连宫内都发现了这种瘟疫,那它很快就会传播到伦敦的其他地区。

我们讨论决定,首先封锁消息,防止民心慌乱。

由于会议开始时大家没有进入状态,方案讨论滞后,玛丽公主死亡。枢密院决定马上隔离受病灾的街区,疫情最终得到了控制。

第二个危机——绑架

1. 王后遭到了绑架,但民众还不知晓这个事实。荷兰政府被怀疑和绑架有关,但不确定具体联系。如果连宫内都无法保证安全,那么民众就会对现任政府的安全保障能力产生不信任。我们决定封锁消息,枢密院议员集体起立,发誓效忠于国王,不泄密。

2. 密函:

"给国王陛下,

如果你希望见到你的妻子活着出现,就将100万英镑送到荷兰政府。

泰达斯和以色列的问候"

枢密院决定向荷兰出兵,并另派秘密调查小组潜入荷兰内部打探消息;向公众封锁消息;全国范围内秘密查找泰达斯、以色列和王后的下落。

(这是整个会议中唯一一次形成类似决议草案那样较为正式的书面决议。)

3. 危机组工作人员进来,告知大家王后被找到了,现已在宫中休养。后来借故把国王请了出去,告诉了我们一个惊人的消息:王后被绑架了八个月,刚刚被检查出怀有五个月的身孕。

(议员们尖叫……)

商讨后,议员们最终决定由国王的私生子蒙茂斯公爵告诉国王事实。国王异常震惊,表示与王后断绝关系。

议会决定,处死王后,对外告知其因病去世。国王娶他的旧情人——蒙茂斯公爵的母亲,立她为新王后。

第三个危机——泄密

伦敦的报纸《空谈者》(*Prattler*)有了最新报道——王后被绑架的事件被泄密!社会上已经产生了一定程度的恐慌。国王立即推断枢密院中有内线。《空谈者》的编辑被绑了上来,当即指正纽卡斯尔公爵(Duke of Newcastle)是告密者。纽卡斯尔公爵在议论声中被请出了会议室(通常危机事件中牵连到的人并不清楚情况),枢密院在表决后决定给他严刑待遇。

第四个危机——继承

1. 由于舍夫茨伯利伯爵（Earl of Shaftesbury）和蒙茂斯公爵的代表在会场上水平不一，枢密院议员的倾向逐渐转向支持表现更为出色的约克公爵，"辉格"和"托利"两大政治派别的争执也逐渐减弱（虽然和历史有些相悖，但很真实）。最终枢密院在国王的主持下进行了投票，结果是蒙茂斯公爵成为正式继承人。

2. 门外突然冲进两个人企图刺杀国王。国王受重伤倒地，一名刺客逃脱，另一名刺客被及时捕获。国王离会接受抢救，而未能逃脱的刺客留在会上被众议员审问。但他拒绝提供任何有价值的信息，因此暂时被拉出去严刑伺候。

3. 国王的弟弟约克公爵（原本"受伤"的国王——主席，换装变成了另一个人）声称国王大势已去，该由他继承王位，却遭到了我们的集体抵制。他被怀疑策划了刺杀国王的行动，最终落荒而逃。

会议的结尾，伤愈的国王回到了枢密院中，为蒙茂斯公爵进行了隆重的加冕仪式。共有6个分组会议、4个大危机的会议终于落下帷幕。

5.5.5 会议技巧建议

大多数代表在会议的初始阶段会有一个逐渐熟悉的过程，我也不例外。环境的陌生、现实与期望的差距、语言的障碍等都会让代表们感觉无法融入会议。这个过程有时会持续半个分组会议甚至两个分组会议。这时，建议大家先去聆听，让自己的耳朵和大脑尽快适应这个环境。掌握会议节奏后，就可以逐渐举牌发言了。

我的第一次"发言"还没有开始便结束了。当时我忽然有了想法，但由于一直在头脑中整理语言，等该说的词句加工好了，才发现大家对这个问题讨论得已经相当充分了。有了这个教训，我在以后的会议中一有想法，稍加整合便举牌发言。尽管语言不甚完美，但至少跟上了大家的步伐。听到后面的代表在他们的发言中评价我的观点，我便放心了。这说明只要美国人能够听懂我的想法，表达得流利与否就不那么重要了。

还有一点事先没有考虑到的问题，就是危机文件——所谓的"新闻稿"。每次危机发生时，危机工作组人员都会拿一摞文件给大家传，传的同时，她便快速朗读给我们听，往往文件传到我们手中时，新闻就念完了。美国人一般只需再扫一眼文件便开始发言，但由于会议指导朗读得过快，我只能再通过阅读了解危机内容。然而，所有的新闻稿为了体现年代特点，都是用花体印刷的！因此，每到这时我都会花很长一段时间才能弄懂危机文件的内容。当然，各个委员会情况不同，但还是希望大家以此为鉴，在会前突击自己的听力，以免遇到类似的尴尬情况。

在会议刚开始，我还发现了美国学生的一个秘密，那就是各个代表对会议了解程度参差不齐。当我满怀期待地试图与一个辉格党的议员拉拢关系的时候，她竟然坦白地告诉我根本就不知道"天主教阴谋"是怎么一回事。当然，这并不表示他们会因为心虚而在会上缄默不言，事实上，大多数美国学生都能够在危机讨论时表达出自己的想法和主张。有些人会引申他们在学校学到的英国历史，而有的人干脆就事论事，只提出解决措施而回避政治历史。这便是他们聪明的一点。遇到这种情况，大家不要抱怨他们"不符合实际"，不妨也灵活处理，抛开自己先前的政治立场，与"理论中的政敌"为友，与"理论中的同盟者"树敌。

5.5.6 个人感受

整个会议的过程充满了戏剧性的转折，以至于我总倾向于用剧本的形式来叙述它。与其说它是一个历史危机委员会，不如说它是一场精彩的演出，很多细节都体现了组织者精心的准备：国王与王后头顶璀璨的王冠；我们完成危机后得到的奖金——每人一袋金币（钱币状的巧克力）；主席一人饰二角的换装术；被拉出去施酷刑的告密者回来时手臂打了绷带，嘴角满是血；每次自由磋商结束后，我们须遵守皇室礼节，等国王入座示意后方能坐下……

主席团和危机工作组成员的幽默风趣也令我印象深刻：会议期间临近情人节，波士顿"模拟联合国"大会的组委会还特意为代表们提供了送花业务。当时一位街头诗人打扮的人捧着一朵玫瑰冲进了我们的枢密院，疯疯癫癫地念了首听不懂是什么的古体诗（大概是情诗），宣称这朵花是威廉·罗索勋爵送给萨尔茨堡詹姆斯伯爵的。语未毕，尖叫和口哨声就充溢了整个会议室。两个当事人也被这位工作人员夸张的表演搞得面红耳赤。还有一次，一位代表的手机忽然响起来，片刻后，国王咕哝了一句"Sounds from the future"（当时应是公元1679年），我们大笑。

总之，三天的会议，惊喜接连不断。而最大的乐趣，就是我不仅能享受它的戏剧性，还能身为其中的一分子参与这一切，体会它的真实。

范例一：人物研究报告

The councilor, Thomas Lord Viscount Fanconberg, who I represent in the conference, was an politically active nobleman. He was the first Viscount Fanconberg's grandson and son-in-law of Oliver Cromwell, the protector in the interregnum.

He served the crown loyally as lord lieutenant and actively pursued sectarians and plotters throughout the 1660s. In 1669 Charles II appointed him ambassador extra ordinary to Venice, and after his return in 1672 he became captain of the band of gentleman pensioners and privy councilor.

The first crisis—the Popish Plot was a completely fictions plot forged by Titus Outes and Israel Tonge, framing Catholics for conspiring to assassinate the king, which got the attention of the PC to investigate further and resulted in executions of many implicated Catholics. As a protestant, Fanconberg then became one of the investigation group of PC, in order to exacerbate the inflammation of anti-Catholic in some way. The crown offered reward money for any information about the Popish Plot, which further aggravated the already outrageous Plot. When Oates' perjuries came to light th Popish Plot essentially lost all its steam and died away. Though Fanconberg wasn't an ultra-Puritan, he didn't take over this forged plot calmly and did lapsing that caused many executions of innocent implicated Catholics. As the scandal was out, however, the Popish Plot made bad effects on the Whigs' effort to prevent Duke of York from ascending the throne. But the Whigs' party had already gained a large majority in the House of Common, which led to passing the Exclusion Bill in the Whig parliament. Being a Whig member, Fanconberg should be a supporter of his good friend, the Duke of Monmouth, Charles II's illegitimate son and a Protestant as the heir to the throne. Nevertheless, he worked hard to secure the election of pro-Yorkist MPs to the Exclusion parliaments. Perhaps this is because that he has far-seeing to see that Duke of Monmouth wouldn't be the one and there were better selection—Many & William. That's why he refused to cooperate with James II's policies and played an important role to support Mary & William's Joint monarchy.

My goal in this committee is to avoid those mistakes which the actors in the Polish Plot made. I mean to use a comprehensive knowledge of both the actual and theoretical events to make my decisions and perhaps change the course of history into a better one.

The following items are the guidance and policy that I bade on to solve the crisis.

1. Keep the true identity, personal and religious motivations of the councilor private. Never stray away. (According to the profile and background).

2. Councilor has a responsibility to form a consensus on the best course of action for the Crown to take.

3. Bear in mind the political, religious and economic situation of the Kingdom as I make decisions.

Substantive:

1. As many plots and conspicuous theories were hatched, think twice when informed of the events to see whether they are true or not.

2. When finding a way to solve them, try to see far to work out a plan that can take the frenzied mass, like processions and riots under control.

3. Take actions to strengthen the security of the King.

4. Exchange each others' opinions in a bloc, try to form a consensus in the Whig party instead of breaking down the power of the definite heir selection of the faction by holding different ideas.

5. Pay attention to the time management. Solve the problems expediently as soon as possible.

6. Do not ignore the complicated relationship among England, France and Holland.

范例二：开会前做的准备计划

1. 通读背景材料并完成以下内容：

了解枢密院的会议规程，总结其区别于一般流程的不同之处。

了解从早期政权1066年（玫瑰之战）到1685年查理斯二世过世期间的时代背景，以中文资料为主，并向历史老师咨询。

看有关电影资料片（《大国崛起》）

列出新建政权面临的两大问题的线索事件

2. 危机研究

——天主教阴谋（The Popish Plot）

——排斥法案（The Exclusion Crisis）

危机所有相关人物党派的复杂关系制图说明。

从网上获取更多细节信息。

研究时解决以下问题：

- 如何在不引起公众狂乱的前提下保护国王？
- 国王能否是天主教徒？
- 国务是否应考虑宗教因素？
- 如何控制暴乱？

- 如何过滤对外的新闻信息？
3. 词汇总结

1）将背景材料和调查研究中遇到的生僻词汇及常用词汇分类别（词义）进行总结，并标注读音。在课余时记忆这些词汇。要确保在短时间内能够熟练地运用它们造句。

2）了解当时的语言特点（称谓等）。

4. 政治形态的形成

对要扮演的角色及其政治意识有全面的理解。研究人物知识，了解他是否有共和主义或君主主义倾向，他是秘密的天主教徒还是虔诚的基督教徒。

5. 立场文件

在所有的查找和总结完成后，写一篇立场文件。

5.6 媒体委员会（代表团）

5.6.1 媒体与世界

我们处在一个信息爆炸的时代，整个世界被各种各样的新闻与信息所包围。互联网、电视媒体、广播电台、传统的平面媒体（报纸、杂志）以及新兴的移动媒体已经越来越深入地渗透到当今世界的运转过程当中。其中，新闻媒体已经成为政治经济活动中最主要的宣传窗口，"没有被报道的事情几乎就等于没有发生过"。当代媒体的发展给予了普通人了解国际事务、参与国际事务的机会。新闻媒体的传播与信息反馈，同样也给世界各国领导人、政策制定者提供了更清晰的视角。

5.6.2 媒体与联合国

大众媒体具有影响和鼓动舆论的力量，往往被冲突各方用来煽动暴力和挑起武装冲突。对大众媒体和新闻流动实行管制是影响冲突结果的一个决定性因素。若要媒体成为预防武装冲突的有利制约因素，就必须存在允许发表不同意见的环境。尊重言论自由和新闻自由是预防冲突的重要前提。

联合国通常有能力通过向新闻界发表声明、无线电台和电视广播、因特网和公共宣传活动等途径，吸引国际社会关注正在出现的冲突，前提是这些活动不致影响秘密外交的努力。尤其是可由联合国配合有关的国际、区域和国家广播者，进行基于特定任务的直接广播，以抵制某些危机状况中的仇恨宣传，并向易发生冲突国家中的目标对象开展宣传。此外，还有必要促进"预防性新闻"。记者和媒体组织能协助发现尚未爆发为武装冲突的具体状况。因此，联合国各部门和机构应将新闻纳入其预防战略。联合国新闻活动也应将预防行动纳入其方案。

联合国大多数维持和平特派团和政治特派团均有一定的新闻报道能力，一些特派团还设有完备的新闻办公室和媒体窗口，以传播新闻并对媒体中的重大歪曲报道和公众对其行动的误解作出回应。联合国的存在可能会起缓和作用，因为它向当地人提供不偏不倚的新闻，可能有助于缓和冲突各方之间的紧张局势和预防武装冲突。

5.6.3 "模拟联合国"中的媒体委员会(代表团)

世界各国的"模拟联合国"大会通常都会在会议举办期间出版会议报纸,对整个会议的进展情况进行报道,如哈佛大学"模拟联合国"大会的《HMUN JOURNAL》,北京大学亚洲"模拟联合国"大会的《AIMUN DAILY》等。但是,以上情况都不能称为真正的媒体委员会,原因是,第一,其内容多为大会组委会工作人员编写,立场角度单一,缺乏与代表的互动;第二,通常只涉及报纸这一种新闻媒介,形式比较单调。在世界范围内首次将媒体完全真实地引入模联体系的会议是 2008 年 8 月在中国杭州举办的中国国际中学生"模拟联合国"大会(WE Model United Nation Conference,WEMUNC)。在这次大会上,组委会创立了一个特别委员会——媒体代表团,通过模拟现实中真实存在的媒体组织(如美联社、半岛电视台等)来促进青年学生对于新闻媒体世界的了解。

在这次会议中,来自 9 个"新闻机构"的 30 名"新闻从业者"身兼摄影记者、摄像记者、文字记者、编辑、播音等多项职能,他们要在第二天早上 7 点以前完成 8 版报纸《WE OBSERVE》、10 分钟视频新闻《WEMUNC NEWS》和 12 分钟的电台广播《VOICE OF WEMUNC》,同时完成 7 场新闻发布会的采访任务以及对代表、嘉宾和工作人员的众多专访。代表们充分投入到对角色的扮演当中。每一个媒体工作组的人数可以根据会议具体的工作量有所调整。

5.6.4 媒体委员会(代表团)的特殊性

媒体代表团作为 2008 中国国际中学生"模拟联合国"大会中形式最为特殊的委员会,给与会代表提供更多的锻炼与挑战。大会组委会将代表以每三人一组,分配为全球九大知名通讯社或者媒体。在大会进行的过程中,各位代表有机会跟进每一个委员会的实时进展,在委员会的会议磋商时间动议讨论自己感兴趣的议题,在会议期间进行采访和报道。

1. 合作与竞争。与其他委员会单/双代表的情况不同,媒体代表团设立三人工作小组。每三名代表组成一个媒体驻联合国办事处,负责新闻的搜集与整编。在三人工作组中,由代表自己确定两名文字记者和一名摄影记者,文字记者负责人物采访、事件报道、新闻撰写,摄影记者负责影像记录、图片编辑。在大会过程中,需要每个小组不断寻找新闻线索,媒体代表团编辑部从各媒体小组中选取新闻视点最新、报道最为真实、体裁与形式最为正式的稿件刊登在《WEMUNC OBSERVE》上。因此,媒体组代表不仅应该加强与本工作小组的合作,也应该注意同其他委员会代表/主席团的互动,同时,也应注意到同其他媒体小组的竞争,力争根据自己扮演的媒体角色而尽力模仿其特色。

2. 自主与约束。媒体代表团因其没有特定的议题,所以在时间安排和会议进程上会相对自由,这意味着所有代表会有更多的时间用于自由报道,同时也可以在会议报告期间动议对自己感兴趣的议题进行讨论,或者动议委员会对于某个议题进行专题报道(即各个媒体组对某一委员会的事件进行集中报道)。但是每位代表应该牢记的是,作为一名媒体代表,应该注重新闻的及时性与全面性,即在每天根据大会会议的进展及时进行新闻报道,对新闻线索的跟踪也应该更具有发散性,以保证能够充分关注整个大会的进展,在这一点上,各个代表组要进行相应的协调与合作。

每位媒体组代表应牢记自己作为一名新闻记者的职责,切实有效地完成工作,在会议的过程中享受会议带来的乐趣,实现自我的提升。

各位代表也可以更多地了解新闻写作的相关知识,了解所模拟媒体的风格,为媒体代表团能够成功工作而努力。

5.6.5 媒体委员会(代表团)的构成与主要任务

5.6.5.1 委员会构成情况

在2008中国国际中学生"模拟联合国"大会上,媒体委员会总共有会议主席和代表30人,由两部分构成。其中,由会议主席(Director)和主席助理(Assistant Director)组建编辑部,负责所有新闻的最终审核与编辑处理工作;由27名会议代表以每三人一组成立媒体小组,负责新闻的搜集、采编与前期制作。在会议当中的九个媒体小组均是模拟现实生活中具有重大影响力或特色鲜明的媒体组织,包括:

1. 美国联合通讯社(Associated Press,AP)

2. 英国路透社(Reuters)

3. 法国新闻社(Agence France Presse,AFP)

4. 新华通讯社(Xinhua News Agency)

5. 俄罗斯通讯社(ITAR-TASS)

6. 日本共同通讯社(Kyodo News Agency)

7. 泛非通讯社(Pan-African News Agency,PANA)

8. 朝鲜中央通讯社(Korean Central News Agency KCNA)

9. 卡塔尔半岛电视台(Aljazeera)

以上九个媒体组织的选择是根据这次大会 14 个委员会的议题内容和国家角色而进行选择的，因此大会可以根据自身的议题而选择适宜的媒体组织。如有"六方会谈"（Six Parties Talk）的委员会可以选择加入韩国的媒体，以充分展现在报道过程中持有不同立场的媒体对于同一事件的不同表达。

5.6.5.2 委员会主要任务

媒体委员会的主要任务是真实全面地模拟所代表的媒体组织，通过报纸、视频新闻与广播等媒介对大会进行采访报道。在 2008 年 WEMUNC 中，大会组委会要求媒体代表团的代表在编辑部的指导下完成《WEMUNC NEWS》（视频新闻）、《WEMUNC OBSERVE》（报纸）、《THE VOICE OF WEMUNC》（广播）三项主要工作（见图 5.3）。其中，视频新闻将在每天早上各委员会会议正式开始之前进行播放，广播在早上 7 点播放，报纸在每天早上 8 点配合视频新闻同步发放。针对以上主要工作，媒体代表团在会议期间的主要任务如下。

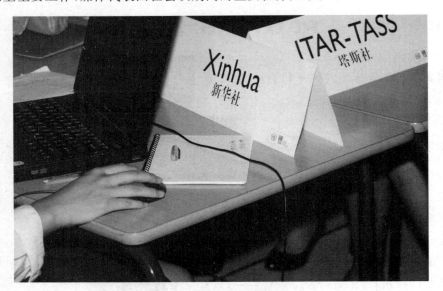

图 5.3　2008 年中国国际中学生"模拟联合国"大会中的媒体代表团

新闻稿

媒体组代表通过整理自由报道中的材料，将之客观地反映在新闻稿件中。新闻稿件最终将视稿件质量以全稿或者简讯形式在当天的新闻媒介中进行播报。

委员会特别事件专题

某个委员会可能会出现特别事件，危机委员会可能会爆发危机，而媒体组代表需要相应撰写稿件反映其事件或者危机的背景，关注其发展。在 2008 年 WEMUNC 中，因为有浮动危机和连动危机的存在，因此媒体委员会的报道成了各个委员会相互了解的重要途径。同时，由于各个媒体所持有的立场不同，因此各国代表也充分利用媒体向其他代表进行施压。下面摘录一条由媒体代表所写的危机报道：

运粮车队遭受袭击
——安全理事会遭受危机

路透社记者报道,2008年8月3日晚,法国一运粮车在运送难民营的供给品时,遭受袭击,导致3名法籍随车员工受伤,两名下落不明。安理会对此迅速做出反应,同时进入最高警戒状态。

8月3日晚,计划共有分别来自法国、南非、西班牙的三辆运粮车进入阿尔及利亚境内进行必需品补给。第一辆法国运粮车在途中受袭时,第二辆南非运粮车离阿尔及利亚边境只有不到二十分钟车程,而第三辆西班牙物资运送车尚未出发。

紧急事态被迅速反映给联合国安全理事会,安理会积极回应。大部分国家强烈谴责此次对人道主义物资的袭击,并要求迅速保护剩余车辆,在第一时间拟定了指令草案。但由于部分起草国在未征得其他起草国同意的情况下,擅自修改指令草案,引起不知情起草国的强烈反对,

会议中印发的《WE OBSERVE》第一期

> 导致第一份指令草案作废,延误时间,使第二辆车在没有任何保护措施的情况下遭受袭击,引发第二轮危机。安理会再次做出指令,立即取消第三辆车的行程,强调救治伤员并迅速展开对周边村落的调查以及搜救工作的重要性,宣布进入最高警戒状态。
>
> 　　本次袭击的原因尚在调查当中,有关言论称此次袭击可能是由"西撒人阵"组织策划的。
>
> 　　本轮安理会主席南非代表在稍后进行的新闻发布会上声称,安理会发出指令的目的在于快速解决事件,可以忽略部分代表的反对意见。

　　在这篇文章当中,因为安全理事会爆发危机,担任法新社记者的代表完整地记录下整个危机爆发的现场和安理会处理危机的过程,为其他委员会代表提供了了解这一突发情况的途径。在之后的报道中,这名代表继续关注该委员会危机,真实地报道了安理会应对相关危机的过程。

访谈记录

　　对于某个在委员会发挥特别作用的代表或者国家利益集团的领导者,媒体组可以进行单独访谈,写出针对个人代表的访谈记录。

评论

　　针对自己/其他媒体组报道的新闻发表评论,以表示赞同、反对或者中立。评论文章作为具有鲜明特色的稿件,往往是各种思想的交锋场所,而这对培养代表的思辨能力有所裨益。上面摘录了法新社记者对于安理会危机的报道,接下来是一篇来自日本共同社的评论:

联合国改革势在必行?

　　今天发生了百人武装袭击联合国阿尔及利亚难民营运输生活品车队的事件,造成3伤2人失踪的恶劣后果。联合国安理会在收到报告后召开了紧急会议,来商讨对于该事件的应对方案。

　　不过匪夷所思的是安理会并没有即刻派遣人员进行营救,而是在不断地讨论是否该停止向阿尔及利亚难民营派遣第二、三批的车队。诚然,第二、三批运送人员的生命安全应该要考虑,但是当务之急应该是讨论如何营救被袭击的人员。而安理会却在不停地讨论这样那样的问题,无视对于伤员的救治。直到40分钟后才出了决议,去营救受伤人员,并采取了善后事宜。

　　试问,在危难发生后,安理会为何反应如此之慢?为什么联合国没有应急预案来保护这些处于危险中的联合国人员?

　　就这一问题,记者采访了安理会轮值主席国南非,主席的回答是:"联合国是有预案的,应由离案发地最近的国家派遣军队,进行援救。但是由于离案发地最近的阿尔及利亚宣称没有能力派遣部队进行援救,所以安理会采取了第二应急预案,即安理会召开紧急会议,来制订方案应对。因为考虑到派遣维和部队和医疗队有可能激怒该武装,故安理会需要一些时间来权衡一下。"

> 笔者认为救援人员的安全问题不应该成为延误救治伤员的理由,如果没有危险,那为何还要派遣维和部队呢?联合国运输队置身于危险之中,安理会却没有给予其应有的保护,这是不是联合国的失职呢?而在运输队受到袭击之后联合国又反应迟钝,这是不是也反映出了联合国体制上的一些弊端呢?
>
> 安理会理应改革,而且势在必行。毕竟在这样的突发事件中,对于受伤者来说,时间就是生命,1分钟也许就能决定1个伤者的生死,伤者禁不起安理会的讨论。安理会需要制定一套完整的危机解决方案,在危难出现的第一时间能迅速、准确地处理问题。而在紧急问题的处理上应当尽量减少与会国的数量,来达到减少分歧的效果,从而尽快达成一致。一切利益都应该在生命面前让一让路。
>
> 体制上的烦琐导致的反应迟钝,严重影响了联合国的运行。而在世界形势瞬息万变的今天,联合国体制依然这样一成不变,势必会影响到其作用与工作能力。虽然联合国已经开始了对于改革的讨论,但是进展不大。联合国是不是应该与时代同行,将改革进行到底呢?

从这篇评论中可以看出不同的媒体对于同一事件认识的侧重点是不同的,而其根本原因是与它的立场相关。日本共同社作为日本的国家通讯社,它反映的立场其实也就是日本政府的立场,所以在日本的立场上,迫切希望加入安理会的日本当然希望看到安理会的改革。而这位共同社的记者显然是很好地扮演了日本记者的角色,写出了优秀的评论文章。

组委通告

将组委会面向所有代表的通告/通知进行编辑。

5.6.6 规则流程介绍

由于媒体代表团的特殊性,媒体代表团的会议规则、会议正式启动时间与其他委员会有所不同。

特殊会议规则

投票:在本委员会,每个媒体组代表一票,在有代表缺席的情况下,在场的代表在取得一致以后可以代表该媒体组进行投票。

新闻提交:在新闻提交以后,会有编辑部进行审核,代表有义务根据编辑的意见进行修改。

特殊会议议程

媒体组陈述

每个媒体组在第一轮会议开始时有不超过3分钟的时间进行报道陈述,可以使用包括PPT、视频在内的工具对本媒体组的基本情况、报道标准、重点关注领域等方面进行陈述,超过3分钟的媒体组将由助理编辑进行提醒并终止陈述。

这个环节是为了保证参会代表能够在会议正式开始之前对所模拟媒体都有比较深入的了解和认识,只有深入了解才能真正扮演好角色,所以这个部分也可以看做是媒体委员会的立场文件。

动议自由报道

在陈述完毕之后的任何时间内代表有权利动议自由报道,自行选择对其他委员会的进展进行报道,需获得简单多数票赞成。原则上动议自由报道的时间上限不超过30分钟,在到达规定时间以后每个媒体代表组应至少有一名代表返回会场,并将最新消息向编辑部进行通告(见图5.4)。

动议专题报道

在陈述完毕后的任何时间内代表有权利动议专题报道,集中对某特定委员会的进展进行报道,需要2/3多数票赞成。原则上动议专题报道的时间上限不超过30分钟,在到达规定时间以后每个媒体代表组应至少有一名代表返回会场,并将最新消息向编辑部进行通告。

交稿截止时间

在每轮会议开始时将由编辑部设定交稿截止时间,所有稿件应该在交稿截止时间前交到媒体代表团编辑部,由编辑部进行择优刊登,稿件的最终数量和质量将作为最佳代表的考核标准之一。

新闻发布会

在某个特定时期将会由大会组委会组织新闻发布会,在新闻发布会上,媒体组可以就希望了解的问题进行提问。

图5.4 2008年中国国际中学生"模拟联合国"大会媒体代表团代表在观摩会议

代表队宣传资料展示提交

各代表作为学校宣传人员为学校代表队制作的团队宣传PPT/视频将要求在最后一轮会议结束之前提交给编辑部,代表队宣传PPT/视频将有机会在闭幕式上放映,并作为最终评定最佳代表队(Outstanding Delegation)的参考之一。

"模拟联合国"中的特殊委员会远不止本章罗列的这些,对模联活动的创新一直都没有停止,但是作为一种教育模式,体验式的概念渗透到了各种委员会当中。只要代表们把握住"角色扮演"这一本质,就能够在各个委员会中有出色的表现。

> 扩展阅读

参加哈佛全美"模拟联合国"大会的日记

第一天

在下午的国际学生见面会上,我迅速找到印度、中国、孟加拉国这几个有可能合作的国家代表。开幕式结束以后,我们迅速转移到世界贸易组织委员会,很多人已经在那里了。选了个靠近印度代表的座位,开始跟其他人打招呼,打听各个代表团对议题的兴趣以及立场,此时还不到7点。到7点15分,我们、印度和孟加拉都已经选好座位,而我去找中国代表的时候他们也已经选定中间的座位。会前的约定似乎是个玩笑,各个代表团最终还是在争取自己的私利。一个长发的男代表,走到我前面非常严肃地说柬埔寨想讨论第一个议题,因为柬埔寨的劳工待遇很成问题,需要保护人权;我与他争辩,说斯里兰卡也有类似的情况,但是如果将劳工标准和国际贸易规则联系在一起,那么我们这种发展中国家的出口肯定会受到很多的限制,所以还是讨论第二个议题。虽然最终并没有谁说服谁,但是我觉得每位代表都特别投入,把自己当成真正的外交官。

会议开始,关于选议题就争论了两个多小时。议题A是国际劳工标准,议题B是农业补贴问题。规则比较复杂,选定议题也需要辩论、投票。最终选定首先讨论第二个议题。

进入正式辩论阶段后,气氛就更加激烈,代表们不断举起国家牌要求发言。同时,下面也在不断地互相传意向条。

我收到印度代表的意向条,让我们把发言时间剩一些拨给他们。他们的意向条都很专业,外面写着To…From India,再印上该国的国旗。

我说尽量挤时间给他们,然后问他们对削减农产品出口补贴有没有具体的时间表;同时又跟中国联系。两国都有很具体的时间表。

英国代表主张将农业补贴转化成政府的直接转移支付或者低息贷款形式,然后在十来年时间内取消;而法国开始是最强烈反对削减农业补贴的,因为大部分发达国家都在用农业补贴保护本国产业。

会议晚上10点结束,不同的国家集团迅速聚成一团开始商量讨论。中国代表让我们今天回去后将想法写下来,明天上午一起来弄工作文件。

点评：

1. 在正式的分组会议开始前会议就开始了。时刻做好和其他代表沟通、游说其他代表的准备。凭借会前的学术研究，迅速找到与本国利益一致的潜在的利益集团，依靠团队的力量在会议中为本国争取主动。

2. 设定议题可能会争执得非常激烈，因为很可能只有一个议题可以被讨论。因此会议开始阶段和尽可能多的代表交流，了解其他代表在议题上的倾向性非常重要。可以说，会议从一开始就是分秒必争的。

3. 议题设定完毕，前几个小时的会议中各国会发表本国的基本观点。在发表自己的观点的同时，要注意其他国家的发言要点，哪些国家可以结盟，哪些国家的利益和本国冲突。另一方面，在已经形成的利益集团中，随时保持和结盟国家的沟通，但也要切记，每个国家都代表本国的利益，不可因为集团的利益而牺牲本国的基本原则。

4. 充分利用意向条。在大委员会中，不是每个国家都有发言的机会，有发言机会的国家可能也没有充分的时间表达自己的观点。因此传递意向条成为各国沟通信息、纵横捭阖的重要手段。会议中最忙碌的人会是最有收获的人，他不仅是集团信息的汇集点，一定程度上也成为集团中的领导者。

5. 第一天的基本陈述完毕后，第二天会议将进行更加具体的讨论。也就是说，有备而来的代表在第二天开会的时候会带来自己的工作文件，作为讨论的基础。有自己的利益集团和工作文件，就在会议中占据了主动的地位。

第二天

今天的讨论越发激烈。欧盟国家不同意完全取消农业补贴，而是想在一定时间内削减一部分，比如对于敏感商品是5年内削减60%。而印度、中国等发展中国家和美国支持完全削减农业出口补贴。辩论的焦点开始是在是否完全削减，后来集中到英国等国提出的用直接转移支付来代替农产品补贴的形式上。

各国代表一会儿在会场内发言辩论，一会儿跑来跑去私下交换意见，更多时候到后面聚在一起协商。这些国家立场的变化非常有意思。

中国本来支持完全削减农业补贴，但是后来提出将敏感商品的补贴转移到非敏感商品的补贴上面，跟一些欧盟国家的意见一致。

开始的时候印度和中国还会听我们的意见，到后来写工作文件以及跟欧美国家谈判的时候，像斯里兰卡这种小国越来越被忽视。我们只好将自己国家的要求说出来。我们提出，斯里兰卡作为粮食作物净进口发展中国家，面对发达国家削减农产品出口补贴，可能会产生更大的贸易赤字，所以希望西方发达国家能够对这样的国家提供特别的援助。这一意见得到了挪威、伊拉克及其他一些发展中国家的响应。

同时，在自由磋商的时候，我们又向印度提出，将茶叶作为敏感产品之一，这样茶叶价格就可以比较迅速地上升，这对斯里兰卡和印度来说都是有利的。印度后来在起草的工作文件里面将茶叶和咖啡都列入敏感产品之列。

这样，我们的两个目标就基本达到了。对于农业补贴削减的时间表我们不是很敏感，原则是逐步削减和最终的零补贴。

点评：
  1. 从第二天的会议内容可以看出，由于讨论开始集中在不同的细节问题上，因此会议总体基于有主持核心磋商展开，泛泛的发言在会议中已经找不到位置。代表们的发言都很有针对性地表达了本国或所在利益集团的观点和立场。
  2. 由于会议中形势不断变化，因此集团内沟通会更多更频繁，一些国家可能随着形势发展转而寻求与其他国家合作。利益集团虽然是合作的基础，但合作也不可墨守成规，毕竟没有永恒的朋友和敌人，只有永恒的利益。
  3. 会议渐入佳境后，大国的威力逐渐显现。作为小国的代表，除了要在集团内部不断重申本国的立场，不断提出新的建议，也要通过有主持核心磋商和场下的游说争取其他国家对本国立场的支持。毕竟，在"模拟联合国"中，本国利益得以实现的最终表现就是自己的建议或自己支持的措施最终被写进决议。本文作者就是在通过沟通和努力后，初步达到了自己国家的目标，将本国的关切写进了工作文件。
  4. 要善于总结每次讨论的核心话题和尚存争议的要点，思考本国对这些问题的看法。如果希望引导会议进入自己希望看到的轨道，就要在恰当的时候提出恰当的动议来讨论最紧迫、最急需解决、急需找到共识的问题。往往下一个核心磋商的话题都是上一次讨论争论最多、分歧最大的问题。同样，动议中整个磋商的时间和每个代表可以发言的时间也都很有技巧，需要根据当时的情况和经验去把握。

第三天
  这一天，大家都争着把各自的决议草案写出来。西班牙、美国、挪威和日本提交了决议草案1.1。挪威和日本考虑了我们的意见，将对粮食作物净进口国的考虑加入其中，但是敏感产品中没有包含茶叶。
  随后中国和印度起草了决议草案1.2，虽然将茶叶包含了，但是遗憾的是没有看到对粮食作物净进口国的特殊考虑。
  后来非洲国家联合英国出台了决议草案1.3，经过修改又提出了决议草案1.4。
  一时间会场上气氛绷得很紧，各个国家不断地为自己的决议草案做辩护，同时在后面跟其他国家讨价还价。更为重要的是，各个集团都在争取让自己的决议草案通过，因而采取的策略也颇有意思。
  提出决议草案1.4的国家首先提出搁置决议草案1.3，也就是暂停讨论1.3，这样可以集中精力讨论1.4。动议通过，场上剩下1.1、1.2和1.4。
  同时，中国、印度、西班牙、美国都在呼吁提出1.1和1.2的两个集团互相协商，把两个决议草案合并，因为两份的内容其实很接近，需要的只是互相让步和妥协。会场外面，这些集团的代表也正在赶着将两个决议草案合在一起。
  接着是有动议搁置决议草案1.1，以便对1.2和1.4进行针锋相对的辩论。动议通过，场上剩下1.2和1.4。
  同时有动议搁置决议草案1.2，因为他们认为代表1.1和1.2共同利益的决议草案1.5即将出炉,暂停讨论1.2将更加有利于用1.5来对抗1.4。但是中国代表由于主要起草了1.2,认为1.2是1.5及其他后续修正的基础,不同意将其搁置。辩论投票后,动议未能通过。

到下午会议结束的时候,决议草案1.5的草案已经完成了,主席将在次日一早分发给各国。

> **点评:**
> 1. 在第二天对各个工作进行充分讨论后,各个起草国加入了讨论中达成的新共识,将工作文件扩充为决议草案,或者几份工作文件合并为新的决议草案。第三天的会议基本以决议草案为中心展开。
> 2. 从文中可以看出,会议进入了最紧张的阶段,各国代表,尤其是草案的起草国,都在同时间赛跑。会场内讨论出任何新的成果,会场外起草国就马上对草案进行修改完善。因此在这时大国的双代表制就显出了优越性。
> 3. 为了能让自己的草案成为讨论的中心,并成为最后被通过的草案,各国代表都充分利用会议规则。由于此时可能会有很多份决议草案,因此讨论时很有可能出现一些混乱和低效率。为了使讨论更有成效更有针对性,不同草案的起草国会不断动议将自己的草案置于讨论中心,同时暂停对其他草案的讨论。这时不仅需要其草案本身的全面性,也需要代表在发言时晓之以理,获得其他代表的支持。一旦自己的草案置于会议讨论的中心,最后通过的概率就会大很多。
> 4. 如果作为小国的代表,此时除了密切关注会议的进程,反复强调本国的观点和建议,也可以开始考虑准备一些修正案,在最终主导性的草案出现以后可以加入草案中。

第四天

最后一天的会议,只有两个半小时。

一开始,就见到了决议草案1.5。但是显然由于昨天晚上大家参加舞会分散了经历,这份文件只是1.1和1.2的简单拼凑,里面有很多自相矛盾的地方。

又一次有动议搁置决议草案1.2,还是没有通过。

同时,1.4出了两个修正案,其中一个讨论后通过。有趣的是,中国突然跳到支持1.4的阵营,放弃了自己的1.2以及后来与1.1合并的1.5,我想可能是昨晚他们协商的时候觉得1.4更符合他们的利益。

由于1.5漏洞百出,印度和日本几个国家也连忙弄出了修正案1.5.1和1.5.2,茶叶和粮食作物净进口国的款项都在修改后的1.5中了。

会议到最后快投票的时候,有代表动议提出先投票表决1.5,支持1.5的国家当然同意,动议由简单多数表决通过。我本以为排在前面的1.4会有优势,这一规则的运用一定程度上改变了场上的局势。

最后投票的时候只剩下不到半个小时了,需要三分之二多数通过。先1.5,结果只差两票。代表们再投1.4,支持的只比三分之一多一点。最终的结果就是两份决议草案都流产了。

虽然大家都觉得已经尽最大可能争取了本国的利益,也做出了适度的妥协,但是对整个会议没有取得成果还是有些遗憾。会场上的"惊心动魄",让我至今难忘,各国代表尽情投入,对国家利益到了锱铢必较的地步,我为自己骄傲,我为自己的"祖国"斯里兰卡做到了最大限度的努力。

点评：

1. 最后一天的会议基本上是在讨论如何修正现有的决议草案，使之更加完善。同时草案背后的利益集团也会与其他代表频繁沟通、游说，争取获得他们最后投票时的支持。

2. 最后一天对规则的运用也到了极致。经过动议，代表们投票通过将草案1.5放在1.4前面表决，这样一些中立的国家会首先对这份文件进行表态，这样大大增加了草案1.5获得通过的概率。根据会议规则，每个议题只能通过一份决议，因此如果1.5获得通过，就没有必要表决1.4了，这一战术可以在关键时刻起到重要作用。

3. 对小国的代表而言，修改决议草案是维护本国利益的最后机会，主要的起草国为争取到广泛的支持，会在个别条款上进行让步。文中作者成功地将本国的意见加入决议草案1.5中。

4. 各国的立场在最后也很可能产生巨大的转变，比如文中的中国代表作出的决定。各国都希望自己成为草案的起草国之一，在自己的草案不能获得会议的重视时，很有可能转而去争取在其他草案中的位置。

——北京大学中国经济研究中心2008届研究生　王琅[①]

[①] 王琅，于2005年2月赴波士顿参加哈佛全美"模拟联合国"大会，代表斯里兰卡，参与世界贸易组织组织的会议讨论。

附录1　国家列表

"模拟联合国"大会的国家选择列表范例

Nation	GA	WFP+GSES	SPECPOL*	UNESCO*	UNDP	UNODC	UNHRC*	IAEA*	NATO*	MDG*	SC*	Minimum	Maximum
Afghanistan	•	•	•	•								7	12
Albania	•	•	•	•			•					8	13
Algeria	•	•	•	•	•	•						10	16
Andorra	•	•	•									6	11
Angola	•	•	•			•						9	16
Antigua and Barbuda	•	•	•		•							6	12
Argentina	•	•	•	•		•	•					10	16
Armenia	•	•	•									5	10
Australia	•	•	•	•	•		•					10	16
Austria	•	•	•	•			•					8	13
Azerbaijan	•	•	•	•	•							9	16
Bahamas	•	•										5	10
Bahrain	•	•	•	•		•						9	15
Bangladesh	•	•	•	•	•	•						10	17
Barbados	•	•	•									5	10
Belarus	•	•	•	•								7	12
Belgium	•	•	•	•			•	•	•			10	15
Belize	•	•	•									6	11
Benin	•	•		•								6	12
Bhutan	•	•	•									7	13
Bolivia	•	•	•		•	•						9	15
Bosnia and Herzegovina	•	•	•	•								7	13
Botswana	•	•	•									7	12
Brazil	•	•	•	•	•	•						11	17
Brunei Darussalam	•	•										5	10
Bulgaria	•	•	•				•					8	13
Burkina Faso	•	•	•									7	13
Burundi	•	•										5	10
Cambodia	•	•	•	•								7	12
Cameroon	•	•	•	•		•						8	14
Canada	•	•	•	•	•	•	•		•			12	18
Cape Verde	•	•	•									5	10
Central African Republic	•	•		•								6	12
Chad	•	•	•									6	11
Chile	•	•	•	•	•		•					10	16
China	•	•	•	•	•	•					•	12	19
Colombia	•	•	•		•							9	15
Comoros	•	•										5	10
Congo (Republic of the)	•	•	•									7	12
Costa Rica	•	•	•	•			•					8	13
Côte d'Ivoire	•	•	•									7	12
Croatia	•	•	•	•			•					9	14
Cuba	•	•	•	•								8	14
Cyprus	•	•										5	10
Czech Republic	•	•	•	•			•					9	14
DPR Korea	•	•	•									7	12
DR Congo	•	•										6	11
Denmark	•	•	•	•			•		•			10	16
Djibouti	•	•	•			•						7	13
Dominica	•	•										5	10
Dominican Republic	•	•	•	•								7	12
Ecuador	•	•	•	•	•							9	15
Egypt	•	•	•	•			•					9	15
El Salvador	•	•										5	10
Equatorial Guinea	•	•	•									5	10
Eritrea	•	•	•	•								7	12
Estonia	•	•	•				•					7	12
Ethiopia	•	•	•	•			•					8	13
Fiji	•	•	•									7	12
Finland	•	•	•	•			•					8	13
FYR Macedonia	•	•	•	•								7	12
France	•	•	•	•	•	•	•	•	•		•	14	21
Gabon	•	•	•			•						8	14
Gambia	•	•								•		6	11
Georgia	•	•	•	•								7	12
Germany	•	•	•	•	•	•	•	•	•			12	18
Ghana	•	•	•	•			•					8	14
Greece	•	•	•	•			•					9	14
Grenada	•	•	•									6	11
Guatemala	•	•	•	•								7	12
Guinea	•	•										5	10
Guinea-Bissau	•	•	•									7	12
Guyana	•	•	•									6	11
Haiti	•	•	•	•	•							8	14
Holy See	•	•										5	10
Honduras	•	•	•	•								7	12
Hungary	•	•	•	•			•		•			9	14
Iceland	•	•	•									7	13
India	•	•	•	•	•	•	•					12	19
Indonesia	•	•	•	•	•					•		9	15
Iran	•	•	•	•								7	12
Iraq	•	•	•	•			•					8	13
Ireland	•	•	•	•	•		•		•			10	16
Israel	•	•	•	•								8	13
Italy	•	•	•	•	•	•	•	•	•	•	•	14	21
Jamaica	•	•	•									7	13
Japan	•	•	•	•	•	•	•			•		12	19
Jordan	•	•	•	•			•					8	14
Kazakhstan	•	•	•									6	11
Kenya	•	•	•	•								7	12
Kiribati	•	•										5	10
Kuwait	•	•	•									6	11
Kyrgyzstan	•	•										5	10
Lao (People's Dem. Repub. of)	•	•	•									7	13
Latvia	•	•	•				•					7	12
Lebanon	•	•	•	•								7	12

GA: General Assembly (3 committees: **DISEC**, **SOCHUM**, **Legal**);　　**SPECPOL**: Novices only, maximum of one delegate per country;
WFP: World Food Programme; **GSES**: Global Summit on Environmental Sustainability
UNHRC: United Nations Human Rights Council;　　**UNESCO**: United Nations Educaion, Cultural and Social Organization;
UNDP: United Nations Development Programme;　　**UNODC**: United Nations Office of Drugs and Crime;
IAEA: International Atomic Energy Agency;　　**MDG**: Global Summit on the Millenium Development Goals;
NATO: North Atlantic Treaty Organization;

Note: **United States Continental Congress, British Crown, Indian National Congress, Muslim League**, extra seats on the **MDG**, and the **ad-hoc committee** will be determined by requests as per the discretion of the Secretary-General.

Note: Seats on the **International Court of Justice**, the **Arab-Israeli Conflict**, the **Qing Dynasty Court** and the **Colombian Cabinet** will be assigned on an individual basis, by application only.

• represented on committee　　　　* for single delegations only

附录1 • 国家列表

Nation	GA	WFP+GSES	SPECPOL*	UNESCO*	UNDP	UNODC	UNHRC*	IAEA*	NATO*	MDG*	SC*	Minimum	Maximum
Lesotho	•	•	•	•								7	12
Liberia	•	•	•									7	12
Libya	•	•	•	•							•	8	13
Liechtenstein	•	•										5	10
Lithuania	•	•	•	•				•	•			9	14
Luxembourg	•	•	•						•			7	12
Madagascar	•	•	•	•			•					8	14
Malawi	•	•			•							6	12
Malaysia	•	•	•				•					8	14
Maldives	•	•	•	•								7	12
Mali	•	•	•							•		7	12
Malta	•	•	•									7	12
Marshall Islands	•	•										5	10
Mauritania	•	•	•									6	11
Mauritius	•	•	•	•			•					8	14
Mexico	•	•	•	•		•	•	•				10	16
Micronesia (Fed. States of)	•	•	•									6	11
Monaco	•	•										5	10
Mongolia	•	•	•									7	12
Montenegro	•	•										5	10
Morocco	•	•	•				•	•				9	14
Mozambique	•	•	•									7	12
Myanmar	•	•	•									7	12
Namibia	•	•	•									6	11
Nauru	•	•	•	•								7	12
Nepal	•	•	•	•								7	12
Netherlands	•	•	•	•	•		•		•			11	18
New Zealand	•	•	•			•						7	12
Nicaragua	•	•	•				•					8	14
Niger	•	•										5	10
Nigeria	•	•	•	•		•	•	•				10	16
Norway	•	•	•	•			•		•			10	16
Oman	•											5	10
Pakistan	•	•	•	•	•	•	•	•				11	18
Palau	•	•										5	10
Palestinian Authority	•	•	•	•								7	12
Panama	•	•	•	•	•						•	9	14
Papua New Guinea	•	•										5	10
Paraguay	•	•	•									7	12
Peru	•	•	•	•		•						8	13
Philippines	•	•	•				•	•				9	15
Poland	•	•	•	•					•			9	14
Portugal	•	•	•	•					•	•		10	15
Qatar	•	•	•			•	•				•	9	15
Republic of Korea	•	•	•	•	•	•	•					10	17
Republic of Moldova	•	•										5	10
Romania	•	•	•	•						•		8	13
Russian Federation	•	•	•	•	•	•	•	•		•	•	13	20
Rwanda	•	•	•	•								7	12

Nation	GA	WFP+GSES	SPECPOL*	UNESCO*	UNDP	UNODC	UNHRC*	IAEA*	NATO*	MDG*	SC*	Minimum	Maximum
St. Kitts and Nevis	•	•										5	10
St. Lucia	•	•										5	10
St. Vincent & Grenadines	•	•	•	•								7	12
Samoa	•	•										6	11
San Marino	•	•	•	•								7	12
Sao Tome and Principe	•	•										5	10
Saudi Arabia	•	•	•	•			•	•	•		•	11	17
Senegal	•	•	•		•		•					8	15
Serbia	•	•	•	•	•							8	14
Seychelles	•	•	•									6	11
Sierra Leone	•	•	•	•								7	12
Singapore	•	•	•	•								9	14
Slovakia	•	•	•	•			•		•			9	16
Slovenia	•	•	•	•				•				9	15
Solomon Islands	•	•										5	10
Somalia	•	•	•	•			•					8	14
South Africa	•	•	•	•			•	•			•	10	16
Spain	•	•	•	•			•		•			9	14
Sri Lanka	•	•	•				•			•		7	12
Sudan	•	•	•									7	12
Suriname	•	•	•									7	12
Swaziland	•	•										5	10
Sweden	•	•	•	•			•	•		•		10	16
Switzerland	•	•	•	•	•		•	•				12	19
Syria	•	•	•	•								7	12
Tajikistan	•	•	•									7	12
Thailand	•	•	•	•			•					10	15
Timor-L'este	•	•	•	•								7	12
Togo	•	•	•									7	12
Tonga	•	•										5	10
Trinidad and Tobago	•	•	•									6	11
Tunisia	•	•										5	10
Turkey	•	•	•	•				•	•			10	15
Turkmenistan	•	•	•									7	12
Tuvalu	•	•										5	10
Uganda	•	•	•	•						•		8	13
Ukraine	•	•	•	•			•					8	14
United Arab Emirates	•	•	•	•	•							8	13
United Kingdom	•	•	•	•		•	•	•	•	•	•	13	19
United Rep. of Tanzania	•	•	•	•						•		8	14
United States of America	•	•	•	•		•	•	•	•	•	•	13	19
Uruguay	•	•	•	•			•					8	14
Uzbekistan	•	•	•	•								7	12
Vanuatu	•	•										5	10
Venezuela	•	•	•	•			•					8	13
Viet Nam	•	•	•	•						•		8	13
Yemen	•	•										5	10
Zambia	•	•	•					•				7	13
Zimbabwe	•	•	•	•								7	12

GA: General Assembly (3 committees: **DISEC**, **SOCHUM**, **Legal**);   **SPECPOL**: Novices only, maximum of one delegate per country;
WFP: World Food Programme; **GSES**: Global Summit on Environmental Sustainability

UNHRC: United Nations Human Rights Council;   **UNESCO**: United Nations Educaion, Cultural and Social Organization;
UNDP: United Nations Devlopment Programme;   **UNODC**: United Nations Office of Drugs and Crime;

IAEA: International Atomic Energy Agency;   **MDG**: Global Summit on the Millenium Development Goals;
NATO: North Atlantic Treaty Organization;

Note: **United States Continental Congress**, **British Crown**, **Indian National Congress**, **Muslim League**, extra seats on the **MDG**, and the **ad-hoc committee** will be determined by requests as per the discretion of the Secretary-General.

Note: Seats on the **International Court of Justice**, the **Arab-Israeli Conflict**, the **Qing Dynasty Court** and the **Colombian Cabinet** will be assigned on an individual basis, by application only.

• represented on committee   * for single delegations only

附录 2　　大会规则流程（中文）

2007 年北京大学国际"模拟联合国"大会规则流程

（一）总体规则

主席团结构和委员会工作人员的主要权利

一个委员会由 3 至 5 名工作人员组成的主席团管理和主持。主席团成员包括会议指导、助理会议指导和主席助理。

会议指导的职责是主持辩论，根据本文件规定的规则流程引导代表参与会议。同时，会议指导将宣布每个会议的开始和结束，推动采用任何没有重大反对意见的程序性动议。在完全掌控着委员会任何会议进程的基础上，他将引导讨论，确定发言权利，提出问题，宣布决定，裁决问题和加强对于规则流程的遵守。他还将鉴定并批准通过上交至主席团的诸多文件。会议指导可以将他的权力短暂移交给主席团的另一个成员。

助理会议指导将在会议中帮助会议指导鉴定并批准文件。他还将回答针对主席团的询问。

主席助理将负责记录并呈现会议进程。

主席团可以对代表们提出会议可能进程的建议。在行使规则流程时，主席团将随时对秘书长负责。

委员会

在规则流程的框架内，委员会由一个单独委员会内的所有与会代表和其主席团组成。

代表团

每个国家由一或两名代表出席，在每个委员会有一次表决权。

观察国的权利

观察国可以参与除修正案外的所有程序性问题的表决，不可以参加实质性问题的表决。

（二）正式辩论的规则

正式辩论时，所有代表须遵循规则流程并保持礼貌。正式辩论可由以下部分构成。

点名

在这个阶段，会议指导将按照字母顺序读出每个国家的名字。被念到时，该国的代表将举起他/她的国家牌并答"到"。

确定议题

点名后，委员会将首先确定议题。

- 须有一个动议提出首先讨论指导文件里的一个议题。该动议需一张赞成票。
- 对于只设立了一个议题的委员会，无须辩论而自动采用该议题。

- 针对该动议将产生"同意"和"反对"的发言名单;"同意"方的代表将发言支持提到的议题,"反对"方将发言支持另一个议题。
- 委员会听取了来自双方的两个发言后,结束辩论的动议即可提出。根据结束辩论的规则,会议指导将准许两个反对该动议的发言,结束辩论的投票需三分之二多数通过。如果确定议题的发言名单终止,辩论将自动结束。
- 辩论结束时,委员会将立即进入确定议题动议的投票表决。通过动议需简单多数。如果动议失败,另一个议题将自动排在议程首位。
- 在这个阶段代表发言不可以让渡时间。

发言名单的建立

委员会将就讨论的议题产生一个发言名单。会议指导最初将愿意发言的国家添加到名单中,并事先设定发言时间。一个国家可给会议指导写条申请加入名单(如果该国不在名单上)或取消发言。任何时候会议指导都可以再次点名添加愿意发言的成员。等待发言的国家将根据委员会需要随时可能延迟。第二个议题后的发言名单只有当委员会进入该议题后才能产生。结束发言名单的动议永远无效。

进行发言

代表只有获得会议指导的同意后才能发言。会议指导可以提醒发言人他/她的言论与正在讨论的主题无关,或者对委员会成员或工作人员构成侵犯。

时间限制

任何发言名单的发言人都将有 90 秒的发言时间,除非一个代表动议设立其他时间。代表发言反对结束辩论也将有 90 秒。

让渡

一个代表在指定时间内结束了他/她的发言后,可以让渡剩余时间。有以下四种不同让渡形式。

让渡时间给另一个代表

这种情况常发生在让渡国家 A 和接收让渡的国家 B 在讨论后达成共识。国家 B 的代表将用 A 发言的剩余时间发言。如果 B 的发言后仍有时间剩余,将不可再让渡时间。

让渡时间给问题

当一个发言完毕的代表选择让渡他/她的时间给问题,会议指导将请愿意提问的代表举牌,并随机选其中的某些代表来提问。提问的时间不计入前面发言的剩余时间。发言的代表可以在剩余时间内回答所有提问。

让渡时间给评论

当一个代表选择让渡他/她的剩余发言时间给评论,会议指导将请愿意评论的代表举牌,并随机选其中的某些代表来评论。受到指定评论的代表可以在剩余时间内做相关评论;但让渡时间的代表不能再次陈述他/她的观点,或者在相同的期限内反驳评论。

让渡时间给主席

当代表让渡时间给主席,他/她就选择了放弃剩余时间,会议指导将进行接下来的程序。

问题和动议

在一个代表发言/用完指定发言时间后,会议指导将询问委员会有无问题或动议。这时,一个代表可以根据他/她的需要提出问题或动议。

问题

问题	描述
程序性问题	当一个代表认为会议指导在规则流程上犯了错误时,他/她可以提出一个程序性问题来纠正这个错误。
咨询性问题	当一个代表对规则流程有疑问时,他/她可以对会议指导提出一个咨询性问题。
个人特权问题	当一个代表感到任何个人的不适影响他/她参与会议时,他/她可以提出一个个人特权问题,从而获得主席团的帮助。

动议

代表可以提出任何有助于会议进程的动议。这些动议包括(但不限于)进行磋商、改变发言时间、中止会议、结束辩论、中止发言名单。会议指导有权决定动议是否有效,然后允许委员会对其进行表决。

磋商

自由磋商

动议自由磋商在辩论结束前的会议进程中任何时候都有效。提出动议的代表必须简要解释原因并限定磋商的时间(不能超过二十分钟)。动议将立即得到表决,需要多数通过。会议指导可以裁决动议无效。

有主持核心磋商

有主持核心磋商的目的是在讨论的关键阶段促进实质性的辩论。在有主持核心磋商期间,会议指导将暂时停止发言名单,根据他/她的判断选择代表发言。动议有主持核心磋商在辩论结束前的会议进程中任何时候都有效。提出动议的代表必须简要解释原因并限定磋商的时间(不能超过二十分钟)和每个发言的时间。动议将立即得到表决,需要多数通过。会议指导可以裁决动议无效。有主持核心磋商期间,所有动议都无效。在此期间如果没有代表愿意发言,磋商将立即结束。

结束辩论

讨论开始后,一个代表可以动议结束正在讨论的实质性或程序性内容的辩论。代表可以动议结束关于议题、议题确定或修正案的辩论。会议指导可以裁决这种动议无效。当结束辩论的动议提出后,会议指导可以选择两名反对该动议的代表发言。赞成该动议的代表不能发言。结束辩论需要三分之二在场成员的同意。如果委员会同意结束,会议指导将宣布辩论结束,委员会立即进入投票表决环节。

延迟会议或终止会议

讨论开始后,一个代表可以动议延迟会议,将委员会的所有职能延迟到下一次会议,或者休会,在整个会议期间推迟委员会的所有职能。会议指导可以裁决这种动议无效。当动议有效时,这种动议不需辩论而直接得到表决(除非有其他占有优先权的动议),需要多数通过。休会的动议只有在委员会最后一次会议进行的时间超过既定的四分之三时有效。

延缓和恢复辩论

讨论开始后,一个代表可以动议延缓关于场下的决议草案、修正案或当前议题的辩论。该动议需三分之二多数通过,其讨论至多可允许一个赞成和一个反对的发言。不允许任何对辩论已延缓的决议草案、修正案或议题进行辩论或行动。动议恢复辩论已延缓的决议草案、修正案或议题需要多数通过,其讨论至多可允许一个赞成和一个反对的发言。恢复辩论将消除延缓辩论的作用。会议指导有权决定延缓会议。

(三)提交文件的规则

工作文件

代表可提交工作文件以供委员会参考。工作文件旨在帮助委员会讨论和形成决议草案,无须按照决议草案的格式书写。工作文件不是正式文件,但仍需会议指导签名以得到印发。分发后,代表可以开始按指定编号(如工作文件1.1、1.2等)提到工作文件,否则主题辩论照常进行。

决议草案

- 当一份决议草案得到会议指导的批准,并有20%的在场国家(起草国+附议国)签字后,可以得到介绍。
- 签署一份决议草案并非表示明确地支持该文件,只不过是意味着附议国认为该决议草案有进一步讨论的价值。因此,附议国对该决议草案没有义务。
- 需特别注意的是,一份决议草案的起草国不能当另一份的附议国。
- 一份决议草案的通过需三分之二在场表决国家的同意,每个议题仅能通过一份决议草案。一份决议草案通过后,投票表决阶段结束,委员会将进入下一个议题(如果有)。

介绍一份决议草案

- 当一份决议草案像前文规定的那样得到批准和印发,代表可以动议介绍该决议草案。
- 将有一个程序性表决决定是否介绍该草案。动议得到简单多数通过后,该决议草案将由起草国介绍。
- 起草国将有3分钟介绍该决议草案,念出行动性条款并提出他们的主要观点。在介绍决议草案后,起草国将有一个2分钟的澄清阶段。决议草案的起草国将回答关于该文件文法方面的任何问题(包括术语的使用)。任何涉及决议草案实质性内容的问题都无效。
- 在任何时候场下都可有多于一份决议草案,但每个议题至多有一份决议草案通过。
- 一份决议草案将保持在场下直至关于该决议草案的辩论得到延缓或结束,或该议题已有一份决议草案得到通过。关于决议草案的辩论按照该议题总的发言名单进行,代表可以按指定编号提及决议草案。
- 一份决议草案得到正式介绍后,代表才可提及。

修正案

- 代表可以对任何已介绍的决议草案提出修正案。
- 一份修正案必须得到会议指导批准和20%的在场国家(起草国+附议国)签字。
- 修正案分为两种:友好和非友好。
- 友好修正案可由任何国家起草,除了其针对的决议草案的起草国。友好修正案的附议国包含其针对的决议草案的所有起草国,通过不需表决。
- 非友好修正案的附议国没有包含其针对的决议草案的所有起草国。
- 因此,讨论开始后可动议介绍获得批准的非友好修正案。动议获得简单多数通过后,如果时间允许,会议指导将大声读出修正案。总辩论将中止,同时一个同意和反对该修正案的发言名单将建立。

- 委员会听取了两个同意和两个反对该修正案的发言后,可动议结束辩论。
- 遵照正常的结束辩论的规则,会议指导将选择听取两个反对结束辩论动议的发言,结束的投票表决需三分之二多数通过。
- 关于修正案的辩论结束后,委员会将立即进入投票表决环节。
- 修正案需三分之二多数通过。
- 投票表决后,辩论将按总的发言名单照常进行。

在同一时间只能介绍一份修正案。修正案的修正案无效;但决议草案中得到修正的部分可以再次被修正。序言性条款不能被修正。关于修正案的最终表决是程序性的,但观察国不能对修正案进行投票表决。

(四)投票表决程序的规则

实质性投票表决

唯一的实质性投票表决是对决议草案的投票表决。所有其他投票表决都是程序性的表决。在关于议题的辩论结束后,委员会将进入实质性投票表决程序,会场将封闭。届时,只允许提出如下问题和动议:重新排列决议草案、动议唱名表决、个人特权问题、咨询性问题和程序性问题。若没有这些动议,委员会将对所有决议草案进行投票表决。对于实质性投票表决,每个国家有一次表决权。每个表决可以是"同意""反对"或"弃权"。

所有的动议将由代表举国家牌来表决,除了唱名表决以外。在实质性投票表决中,通过一份决议草案需要三分之二多数,即三分之二的在场国家投"赞成"票。当任何一个草案通过时,投票表决程序将结束,因为每个议题只能通过一份决议。在模拟安理会,五个常任理事国对任何实质性投票表决有否决权。

重新排列决议草案

总辩论结束进入投票表决程序后,重新排列决议草案的动议将立即生效。如果动议得到简单多数通过,会议指导将接受所有重新排列决议草案的动议,然后按照从最紧迫到最不紧迫的顺序排列草案,并对此顺序进行表决。表决将持续至某一个动议通过,如果所有动议都失败,委员会将按照草案最初的顺序对草案进行表决。在每一轮投票表决程序中,只能提出一个动议重新排列决议草案。

唱名投票

在对决议草案的辩论结束后,任何代表都可要求进行唱名投票。该动议可由场下提出,需要简单多数通过。唱名投票只有在实质性投票表决阶段有效。

- 唱名投票时,会议指导将从某一国家开始,按照字母顺序对国家点名。
- 第一轮,代表可以投"同意""反对""弃权"或"暂不表决"。当代表的表决与他或她的国家政策相违背时,代表有权要求解释他或她的表决;这种投票叫做"包括理由"。代表只能解释肯定或否定的表决,不能解释弃权。
- 第一轮唱名表决选择"暂不表达"的代表在第二轮中必须投票(即不能弃权或"过")。该代表无权要求解释他/她的表决。
- 所有要求解释权利的代表将有时间解释他们的表决。发言时间由会议指导决定,不超过三十秒。
- 会议指导将宣布投票表决的结果。

附录3 大会规则流程(英文)

中国国际中学生"模拟联合国"大会2008规则流程英文版

RULES OF PROCEDURE OF THE WE MODEL UNITED NATIONS CONFERENCE

INTRODUCTION

1. The Rules of Procedure of the WE Model United Nations Conference (WEMUNC) is adopted by the Secretariat of the WEMUNC 2008, based on the Rules of Procedure of the General Assembly, Rules of Procedure of the ECOSOC and Provisional Rules of Procedure of the Security Council.

2. The theme of the Rules of Procedure is to maintain an accurate and efficient simulation of the Committees.

EXPLANATORY NOTE

Attention is drawn to Rule 62, which provides that the italicized headings of the rules, which were inserted for reference purposes only, shall be disregarded in the interpretation of the rules.

Any reference in the rules of procedure of the WE Model United Nations Conference to a male person shall be deemed to constitute a reference to a female person, unless the context clearly indicates otherwise.

The Secretariat may also issue study guides and initial settings for each conference, to explain the most important points and give default settings on some items, e. g. speaking time.

However, delegates are strongly encouraged to consult these rules and procedure to better communicate with each other under the framework of the rules of procedure.

RULES OF PROCEDURE

I. GENERAL RULES
Scope

Rule 1

These rules of procedure shall apply to all committees in WE Model United Nations Conference (WEMUNC), unless otherwise stated by the Secretary-General.

II. SESSIONS REGULAR SESSIONS
Opening and closing date

Rule 2

On the recommendation of the Secretariat, the WEMUNC shall, prior to the session, fix a starting date and closing date of a regular session.

Place of meeting

Rule 3

Unless the Secretariat decides otherwise,

the conference shall be held in one of the candidate schools applying for hosting the Conference.

Notification of session

Rule 4

The Secretary-General shall notify the members, at least fourteen days in advance, of the opening date of a regular session.

SPECIAL SESSIONS

Summoning at the request of the Security Council or members

Rule 5

Special sessions, or emergency special sessions, of a committee shall be convened as soon as possible after the Secretary-General approves the request for such a session from the Security Council or any member.

Notification of Session

Rule 6

The Secretary-General shall notify the members as soon as he approves the request for such a session.

During a regular session

Rule 7

If the committee is currently in a regular session, the debate on the current agenda item shall be immediately suspended and the committee shall be in an emergency special session as soon as the Secretary-General approved a request for such a session.

III. DELEGATIONS

Composition

Rule 8

(a) The delegation of a member should consist of one chairperson of the delegation, no more than two representatives in each committee, no more than two alternative representatives in each committee, and as many advisers, technical advisers, experts and persons of similar status as may be required by the delegation.

(b) The total number of representatives, alternative representatives, advisors, technical advisors, experts and persons of similar status in a committee may not exceed the amount assigned by the Secretariat.

Alternates

Rule 9

An alternate representative may act as a representative upon designation by the chairperson of the delegation.

Submission of credentials

Rule 10

The credentials of representatives and the names of members of a delegation shall be submitted to the Secretary-General upon registration. The credentials shall be issued either by the Head of School or upon his designation, by the teacher in charge.

Observers

Rule 11

Observers should have the same rights and obligations as the Members in the meeting they observe, except for the right to vote on, or be the sole sponsor of, substantive motions (proposals and amendments). In the rules of procedure, the term "members" include observers in the meeting of the committee, while the term "Members" refers to only the formal members of the committee.

IV. BUREAU

Composition

Rule 12

(a) The Bureau of the committee shall consist of one Chairperson and one or more Vice-Chairs if necessary.

(b) One Director, one or more Assistant Directors if necessary, and a Conference Secretary shall also join in the work of the Bureau.

Functions of the Chairperson

Rule 13

The Chairperson shall declare the opening and closing of each meeting of the committee, direct its discussions, ensure observance of these rules, accord the right to speak, put questions and announce decisions. He shall rule on points of order and, subject to these rules, shall have complete control of the proceedings at any meeting and over the maintenance of order thereat. The Chairperson may, in the course of the discussion of an item, propose to the committee the limitation of the time to be allowed to speakers, the limitation of the number of times each representative may speak, the closure of the list of speakers or the closure of the debate. He may also propose the suspension or the adjournment of the meeting or the adjournment of the debate on the item under discussion. He may entertain other procedural motions or declare any procedural motion out of order.

Functions of the Director

Rule 14

The Director shall oversee the discussions and proceedings and maintain the academic standard of the committee. He may also propose the provisional agenda and be in charge of all other substantive matters of the committee. He may also advise the delegates and make comments on the possible course of the meeting.

Functions of the Conference Secretary

Rule 15

The Conference Secretary shall take roll calls, keep records of list of speakers, and assist the work of the Chairperson in every means.

Absence of officers

Rule 16

If the Chairperson or Director finds it necessary to be absent during a meeting or any part thereof, he shall designate one of the Vice-Chairs or Assistant Directors to take his place. A Vice-Chair (or Assistant Director) acting as Chairperson (or Director) shall have the same powers and duties as the Chairperson (or Director).

V. WORKING GROUPS

Working Groups

Rule 17

The Bureau may establish ad hoc working groups as and when it deems necessary. It shall define their functions and will refer to them any questions for study and report.

VI. SECRETARIAT

Duties of the Secretary-General

Rule 18

The Secretary-General shall provide and direct the staff required by the committees.

Duties of the Secretariat

Rule 19

The Secretariat shall receive, print and distribute documents, reports and resolutions of the committee; have the custody and proper preservation of the documents in the archives of the WE Model United Nations Conference, and, generally, perform all other work which the committee may require.

Statement by the Secretariat

Rule 20

The Secretary-General, or a member of the Secretariat designated by him as his representative, may at any time make either oral or written statements to the committee concerning any question under consideration by it.

VII. LANGUAGES

Official and working languages

Rule 21

Chinese and English shall be the official languages of all committees of WE Model United Nations. Working language(s) of each committee shall be set by the Secretariat.

Languages of resolutions and other documents

Rule 22

All resolutions and other documents shall be published in the working language(s) of the committee.

VIII. PUBLIC AND PRIVATE MEETINGS

General principles

Rule 23

The meetings of the committee shall be held in public unless the organ concerned decides that exceptional circumstances require that the meeting be held in private.

Private meetings

Rule 24

All decisions of the committee taken at a private meeting shall be announced at an early public meeting of the committee. At the close of each private meeting, the chairperson may issue a communiqué through the Secretary-General.

IX. AGENDA

Provisional agenda

Rule 25

The provisional agenda for a session shall be drawn up by the Director of the committee and communicated to the members at least fourteen days before the opening of the session.

Explanatory memorandum or background guides

Rule 26

Any item proposed for inclusion in the agenda shall be accompanied by an explanatory memorandum or a background guide.

Adoption of the agenda

Rule 27

At each session the provisional agenda shall be submitted to the committee for approval as soon as the opening of the session.

Debate on reordering of items

Rule 28

Debate on the reordering of the items on the agenda shall be limited to three speakers in favour of putting each topic on the top of agenda. The Chairperson may limit the time to be allowed to speakers under this rule.

X. MINUTE OF SILENT PRAYER OR MEDITATION

Invitation to silent prayer or meditation

Rule 29

Immediately after the opening of the first meeting or immediately preceding the closing of the final meeting, the Chairperson may invite representatives to observe one minute of silence dedicated to prayer or meditation.

XI. MEETINGS

CONDUCT OF BUSINESS

Emergency special sessions

Rule 30

Unless the committee decides otherwise, the committee, in case of an emergency special session, shall convene in plenary meeting only and proceed directly to consider the item proposed for consideration in the request for the holding of the session.

Quorum

Rule 31

The Chairperson may declare a meeting open and permit the debate to proceed when at least one quarter of the Members are present. The presence of a majority of the Members shall be required for any decision to be taken.

Speeches

Rule 32

No representative may address the committee without having previously obtained the permission of the Chairperson. To adopt a list of speakers, the Chairperson shall call upon all delegates desiring to speak to signify such desire, and call their names randomly. The representative may send the request in writing to the Chairperson to withdraw from the list of speakers, or to be added to the bottom of the list given his name not on the list. The President may call a speaker to order if his remarks are not relevant to the subject under discussion.

Points of inquiry

Rule 33

A representative may rise to a point of inquiry about the rules of procedure. The point of inquiry shall be immediately decided by the Chairperson in accordance with the rules of procedure. A representative rising to a point of inquiry may not speak on the substance of the matter under discussion.

Points of personal privilege

Rule 34

A representative may rise to a point of personal privilege about a physical discomfort. The point of personal privilege shall be immediately corrected by the Chairperson in accordance with the rules of procedure. A representative rising to a point of personal privilege may not speak on the substance of the matter under discussion.

Points of order

Rule 35

During the discussion of any matter, a representative may rise to a point of order on any other matter, and the point of order shall be immediately decided by the Chairperson in accordance with the rules of procedure. A representative may appeal against the ruling of the Chairperson. The appeal shall be immediately put to the vote, and the Chairperson's ruling shall stand unless overruled by a two-thirds majority of the members present. A representative rising to a point of order may not speak on the substance of the matter under discussion.

Time limit on speeches

Rule 36

The committee may limit the time to be allowed to each speaker and the number of times each representative may speak on any question. The limit may not be changed unless a motion changing such limits is seconded and supported by a majority of members. When the debate is limited and a representative exceeds his allotted time, the President shall call him to order without delay.

Yield remaining time

Rule 37

The speaker may declare his preference of yielding the remaining time allowed to him at the end of his speech. He may yield time to another member, to questions, to comments or to the Chairperson.

Yield time to another member

Rule 38

The speaker may yield his remaining time to another member, who shall not yield time again.

Yield time to questions

Rule 39

The speaker may yield his remaining time to questions. The Chairperson shall invite questions from the members, and only the time used to answer questions shall be counted. The Chairperson shall invite another question given there is time remaining after the speaker finished answering one question. The Chairperson may limit the time allowed to any other member to raise a question.

Yield time to comments

Rule 40

The speaker may yield his remaining time to comments. The Chairperson shall invite a member to comment. The member commenting shall not yield time again. However the Chairperson may invite another comment given there is time remaining.

Yield time to the Chairperson

Rule 41

The speaker may yield his remaining time to the Chairperson, who shall continue presiding the meeting. Remaining time shall be automatically yielded to the Chairperson given the Chairperson considers it too short or the representative do not declare his preference of yielding time.

Closing of list of speakers, right of reply

Rule 42

(a) During the course of a debate, the Chairperson may announce the list of speakers and declare the list closed. He may, however, accord the right of reply to any member if a speech delivered after he has declared the list closed makes this desirable.

(b) A member may request for the right of reply, with the reason for doing so, in writing to the Director when a speech delivered make this desirable. The Chairperson shall accord such rights to the member if the request is approved. Representatives shall attempt, in exercising this right, to be as brief as possible and preferably to deliver their statements at the end of the meeting at which this right is requested.

Suspension of debate, caucuses

Rule 43

(a) During the discussion of any matter, a representative may move the suspension of the debate on the item under discussion for caucuses. The proposer of the motion shall specify the purpose and the amount of time. The motion shall be immediately put to the vote.

(b) If the suspension is for unmoderated caucus, the proposer shall specify the total length of the suspension.

(c) If the suspension is for moderated caucus, the proposer shall specify the topic of the caucus, time limit for each speaker, and total length of the suspension. The Chairperson shall moderate the caucus if the committee is in favour of the motion.

Adjournment of debate

Rule 44

During the discussion of any matter, a representative may move the adjournment of the debate on the item under discussion. In addition to the proposer of the motion, two representatives may speak in favour of, and two against, the motion, after which the motion shall be immediately put to the vote. The motion requires two-thirds majority of members present to carry. The Chairperson may limit the time to be allowed to speakers under this rule.

Closure of debate

Rule 45

A representative may at any time move the closure of the debate on the item under discussion, whether or not any other representative has signified his wish to speak. Permission to speak on the closure of the debate shall be accorded only to two speakers opposing the closure, after which the motion shall be immediately put to the vote. If two-thirds of the members present at the committee are in favour of the closure, the Chairperson shall declare the closure of the debate, and the committee shall proceed to vote on any substantive motions on the item under discussion. The Chairperson may limit the time to be allowed to speakers under this rule.

Suspension or adjournment of the meeting

Rule 46

During the discussion of any matter, a representative may move the suspension or the adjournment of the meeting. A motion to suspend the meeting should specify the time when the meeting resumes. A motion for adjournment will suspend the meeting till the next scheduled meeting time. Such motions shall not be debated but shall be immediately put to the vote.

Order of procedural motions

Rule 47

As a general rule, points have precedence over procedural motions; a procedural motion that represents a largest disruption to session takes precedent over a procedural motion that represents a smaller disruption. Subject to the Rule 35, the motions indicated below shall have precedence in the following order over all other proposals or motions before the meeting:

(a) To suspend the meeting;

(b) To adjourn the meeting;

(c) To adjourn the debate on the item under discussion;

(d) To close the debate on the item under discussion.

Second of procedural motions

Rule 48

Unless the Chairperson decides otherwise, all procedural motions shall be seconded to be put to the vote. The Chairperson may declare a procedural motion fail if there is no second to the motion.

Proposals and amendments; friendly a-

mendments

Rule 49

(a) Proposals and amendments shall be submitted in writing to the Director, who, after approval, shall circulate copies to the members. The Director may set requirements about proposals or amendments. As a general rule, no proposal shall be discussed or put to the vote at any meeting of the committee unless copies of it have been circulated to all members. The Chairperson may, however, permit the discussion, consideration or voting of amendments, even though such amendments have not been circulated.

(b) An amendment with signatures of all sponsors of the proposal it aimed at may not be discussed or put to the vote, and the proposal shall be automatically amended according to the amendment.

Introduction to proposals, working papers or unfriendly amendments

Rule 50

After the proposal, working paper or amendment without all sponsors' signatures has been circulated, at least one of the sponsors shall introduce the document to the committee. The Chairperson may limit the time allowed to the sponsors to introduce the document. After the introduction of a proposal, the speakers shall also answer the question raised by other members. The Chairperson may limit the time for the speaker to answer questions.

Withdraw of motions

Rule 51

A motion, whether procedural or substantive, may be withdrawn by its proposer at any time before voting on it has commenced, provided that the motion has not been amended. A motion thus withdrawn may be reintroduced by any member.

VOTING

Voting rights

Rule 52

Each member of the committee shall have one vote.

Voting on procedural motions

Rule 53

Each member may only vote in favor or against a procedural motion; unless otherwise stated in the rules and procedure, a procedural motion requires a majority of members present to carry.

Majority needed for substantive decisions

Rule 54

Unless the rules of procedure or the Secretariat decides otherwise, decisions on substantive motions shall be made by a majority of the members present and voting.

Meaning of the phrase "members present and voting"

Rule 55

For the purposes of these rules, the phrase "members present and voting" means members casting an affirmative or negative vote. Members which abstain from voting are considered as not voting.

Method of voting

Rule 56

(a) The committee shall normally vote by show of placards, but any representative may request a roll-call. The roll-call shall be taken in the English alphabetical order of the names of the Members, beginning with the Member whose name is drawn by lot by the Chairperson. The name of each Member shall be called in any roll-call, and one of its representatives shall reply "yes", "no" or "abstention". The result of the voting shall be inserted in the record in the English alphabetical order of the names of the Members.

Conduct during voting

Rule 57

After the Chairperson has announced the beginning of voting, no representative may interrupt the voting except on a point of order in connection with the actual conduct of the voting. The Chairperson may permit members to explain their votes, either before or after the voting, except when the vote is taken by secret ballot. The Chairperson may limit the time to be allowed for such explanations. The Chairperson shall not permit the proposer of a proposal or of an amendment to explain his vote on his own proposal or amendment.

Division of proposals and amendments

Rule 58

A representative may move that parts of a proposal or of an amendment should be voted on separately. If objection is made to the request for division, the motion for division shall be voted upon. Permission to speak on the motion for division shall be given only to two speakers in favour and two speakers against. The motion requires a two-thirds majority of all members present to carry. If the motion for division is carried, those parts of the proposal or of the amendment which are approved shall then be put to the vote as a whole. If all operative parts of the proposal or of the amendment have been rejected, the proposal or the amendment shall be considered to have been rejected as a whole.

Voting on amendments

Rule 59

When an amendment is moved to a proposal, the amendment shall be voted on first. When two or more amendments are moved to a proposal, the committee shall first vote on the amendment furthest removed in substance from the original proposal and then on the amendment next furthest removed therefrom, and so on until all the amendments have been put to the vote. Where, however, the adoption of one amendment necessarily implies the rejection of another amendment, the latter amendment shall not be put to the vote. If one or more amendments are adopted, the amended proposal shall then be voted upon. A motion is considered an amendment to a proposal if it merely adds to, deletes from or revises part of the proposal.

Voting on proposals

Rules 60

If two or more proposals relate to the same question, the committee shall, unless it decides otherwise, vote on the proposals in the order in which they have been approved. The committee may, after each vote on a proposal, decide whether to vote on the next proposal. Only one, however, final document shall be adopted for each item under discussion.

Equally divided votes

Rule 61

If a vote is equally divided on matters other than elections, the proposal shall be regarded as rejected.

XII. INTERPRETATION AND AMENDMENTS

Italicized headings

Rule 62

The italicized headings of these rules, which were inserted for reference purposes only, shall be disregarded in the interpretation of the rules.

Method of amendment

Rule 63

The Secretariat shall have the ultimate right to explain or amend the rules and procedure. It may also issue supplementary or provisional rules of procedure for specific committees. The Secretariat shall notice all members as soon as it makes a change to the rules of procedure.

Annex I
PROVISIONAL RULES OF PROCEDURE OF CRISIS COMMITTEES

Majority required for decisions in the Security Council

Rule 1

In the Security Council, decisions require nine affirmative votes of the fifteen Members, including the concurring votes of all five permanent Members on substantive matters.

The President of the Security Council

Rule 2

(a) The President of the Security Council shall be one representative of a Member of the Council, elected by all Members of the Council. The President shall hold office from elected to the election at the start of the next meeting.

(b) The President shall represent the Council in its capacity as an organ of the United Nations. He shall facilitate the discussion in the Council, meditate disputes, brief the media about the proceedings of the Council at all appropriate occasions, and report to the Council about its work during his Presidency before the election of the next President.

(c) The President shall be elected by secret ballot of all Members of the Council. Each Member shall have one vote. One Member may only nominate one representative as the candidate. The President shall not be re-elected for the whole session.

Rules governing other crisis committees

Rule 3

Rules governing other crisis committees may be set by the Secretariat and the Director of the committee.

Annex II
PROVISIONAL RULES OF PROCEDURE OF WORLD TRADE ORGANIZATION

Majority needed for substantive decisions

Rule 1

In the World Trade Organization, all decisions on substantive motions require affirmative votes from all Members present.

海牙国际"模拟联合国"大会规则流程英文版
GENERAL RULES OF PROCEDURE AT THIMUN CONFERENCES

Every organisation has to have rules about how it conducts its meetings. These can be very formal or very informal but they must be agreed to and abided by all participants. Having clearly defined written rules enables the participants to make reference to them whenever there is a disagreement about how to proceed. Rules may be adapted or changed to suit the needs of the organisation.

So it is with Model United Nations conferences. Many international MUN conferences use the THIMUN Rules of Procedure or adaptations of the THIMUN Rules. This is because the THIMUN Rules have developed over a continuous period of more than 50 years and have been very useful in facilitating good debate and in enabling the delegates to produce resolutions worthy of publication and distribution to the United Nations and other international organisations.

The following, therefore, are general outlines. Be familiar with the current rules and bye-laws of each conference you attend.

For the full and current official THIMUN Rules of Procedure see:

https://thehague.thimun.org/educational/

PROGRAMME AND AGENDA

The program of events and the issues on the agenda of a MUN Conference are usually determined beforehand by the conference organisers and published well in advance. The issues may be subject to amendment by the participants under certain circumstances.

STUDENT OFFICERS

Student Officers, i.e. the Secretary General, the President of the General Assembly, the Presidents of the Councils and the Committee Chairs, as well as their Deputies are normally appointed in advance by the conference organisers.

Secretary General and Deputy Secretaries General

The Secretary General has authority over all student participants at the conference and has the right to make decisions on all issues or questions vital to the harmonious operation of the conference. In particular, the Secretary General has the right to rule on all questions concerning the competence of a particular forum to adopt a proposal submitted to it. Such decisions are final.

Presidents of the General Assembly, Special Conference, Councils, Com-missions, Chairs of Committees and their Deputies

The Presidents/Chairs set the agenda for their respective assemblies, declare the opening and closing of each meeting, decide on the order in which resolutions are debated and direct discussions. They ensure observance of the rules, accord the right to speak, put questions to the vote and announce decisions. They rule on points of order and, subject to the rules, have control over the proceedings of the assembly and over the maintenance of order at formal meetings. They may propose limitations of debate time, a limitation on the number of times each delegate may speak on any question and on the closure of debate. They may also propose the adjournment of the meeting or the adjournment of the debate on the item under discussion.

GENERAL RULES

All delegates should be aware that the rules are intended to facilitate debate and to accord to all members their democratic right to voice an opinion. The Student Officers will apply the rules to this end and will not tolerate the abuse or misuse of the rules for obstructive or restrictive purposes.

United Nations Charter

Delegations should, at all times, act in accordance with the articles and principles of the United Nations Charter and the Universal Declaration of Human Rights.

Diplomacy

Each delegate must act according to diplomatic norms, including the duty to:
— respect the decisions of the Chair at all times;
— obtain the floor before speaking;
— stand when speaking;
— yield the floor when required to do so by the Chair;
— be courteous at all times;
— avoid the use of insulting or abusive language.

Opening Speeches

Opening speeches or statements given in all the forums are usually restricted to one minute.

Right of Reply to Opening Speeches

The right of reply to an opening speech will usually be accorded to a limited number of delegations after a specified number of opening speeches. Such replies must refer to one of the preceding opening speeches. Rights of Reply to opening speeches are granted at the discretion of the Chair.

Procedure for Submitting Draft Resolutions

At most conferences, before being accepted for debate, draft resolutions have to be approved by the Student Officer concerned and by the Approval Panel. Draft resolutions need to be co-submitted by a pre-determined number of delegations.

The Student Officer will usually check the content to see that it is pertinent to an issue on the agenda, within the competence of the forum to debate it and is in accordance with the United Nations Charter. The Approval Panel will check the format, language and logical consistency.

RULES OF PROCEDURE IN FORMAL DEBATE

Parliamentary Procedure

Except where otherwise adapted or limited by conference bye-laws, Robert's Rules of parliamentary procedure are used.

In general, the Student Officers know the proper procedure and how to apply the rules. They are available to give help and information and delegates may ask for clarification or explanation of the rules. This is most easily done by rising to a point of order, a point of information to the Chair or a point of parliamentary enquiry. Such points are not allowed to interrupt a speech.

Powers of the President/Chair during Formal Debate

The President/Chair proposes the limitation of debate time for each motion. When debate time has been exhausted, the President/Chair proposes either the extension of debate time or the closure of debate and subsequent vote on the question being considered (the Previous Question).

Since a high degree of consensus is aimed at, open debate is the norm, except on really contentious issues, where the President/Chair may propose closed debate.

The President/Chair may, in the interest of debate, or in order to work towards consensus, call upon a particular delegation to speak, even if they have not requested the floor. The President/Chair may also, for the same purposes, restrict the speaking time of an individual delegate. The limitations of debate time include the time taken for replies to points of information but do not include the time taken for questions to the speaker or for other interruptions.

The President/Chair will announce the guillotine time (the absolute maximum debate time for one resolution) to the assembly.

The President/Chair may call recesses or adjournments.

Decisions of the Chair may be appealed but are not debatable. A two-thirds vote against the Chair's decision is normally required for such an appeal to be upheld.

Quorum

A majority of the total membership of each forum constitutes a quorum.

Amendments to the Agenda and to Resolutions

Amendments can only be submitted by a speaker who has the floor.

Proposed amendments to the agenda may be submitted in each forum at the start of business.

The purpose of proposed amendments to resolutions is to improve the resolution with the object of achieving wider consensus.

When an amendment is moved to a proposal, the amendment is voted on before a vote is taken on the main motion. If a second amendment (amendment to the amendment) is moved, it will be voted on before the vote is taken on the first amendment. If the adoption of the second amendment necessarily implies the acceptance or rejection of the first amendment, the first amendment is not put to the vote.

Debate on amendments usually occurs in closed debate, with a set time for and against the proposed amendments. Delegates may abstain during voting.

All delegates may vote on amendments.

Referring a Resolution or Question

A resolution or question may be referred to another Council, Commission or Committee, e.g. to the Security Council. The desirability of referral is debatable. It requires a majority vote, and is not normal procedure in most conferences.

Reconsideration and Tabling

Once a resolution has been formally adopted or rejected by a vote of the assembly concerned, it can usually only be reconsidered after all business on the agenda has been completed and normally requires a two-thirds majority in favor of reconsideration.

Tabling, or laying a resolution on the table, temporarily disposes of it. A motion to table a resolution is not debatable and requires only a simple majority in favor. A two-thirds majority is needed to take matters from the table, however.

Yielding the Floor to other delegations

The floor may be yielded by one delegation to another only once consecutively.

Rising to Points and Interruption of Speeches

A Point of Personal Privilege must refer to the comfort and well-being of the delegate. It may not refer to the content of any speech and may only interrupt a speaker if the speech is inaudible.

A Point of Order may relate to procedural matters only.

A Point of Information may be directed to the Chair or to the speaker who has the floor if he has indicated that he is willing to yield to points of information. A point of information must be formulated as a question, although a short introductory statement or reference may precede the question. A follow-up question or series of questions from the same questioner are usually not in order.

A Point of Parliamentary Enquiry is a point of information directed to the Chair concerning the rules of procedure

A speech may not be interrupted by any point except a point of personal privilege referring to audibility.

All other points are dealt with only when the speaker has yielded the floor either to points of information, to another delegate, or to the President/Chair.

The Previous Question

Moving the Previous Question calls for the closure of debate and for a vote to be taken on the motion pending. It may be moved by the President/Chair or a speaker who has the floor.

Voting

All delegations at THIMUN and THIMUN-affiliated conferences may vote both on amendments and on the resolution as a whole. In the event of a close result, the President/Chair may institute a roll-call vote in which each member's name is called in turn and its vote recorded.

After the President/Chair has announced the start of voting procedures, no interruptions are allowed except for points of order connected with the actual conduct of the voting

Abstentions-Abstentions do not count either for or against the adoption of a motion, i.e. a resolution passes if the number in favor exceeds the number against regardless of the number of abstentions.

Veto Rights-The Security Council will apply the special provisions concerning voting as stated in the UN Charter. Veto rights are not allowed in non-Security Council committees or commissions.

附录4 参考网站汇总

General Sources of Information

United Nations	www. un. org
UNA-USA	www. unausa. org
CIA World Fact Book	www. cia. gov/cia/publications/factbook
United States Department of State	www. state. gov
Bill and Melinda Gates Foundation	www. gatesfoundation. org
Ford Foundation	www. fordfound. org
Wikipedia	www. wiki. com
Ministry of Foreign Affairs of China	www. fmprc. gov. cn/chn/gjhdq/default. htm
Info please	www. infoplease. com/countries. html
Nations on-line	www. nationsonline. org/oneworld/
Political Resources	www. politicalresources. net/index2. htm
Country Reports	www. countryreports. org/

News Sources

The New York Times	www. nytimes. com
The Times of London	www. timesonline. co. uk
The Wall Street Journal	www. wsj. com
Financial Times	www. ft. com
The Economist	www. economist. com
The Washington Post	www. washingtonpost. com
BBC	www. bbcworld. com
Xin Hua News Agency	www. xinhuanet. com
Al Jazeera	www. aljazeera. net

Specific UN sources

United Nations	www.un.org
Issues on the UN Agenda	www.un.org/issues
General Assembly	www.un.org/ga
Economic and Social Council	www.un.org/docs/ecosoc
United Nations Development Program	www.undp.org
United Nations Human Rights Council	www.unhrc.org
United Nations Children's Fund	www.unicef.org
World Health Organization	www.who.int/en/
International Court of Justice	www.icj-cij.org
United Nations Framework Convention on Climate Change	http://unfccc.int/
Security Council of the United Nations	www.un.org/docs/sc/
UN Statistics Division	http://unstats.un.org/unsd/default.htm
Joint United Nations Programme on HIV/AIDS	www.unaids.org/
International Atomic Energy Agency	www.iaea.org
International Labour Organization	www.ilo.org/global/lang—en/index.htm
Organization of American States	www.oas.org

International Agencies

Greenpeace	www.greenpeace.org
Bill and Melinda Gates Foundation	www.gatesfoundation.org
Human Rights Watch	www.hrw.org
Center for Strategic and International Studies	www.csis.org
Ford Foundation	www.fordfound.org
Transparency International	www.transparency.org
Debt AIDS Trade Africa (DATA)	www.data.org
Brookings Institution	www.brookings.org
Foreign Affairs	www.foreignaffairs.org
Council on Foreign Relations	www.cfr.org
Foreign Policy	www.foreignpolicy.com
Global Policy Forum	www.globalpolicy.org
International Relations and Security Network	www.isn.ethz.ch
Council for a Community of Democracies	www.ccd21.org
Human Rights Watch	www.hrw.org
International Committee of the Red Cross	www.icrc.org
Doctors Without Borders	www.doctorswithoutborders.org

Country-Specific Information

European Union	http://europa.eu
Library of Congress Country Profiles	http://lcweb2.loc.gov/frd/cs/profiles.html
Foreign Newspapers and news sources from Kidon Media-Link	http://www.kidon.com/media-link/index.php

Resource of Oganizations about Children

Child Rights Information Network	www.crin.org
Childwatch International Research Network	www.childwatch.uio.no
Save the Children	www.savethechildren.org
UNICEF	www.unicef.org

Resource about Disarmament and Security

Federation of American Scientists	www.fas.org
Carnegie Endowment for International Peace	www.ceip.org/
United Nations Department for Disarmament Affairs	http://disarmament.un.org
United Nations Institute for Disarmament Research	www.unidir.org

Resource about Environment

Ecolex—Environmental Law Information	www.ecolex.org
EcoNet	www.igc.org/home/econet/index.html
European Environmental Law Page	www.eel.nl
Geneva Environment Network	www.environmenthouse.ch
Greenpeace	www.greenpeace.org
United Nations System—Wide Earth Watch	http://earthwatch.unep.net
World Resources Institute	www.wri.org
United Nations Framework Convention on Climate Change	http://unfccc.int/

Resource about Economics and Development

Economic and Social Council	www.un.org/docs/ecosoc
United Nations Development Programme	http://www.undp.org
International Monetary Fund	www.imf.org/external/index.htm
World Trade Organization	www.wto.org/

Resource about Human Rights

United Nations Human Rights Council	www.unhrc.org
Bayefsky List of UN Human Rights Treaties	www.bayefsky.com
Center for the Study of Human Rights	www.columbia.edu/cu/humanrights
Human Rights First	www.humanrightsfirst.org

Human Rights Internet	www.hri.ca
Human Rights Watch	www.hrw.org
International League for Human Rights	www.ilhr.org
Universal Declaration of Human Rights	www.un.org/Overview/rights.html
60th Anniversary of the Universal Declaration of Human Rights	www.udhr.org
University of Minnesota Human Rights Library	www.umn.edu/humanrts

Resource about International Law

United Nations Homepage—International Law	www.un.org/law
Center for International Legal Studies	http://cils.net
Library of Congress—Global Legal Information Network	www.glin.gov
International Law Association	www.ila-hq.org
International Trade Law	www.uncitral.org/en-index.htm
Law of the Sea	www.un.org/Depts/los/index.htm
United Nations Treaty Collection	http://untreaty.un.org
International Court of Justice	www.icj-cij.org
International Criminal Court	www.icc-cpi.int/home.html&l=en

Resource about Women's Rights and Advancement

Women Watch	www.un.org/womenwatch
UN Division for the Advancement of Women	www.un.org/womenwatch/daw
Americans for UNFPA-One Woman Can	www.americansforunfpa.org/getinvolved

Regional Groups-Africa

African Union	www.africa-union.org
African Development Bank	www.afdb.org/
The Economic Community of West African States	www.ecowas.int
Southern Africa Development Community	www.saep.org/sadc/sadc.html

Regional Groups-Americas

Small Islands Developing States Network	www.sidsnet.org/
The Organization of American States (OAS)	www.oas.org/
North American Free Trade Agreement (NAFTA)	www.nafta-sec-alena.org
The Caribbean Community and Common Market (CARICOM)	www.caricom.org/
The Group of Eight	http://g8.market2000.ca/

Regional Groups-Asia

Asian Infrastructure Investment Bank(AIIB)	www.aiib.org
Asia-Pacific Economic Cooperation (APEC)	www.apecsec.org.sg/
League of Arab States	www.leagueofarabstates.org
Organization of the Islamic Conference (OIC)	www.oic-un.org/

South Asian Association for Regional Cooperation (SAARC)　　www.saarc.org/
Association of Southeast Asian Nations (ASEAN)　　www.asean.org

Regional Groups-Europe

European Union　　http://europa.eu.int
North Atlantic Treaty Organization　　www.nato.int
Organization for Security and Cooperation in Europe　　www.osce.org
Council of Europe　　www.coe.fr/index.asp
Western European Union　　www.weu.int

附录5　MUN字典

"模拟联合国"常用术语

Abstain(弃权)—During a vote on a substantive matter, delegates may abstain rather than vote "yes" or "no". This generally signals that a state does not support the resolution being voted on, but does not oppose it enough to vote no.

Adjourn(中止)—All UN or Model UN sessions end with a vote to adjourn. This means that the debate is suspended until the next meeting. This can be a short time (e.g. overnight) or a long time (until next year's conference).

Agenda(日程)—The order in which the issues before a committee will be discussed. The first duty of a committee following the roll call is usually to set the agenda.

Amendment(修正案)—A change to a draft resolution on the floor. Can be of two types: a "friendly amendment" is supported by the original draft resolution's sponsors, and is passed automatically, while an "unfriendly amendment" is not supported by the original sponsors and must be voted on by the committee as a whole.

Background guide(背景材料/背景指导)—A guide to a topic being discussed in a Model UN committee usually written by conference organizers and distributed to delegates before the conference. The starting point for any research before a Model UN conference.

Bloc(国家集团)—A group of countries in a similar geographical region or with a similar opinion on a particular topic.

Caucus(磋商)—A break in formal debate in which countries can more easily and informally discuss a topic. There are two types: moderated caucus and unmoderated caucus.

Chair(主席)—A member of the dais that moderates debate, keeps time, rules on points and motions, and enforces the rules of procedure. Also known as a Moderator.

Crisis(危机)—A part of a MUN conference designed by the Dais. Crisis may appear in different ways and requires delegates to handle carefully.

Dais(主席团)—The group of people, usually high school or college students, in charge of a Model UN committee. It generally consists of a Chair, a Director, and a Rapporteur.

Decorum (礼节)—The order and respect for others that all delegates at a Model UN conference must exhibit. The Chair will call for decorum when he or she feels that the committee is not being respectful of a speaker, of the dais, or of their roles as ambassadors.

Delegate(代表)—A student acting as a representative of a member state or observer in a Model UN committee for a weekend.

Delegation(代表团)—The entire group of people representing a member state or observer in all committees at a particular Model UN conference.

Director(会议指导)—A member of the dais that oversees the creation of working papers and draft resolutions, acts as an expert on the topic, makes sure delegates accurately reflect the policy of their countries, and ensures that decorum is maintained during caucuses.

Directive(指令)—see also "Crisis". A paper passed by a MUN committee in order to deal with certain crisis.

Division of the Question(拆分问题)—During voting bloc, delegates may motion to vote on certain clauses of a resolution separately, so that only the clauses that are passed become part of the final resolution. This is known as division of the question.

Draft resolution(决议草案)—A document that seeks to fix the problems addressed by a Model UN committee. If passed by the committee, the draft resolution will turn a resolution.

Draft Directive (指示草案)—see also "Directive", "Crisis". A draft of a directive that requires a 2/3 majority vote of the committee to pass as a directive.

Faculty Advisor(指导教师)—The faculty member in charge of a Model UN team, class or club.

Flow of debate(辩论流程)—The order in which events proceed during a Model UN conference.

Gavel(槌)—The tool, shaped like a small wooden hammer, that the Chair uses to keep order within a Model UN committee. Many conferences give the gavel used in a committee to the delegate recognized by the dais as the best in that committee; therefore, the term is frequently used to refer to the award given to the best delegate, even in cases where no actual gavel is given.

Formal debate(正式辩论)—The "standard" type of debate at a Model UN conference, in which delegates speak for a certain time in an order based on a speakers' list.

Head Delegate(首席代表/领队)—The student leader of a Model UN club or team.

Member State(成员国)—A country that has ratified the Charter of the United Nations and whose application to join has been accepted by the General Assembly and Security Council. Currently, there are 191 member states. The only internationally recognized state that is not a member state is the Holy See.

Moderated Caucus(有主持核心磋商)—A type of caucus in which delegates remain seated and the Chair calls on them one at a time to speak for a short period of time, enabling a freer exchange of opinions than would be possible in formal debate.

Moderator(会议主席)—See "Chair".

Motion(动议)—A request made by a delegate that the committee as a whole do something. Some motions might be to go into a caucus, to adjourn, to introduce a draft resolution, or to move into voting bloc.

Observer(观察员)—A state, national organization, regional organization, or non-governmental organization that is not a member of the UN but participates in its debates. Observers can vote on procedural matters but not substantive matters. An example is the Holy See.

On the floor(会场上)—At a Model UN conference, when a working paper or draft resolution is first written, it may not be discussed in debate. After it is approved by the Director and introduced by the committee, it is put "on the floor" and may be discussed.

当一项文件被主席批准之后,就可以提交到会场上讨论,此时文件就是 on the floor。

Operative clause(行动性条款)—The part of a resolution which describes how the UN will address a problem. It begins with an action verb (decides, establishes, recommends, etc.).

Page(意向条/传递意向条的人)—The notes passed from one delegates to another. Or a delegate in a Model UN committee who has volunteered to pass notes from one delegate to another or from a delegate to the dais, for a short period of time.

Pass(暂不表决/观望)—see also "Voting Bloc", "Roll call Vote". Delegate, who wants to see the voting of other member states would postpone his own voting by replying "Pass" during the roll call vote but would have to vote, i.e. should not abstain.

Placard(国家牌)—A piece of cardstock with a country's name on it that a delegate raises in the air to signal to the Chair that he or she wishes to speak.

Point(问题)—A request raised by a delegate for information or for an action relating to that delegate. Examples include a point of order, a point of inquiry, and a point of personal privilege.

Position paper(立场文件)—A summary of a country's position on a topic, written by a delegate before a Model UN conference.

Preambulatory Clause(序言性条款)—The part of a resolution that describes previous actions taken on the topic and reasons why the resolution is necessary. It begins with a participle or adjective (noting, concerned, regretting, aware of, recalling, etc.).

Present(出席)—see also "Roll call". The standard reply from delegates during roll call.

Present and voting(出席并将投票)—see also "Present", "Abstain", "Voting Bloc". Delegates who reply as "Present and voting" should not abstain during the voting bloc.

Procedural(程序上的)—Having to do with the way a committee is run, as opposed to the topic being discussed. All delegates present must vote on procedural matters and may not abstain.

Quorum(法定人数)—The minimum number of delegates needed to be present for a committee to meet. In the General Assembly, a quorum consists of one third of the members to begin debate, and a majority of members to pass a resolution. In the Security Council, no quorum exists for the body to debate, but nine members must be present to pass a resolution.

Rapporteur(主席助理/记录员)—A member of the dais whose duties include keeping the speakers' list and taking the roll call.

Recognize(准许发言)—to permit to address a meeting. E.g. the chair would use sentences like "The Chair would like to recognize the delegate of Germany to address the body."

Resolution(决议)—A document that has been passed by an organ of the UN that aims to address a particular problem or issue. The UN equivalent of a law.

Right of Reply(答辩权)—A right to speak in reply to a previous speaker's comment, invoked when a delegate feels personally insulted by another's speech. Generally requires a written note to the Chair to be invoked.

Roll Call(点名)—The first order of business in a Model UN committee, during which the

Rapporteur reads aloud the names of each member state in the committee. When a delegate's country's name is called, he or she may respond "present" or "present and voting." A delegate responding "present and voting" may not abstain on a substantive vote.

Roll Call Vote(唱名投票)—see also "Vote" and "Voting bloc", the vote moderated by the rapporteur during which member states would publicly state their opinion of certain paper. When called by the rapporteur, a delegate may respond as "Yes", "No" or "Pass".

Rules of Procedure(规则流程)—The rules by which a Model UN committee is run.

Second(赞成)—To agree with a motion being proposed. Many motions must be seconded before they can be brought to a vote.

Secretariat(组委会)—The executive team of a MUN conference that takes charge of the all organizing and logistics. Dais are not usually recognized as part of the secretariat.

Secretary General(秘书长)—head of the secretariat

Signatory(附议国)—A country that wishes a draft resolution to be put on the floor and signs the draft resolution to accomplish this. A signatory need not support a resolution; it only wants it to be discussed. Usually, Model UN conferences require some minimum number of sponsors and signatories for a draft resolution to be approved.

Simple majority(简单多数)—50% plus one of the number of delegates in a committee. The amount needed to pass most votes.

Speakers' List(发言名单)—A list that determines the order in which delegates will speak. Whenever a new topic is opened for discussion, the Chair will create a speakers' list by asking all delegates wishing to speak to raise their placards and calling on them one at a time. During debate, a delegate may indicate that he or she wishes to be added to the speakers' list by sending a note to the dais.

Sponsor(起草国)—One of the writers of a draft resolution. A friendly amendment can only be created if all sponsors agree.

Substantive(实质性的/学术的)—Having to do with the topic being discussed. A substantive vote is a vote on a draft resolution or amendment already on the floor during voting bloc. Only member states (not observer states or non-governmental organizations) may vote on substantive issues.

Unmoderated Caucus(非正式磋商)—A type of caucus in which delegates leave their seats to mingle and speak freely. Enables the free sharing of ideas to an extent not possible in formal debate or even a moderated caucus. Frequently used to sort countries into blocs and to write working papers and draft resolutions.

Working Paper(工作文件)—A document in which the ideas of some delegates on how to resolve an issue are proposed. Frequently the precursor to a draft resolution.

Veto(否决权)—The ability, held by China, France, the Russian Federation, the United Kingdom, and the United States to prevent any draft resolution in the Security Council from passing by voting no.

Vote(表决)—A time at which delegates indicate whether they do or do not support a proposed action for the committee. There are two types: procedural and substantive.

Voting bloc(表决期间)—The period at the end of a committee session during which delegates vote on proposed amendments and draft resolutions. Nobody may enter or leave the room during voting bloc.

重要词汇中英文对照

大会人员	主席	MUNers	Chair
	会议指导		Director
	主席助理		Rappotuer
	代表		Delegate
	观察员		Observer
	领队/代表团团长		Head Delegate
	指导教师		Faculty Advisor
	代表团		Delegation
国家集团		Bloc	
点名		Roll call	
确定议题		Setting the Agenda	
产生发言名单		Open the Speakers' List	
让渡时间	让渡给他国代表	Yield Time	Yield Time to Another Delegate
	让渡给问题		Yield Time to Questions
	让渡给评论		Yield Time to Comments
	让渡给主席		Yield Time to Chair
动议	动议更改发言时间	motion	Motion to Change the Speaking Time
	动议有主持核心磋商		Motion for a Moderated Caucus
	动议自由磋商		Motion for an Un-moderated Caucus
	动议结束辩论		Motion to Close Debate
问题	咨询性问题	point	Point of Inquiry
	程序性问题		Point of Order
	个人特权问题		Point of Personal Privilege
文件	立场文件	MUN Documents	Position Paper
	工作文件		Working Paper
	决议草案		Draft Resolution
	修正案		Amendment
	起草国		Sponsor
	附议国		Signatory
答辩权		Right of Reply	
结束辩论		Close the Debate	
投票表决		Vote	
唱名表决		Roll Call Vote	
胸卡		Badge	
国家牌		Placard	
意向条		Page	

后　　记

　　从北大出版社的编辑老师开始建议对本书进行修订,到完成修订,已三年有余,"拖延症"的毛病似乎很难改掉,好在终将付梓。

　　新冠肺炎疫情的到来打乱了很多人的生活节奏,对这个世界的影响也十分深远,同样,也改变并创新了"模拟联合国"的形式。最直接的便是,在疫情前,对于这项发展了七十余年的国际交流与学术探讨活动而言,从未有人会想将其传统的"线下"、面对面的模式转至"线上"、云端开展。而时至今日,"Online"的会议形式已屡见不鲜。

　　我从 2004 年开始参与"模拟联合国",有幸成为中国第一批接触"模联"的中学生,参加了 2005 年、2006 年北京大学全国中学生"模拟联合国"大会。随后,在 2007 年考入北京大学后,加入了中国第一家以"模拟联合国"活动为核心业务的教育机构——蔚蓝国际,开始带领第一批中国中学生走出国门,参与国际顶尖的模联会议;在本书编委会主任陈光师兄的带领下,完成了本书第一版的部分撰写工作。在北大的七年,我一直在北京大学"模拟联合国"协会承担各类活动、会议的组织工作,直至 2014 年研究生毕业,机缘巧合,再次回到蔚蓝国际,成为这家教育机构的负责人,直到现在——已经参与了十八年模联的我,从未间断,还在继续……

　　二十年前的那一批前辈,完成了三件非常了不起的事情。第一,他们完成了"模拟联合国"的"汉化"过程,将核心概念的中文翻译固定下来,并创建了世界上第一个以中文为工作语言的"模拟联合国"会议,这奠定了"模拟联合国"在中国普及推广的基础。"有主持核心磋商""自由磋商""意向条"……当今天很多"模联人"参与"联动危机""特殊委员会"的时候,很难想象这些中文专用词语的翻译和传播对中国模联的发展有何等重要的意义。

　　第二,他们完成了将国际优质教育资源引入中国并成功进行本土化改造的过程。这既包括在美国联合国协会"环球课堂"项目支持下,2005 年首届北京大学全国中学生"模拟联合国"大会召开,也包括 2006 年哈佛大学与北京大学合办的世界大学生"模拟联合国"大会在北大召开,以及由此开启北京大学自主举办亚洲国际大学生"模拟联合国"大会的历史。同时,"模拟联合国"以学生社团的形式在全国大、中学校生根发芽,甚至成为很多国内顶尖中学最早建立的、最大的学生社团。"模拟联合国"活动在中国的成功开展,也为其他同类型的国际交流、背景提升活动提供了宝贵经验。

　　第三,他们完成了将"模拟联合国"从一项简单的学生国际交流活动,升级成为系统性的学术素养与综合素质课程的过程。本书第一版的编写过程及其最原始的材料,便是这一过程的开端。随后,全国诸多中学开始开设以"模拟联合国"为主题的校本课程、选修课程,以及大学、社会组织、教育机构等开设的与模联相关的"国际素养""可持续发展"系列课程,"模拟联合国"课程成为青少年了解世界、认识世界,关注中国与世界互动的入门课程。

　　本书第一版的编写工作离不开我在学校期间的很多师兄师姐以及同学的付出:余歌、谢天驰、尚宁、张忞煜、闫犁,以及陈光和我,是本书第一版的主要撰写人;陈可、赵璧、徐晴、李丹、纪兵、陈琛、郑园、孙权、朱虹、王楠、张慧姝、杨玥、蒋玟峰、殷宇曦、王丁楠等都参与了编写，Jennifer Chen 和 Eric Ching 完成了本书部分英文内容。

而从本书的首次出版印刷至今，已经过去了十三年。十三年后，我们完成了本书的修订工作。常梦恬、闫辰毓和段泓杉，他们是"模拟联合国"活动的深度参与者、组织者和学术专家，参与了本书修订的主要撰写和修改工作，主要在"模拟联合国"规则流程中新增了以荷兰海牙国际模联会议为基础的"欧洲规则"和由联合国新闻部确认、由联合国协会世界联合会倡导的"UN4MUN 规则"，更新了很多在学术调研方面的基础信息、素材。与此同时，还有很多人，他们或对本书的修订做出了直接的贡献，或在过去十余年中通过保持对"模拟联合国"的持续关注与参与，间接推动着本书的不断完善，包括张垚、王鹏、郭萧、王涵、王一然，以及赵心语、张君宜、赵延曦、任方远、张希文、王焕同等。

我还要特别感谢原中国常驻联合国副代表王学贤大使，中国公共外交协会副会长龚建忠大使，北京大学博雅特聘教授、北京大学国际关系学院原副院长王逸舟教授，他们都非常关心"模拟联合国"活动的发展。除此之外，我们还收集、保存了大量参与过"模拟联合国"的组织者、代表和指导教师的感想与总结，每一篇都渗透着他们对这项活动的真情实感，遗憾的是限于版面篇幅要求，这些内容无法收录到本书当中。

在编写和修订本书的过程中，我们参阅了美国、日本及欧洲等国家、地区的资料，并结合中国学生的特点和学习习惯，在会议准备与参与上提出了具体可行的建议。由于涉及大量"模拟联合国"的规则和专业术语，本书对"模拟联合国"的初学者可能会存在一些挑战，一些说明也会略显枯燥。但是，如果代表们能够将书中的策略和技巧熟练运用，必定会在准备会议的过程中有所收获，并且在"模拟联合国"的会场上从容应对。

本书主要是一本介绍"模拟联合国"活动的工具书，没有涉及国际政治、经济、社会和文化等方面的热点问题，很多指导教师提出在教学中对这些知识的需求也相当迫切。未来，我们还将以此为基础，继续编写与"模拟联合国"活动涉及的议题和知识内容相关的出版物，更好地推广这项活动，使这项活动更富学术意义与社会价值。

本书第一版印刷了十余次，我相信，第二版的完成，既是对老一代中国"模联人"的继承，也是对新一代"模联人"的激励。希望本书能够满足读者的需要，也欢迎大家随时批评指正。

再次向所有关心本书和对本书作出贡献的朋友们表示感谢！

本书编委会执行主任　曹疏野

2022 年 6 月

北京大学出版社教育出版中心

部分重点图书

一、大学之道丛书

大学的理念	[英]亨利·纽曼
德国古典大学观及其对中国的影响(第三版)	陈洪捷
哈佛通识教育红皮书	[美]哈佛委员会
什么是博雅教育	[美]布鲁斯·金博尔
美国文理学院的兴衰——凯尼恩学院纪实	[美]P. E. 克鲁格
营利性大学的崛起	[美]理查德·鲁克
学术部落及其领地	[英]托尼·比彻等
美国现代大学的崛起	[美]劳伦斯·维赛
大学的逻辑(第三版)	张维迎
教育的终结——大学何以放弃了对人生意义的追求	[美]安东尼·克龙曼
知识社会中的大学	[美]杰勒德·德兰迪
美国大学时代的学术自由	[美]罗杰·盖格
美国高等教育通史	[美]亚瑟·科恩
印度理工学院的精英们	[印度]桑迪潘·德布
后现代大学来临	[英]安东尼·史密斯 弗兰克·韦伯斯特
21世纪的大学	[美]詹姆斯·杜德斯达
理性捍卫大学	眭依凡
大学之用(第五版)	[美]克拉克·克尔
高等教育市场化的底线	[美]大卫·L. 科伯
世界一流大学的管理之道——大学管理决策与高等教育研究	程星
大学与市场的悖论	[美]罗杰·盖格
美国如何培养研究生	[美]克利夫顿·康拉德等
公司文化中的大学：大学如何应对市场化压力	[美]埃里克·古尔德
哈佛，谁说了算	[美]理查德·布瑞德利
大学理念重审	[美]雅罗斯拉夫·帕利坎
美国大学之魂(第二版)	[美]乔治·M. 马斯登
高等教育何以为"高"	[英]大卫·帕尔菲曼

二、21世纪高校教师职业发展读本

教授是怎样炼成的	[美]唐纳德·吴尔夫
给大学新教员的建议(第二版)	[美]罗伯特·博伊斯
学术界的生存智慧(第二版)	[美]约翰·达利等
如何成为卓越的大学教师(第二版)	[美]肯·贝恩
给研究生导师的建议(第二版)	[英]萨拉·德兰蒙特等

三、学术规范与研究方法丛书

如何成为优秀的研究生(影印版)	[美]戴尔·F. 布鲁姆等

给研究生的学术建议（第二版）	[英]玛丽安·彼得 戈登·鲁格
社会科学研究的基本规则（第四版）	[英]朱迪思·贝尔
如何查找文献（第二版）	[英]莎莉·拉姆奇
如何写好科研项目申请书	[美]安德鲁·弗里德兰德 卡罗尔·弗尔特
高等教育研究：进展与方法	[美]马尔科姆·泰特
教育研究方法（第六版）	[美]乔伊斯·P.高尔等
如何进行跨学科研究（第二版）	[美]艾伦·瑞普克
如何成为学术论文写作高手 ——针对华人作者的18周技能强化训练	[美]史蒂夫·华莱士
参加国际学术会议必须要做的那些事 ——给华人作者的特别忠告	[美]史蒂夫·华莱士
做好社会研究的10个关键	[英]马丁·丹斯考姆
法律实证研究方法（第二版）	白建军
传播学定性研究方法（第二版）	李琨
生命科学论文写作指南	[加拿大]白青云
学位论文写作与学术规范（第二版）	李武，毛远逸，肖东发
如何为学术刊物撰稿（第三版）（影印版）	[英]罗薇娜·莫瑞
结构方程模型及其应用	易丹辉，李静萍

四、大学学科地图丛书

微观经济学学科地图	胡涛
管理学学科地图	谭力文
战略管理学科地图	金占明
旅游管理学学科地图	李昕
行为金融学学科地图	崔巍
国际政治学学科地图（第二版）	陈岳，田野
中国哲学史学科地图	刘乐恒
文学理论学科地图	王先霈
德育原理学科地图	檀传宝 等
外国教育史学科地图	王保星，张斌贤
教育技术学学科地图	李芒 等
特殊教育学学科地图	方俊明，方维蔚

五、北大开放教育文丛

西方的四种文化	[美]约翰·W.奥马利
人文主义教育经典文选	[美]G.W.凯林道夫
教育究竟是什么？——100位思想家论教育	[英]乔伊·帕尔默
教育：让人成为人——西方大思想家论人文和科学教育	杨自伍
透视澳大利亚教育	[澳]耿华
道尔顿教育计划（修订本）	[美]海伦·帕克赫斯特